本书由华中师范大学政治学部政治学一流学科建设经费、中国博士后科学基金面上资助项目"乡村振兴背景下村庄自主性与内源式发展研究"（2023M731251）资助出版。

华中师范大学政治学
一流学科建设成果文库 | 农村农民研究丛书

村庄自主性与
内源式乡村振兴

黄 思 著

Rural and Farmer
Studies Series

中国社会科学出版社

图书在版编目（CIP）数据

村庄自主性与内源式乡村振兴 / 黄思著. -- 北京：中国社会科学出版社，2025. 7. --（农村农民研究丛书）. -- ISBN 978-7-5227-5313-3

Ⅰ. F320.3

中国国家版本馆 CIP 数据核字第 2025FH2996 号

出 版 人	季为民
责任编辑	李　立
责任校对	谢　静
责任印制	李寡寡

出　　版	中国社会科学出版社
社　　址	北京鼓楼西大街甲 158 号
邮　　编	100720
网　　址	http://www.csspw.cn
发 行 部	010-84083685
门 市 部	010-84029450
经　　销	新华书店及其他书店
印　　刷	北京明恒达印务有限公司
装　　订	廊坊市广阳区广增装订厂
版　　次	2025 年 7 月第 1 版
印　　次	2025 年 7 月第 1 次印刷
开　　本	710×1000　1/16
印　　张	15.25
字　　数	260 千字
定　　价	78.00 元

凡购买中国社会科学出版社图书，如有质量问题请与本社营销中心联系调换
电话：010-84083683
版权所有　侵权必究

华中师范大学政治学一流学科建设成果文库
总编委会

总编委会负责人： 徐　勇　陈军亚

总编委会成员　（以姓氏笔画为序）：

丁　文　韦　红　文　杰　田先红

江　畅　江立华　牟成文　闫丽莉

刘筱红　张大维　张立荣　张星久

陆汉文　陈军亚　冷向明　郑　宁

袁方成　唐　鸣　徐　勇　徐晓林

徐增阳　符　平　雷振扬

目录
CONTENTS

导 论 1

第一篇　内生型乡村产业何以可能

第一章　农业产业化发展：乡村产业振兴的路径探索 15
第一节　农业产业化的相关经验研究 16
第二节　以农户为主体的农业产业化 18
第三节　乡村农业产业化的形成机制 20
第四节　农业产业化的经济社会效益 24
第五节　结语与讨论 27

第二章　内生型乡村产业振兴的社会基础与发展路径 29
第一节　对村庄社会资本的文献回顾 30
第二节　内生型产业特征及其社会基础 32
第三节　地方关系网络与产业发展逻辑 35
第四节　内生型乡村产业振兴综合效应 38
第五节　进一步讨论 41

第三章　小农户的适度规模经营何以可能 43
第一节　问题的提出 44
第二节　家庭本位的农业经营模式及其分化 45

第三节　小农户适度规模经营的家庭策略 ……………… 47

第四节　小农户适度规模经营的市场空间 ……………… 51

第四章　留守农业背景下小农户何以组织化 ……………… 56

第一节　从小农户生产"问题化"到"主体化" ……………… 57

第二节　留守农业：以小农户为主体的特色产业 ……………… 60

第三节　留守农业的困境：分散经营与小农逻辑 ……………… 62

第四节　留守农业的突围：集体统筹与规模效应 ……………… 65

第二篇　基层组织自主性何以重要

第五章　基层统筹：农户本位的农业社会化服务供给 ……………… 73

第一节　农业社会化服务的重要性与现实问题 ……………… 74

第二节　完全市场化：龙头企业统一服务供给困境 ……………… 76

第三节　自主组织化：基层组织统筹服务供给创新 ……………… 80

第四节　以农户为本位的农业社会化服务供给路径 ……………… 84

第六章　村社统筹：乡村产业振兴的组织化路径 ……………… 88

第一节　小农户的组织化路径研究回顾 ……………… 89

第二节　村庄产业组织模式与结构变迁 ……………… 92

第三节　村社统筹产业发展路径与机制 ……………… 94

第四节　村社统筹产业发展的溢出效应 ……………… 97

第七章　农业转型背景下的资本下乡与村庄自主性 ……………… 101

第一节　资本下乡与村庄自主性 ……………… 102

第二节　资本下乡与村庄农业转型 ……………… 104

第三节　资本下乡的动力与特征 ……………… 107

第四节　村庄自主性下的合作共赢 ……………… 110

第八章　基层自主性视域下的项目治村困境及其化解 …… 114

第一节　文献回顾：项目如何影响基层治理 …… 115

第二节　地方政府改厕实践的项目制运作 …… 117

第三节　项目治村：基层治理转型及其特征 …… 121

第四节　困境解析：项目管理消解基层治理 …… 124

第五节　困境化解：村组主导下的民办公助 …… 127

第三篇　农民主体性何以发挥

第九章　行政激活：农村公共品治理成本内部化路径 …… 133

第一节　对农村公共品供给的研究回顾 …… 133

第二节　农村公共品供给困境及其变迁 …… 136

第三节　农村公共品供给行政逻辑转向 …… 138

第四节　农村公共品的治理成本内部化 …… 141

第十章　农村老年群体的自组织与社会治理参与 …… 146

第一节　社会治理视域下的国家与社会关系 …… 147

第二节　老有所为：老年组织嵌入社会治理的功能 …… 149

第三节　组织吸纳：老年组织参与社会治理的机制 …… 151

第四节　自组织能力：老年组织参与社会治理的基础 …… 154

第十一章　与老偕老：农村社区互助养老的自组织模式研究 …… 159

第一节　互助养老与积极老龄化研究回顾 …… 159

第二节　农村社区互助养老的自组织类型 …… 162

第三节　农村老年组织的自组织基础 …… 165

第四节　农村社区互助养老的自组织路径 …… 168

第十二章　引导与主导：政府农业治理逻辑及其对比 …… 173

第一节　农业产业结构调整中的政府行为研究 …… 174

第二节　两种政府行为下的农业产业结构调整 ………………… 176
　　第三节　农业产业结构调整中的政府行为逻辑 ………………… 180
　　第四节　农业产业结构调整中的小农户与政府 ………………… 182

第四篇　乡村振兴背景下的县域青年回流

第十三章　青年后备干部：流动时代的村治主体再造 …………… 189
　　第一节　流动时代与村治主体缺失 ……………………………… 190
　　第二节　青年后备干部制度实践背景与现象 …………………… 193
　　第三节　县域青年参与乡村治理的实现机制 …………………… 196
　　第四节　县域青年参与乡村治理的社会基础 …………………… 199

第十四章　青年走读干部：治理转型与村干部年轻化 …………… 203
　　第一节　村干部队伍建设相关研究回顾 ………………………… 204
　　第二节　村干部走读现象、类型与案例 ………………………… 207
　　第三节　村干部走读的制度生成与形塑 ………………………… 210
　　第四节　村干部年轻化与基层治理悬浮 ………………………… 213

第十五章　基层青年干部培养：路径、差异及其影响 …………… 218
　　第一节　大学生村官制度与基层干部培养 ……………………… 218
　　第二节　两代大学生村官培养路径："先进后考"与"带编进村" ……
　　　　　………………………………………………………………… 221
　　第三节　两代基层青年干部的工作动力与工作样态差异 ……… 224
　　第四节　基层青年干部的培养困境与培养要旨 ………………… 227

参考文献 ……………………………………………………………… 231

后　记 ………………………………………………………………… 236

导 论

第一节 我们要实现什么样的乡村振兴？

面对人民日益增长的美好生活需要和不平衡不充分的发展之间的社会主要矛盾，我国提出乡村振兴战略，推动农业农村现代化建设，促进城乡融合发展，迎接全面建设社会主义现代化国家的新征程。当前，乡村振兴战略作为"三农"工作的总抓手，是关系全面建设社会主义现代化国家的全局性、历史性任务，实施效果直接影响中国式现代化的最终实现。因此，既要在政策层面提出高屋建瓴的战略部署，又要在实践层面探索真实有效的可行路径，同时，还要在学术层面深入展开对乡村振兴的研究，发挥学术界的社会服务功能，将政策与实践紧密联系在一起，实现让政策指导实践、让实践优化政策的目的。并且，坚持中国式现代化道路，有必要从学术角度发掘、总结、提炼乡村振兴实践过程中凸显的中国特色社会主义独特优势，在全面建设社会主义现代化国家的进程中讲好中国故事、建设话语体系，让学术真正服务于中华民族伟大复兴。

党的十九大报告首次明确提出"实施乡村振兴战略"，指出农业、农村、农民问题是关系国计民生的根本性问题，必须始终把解决好"三农"问题作为全党工作重中之重，要坚持农业农村优先发展。2018年，中共中央、国务院印发《关于实施乡村振兴战略的意见》，为乡村振兴战略指明基本方向，同年印发《乡村振兴战略规划（2018—2022）》，为乡村振兴战略实施提出阶段性谋划和重点内容。2021年，经过全党全国各族人民持续奋斗，我们实现了第一个百年奋斗目标，全面建成了小康社会。以此为新起点，党的二十大报告对乡村振兴战略作出新部署，提出要"全面推进乡村振兴"。2023年，中央一号文件《中共中央 国务院关于做好2023年全面推进乡村振兴重点工作的意见》发布，强调必须坚持不懈把解决好"三农"问题作为全党工作重中之重，举全党全社会之力全面推进乡村振兴。2024年，中央一号文件《中共中央 国务院关于学习运用"千村示范、万村整治"工程经验有力有效推进乡村全面振兴的意见》发布，提出把推进乡村全面振兴作为新时代新征程"三农"工作的总抓手。从"实施乡村振兴战略"到"全面推进乡村振兴"，再到"推进乡村全面振兴"，乡村振兴的政策延续性突出了乡村振兴战略的重要地位。并且，我们从政策话语的细微变化中可以发现，政策关键词的转变体现了国家对乡村振兴战略的重视程度不断提高，从战略部署的高度到推动战略的决心，再到实现战略的力度，是一条从宏观到微观、从政策到实践的建设道路。从全国各地的实践探索中也可以发现，乡村振兴正在从战略目标一步步落地为现实图景。

那么，我们要实现什么样的乡村振兴？一系列政策文件为乡村振兴指明了方向。《中共中央 国务院关于实施乡村振兴战略的意见》指明实施乡村振兴战略的目标任务，到2020年，乡村振兴取得重要进展，制度框架和政策体系基本形成；到2035年，乡村振兴取得决定性进展，农业农村现代化基本实现；到2050年，乡村全面振兴，农业强、农村美、农民富全面实现。以上目标任务为乡村振兴描绘了蓝图，不过乡村振兴实践需要在具体场景中落地生根。然而，中国幅员辽阔，内部区域差异较大，经济发展水平不均衡，村庄分化现象比较突出。比如东部地区农村工业化发展促进城乡高度融合，农村人口能够"离土不离乡"实现就地城镇化，而中西部地区的农村经济发展机会较少，人口大量外流，村庄空心化、老龄化现象严重。针对村庄分化现象，中共中央、国务院印发《乡村振兴战略规划（2018—2022）》，明确提出要分类推进乡村发展，顺应村庄发展规律和演变趋势，根据不同村庄的发展现状、区位条件、资源禀赋等，按照聚焦提升、融入城镇、特色保护、搬迁撤并的思路，分类推进乡村振兴，不搞"一刀切"。乡村振兴不仅要分类推进，还应当结合地方实际情况和真实需求有序推进，为全面建设社会主义现代化国家打好坚实基础。但是，分类、有序实施乡村振兴战略，前提是能够自上而下对乡村形成整体把握和具体认识。在全国层面做到这一点，无疑是庞杂且艰巨的一项任务。在宏观层面制定政策是对乡村振兴战略的方向与原则提出要求，否则制定事无巨细的实施方案要么因难度太大而流于形式，要么成为统一要求的"一刀切"模式。如何让乡村振兴落到实处呢？解决这一问题首先要坚持党的领导，把握总体要求和政策取向，其次要尊重各地结合实际的自主探索，通过调动基层社会的积极性、主动性和创造性，达到百花齐放的效果。所以，相关学者还应当深入乡村振兴的地方实践，对具有地方特色的多元化经验做法进行"解剖麻雀式"的分析，理解其内在机理与实践逻辑，尊重农民主体地位，从人民群众的创造中汲取智慧。

因此，回答"我们要实现什么样的乡村振兴"这一问题，要从现实出发，在实践中找寻答案，应当尊重农民意愿，把握农民需求。乡村振兴战略的提出顺应亿万农民对美好生活的向往，满足农民的获得感、幸福感和安全感。明确这一问题，还需要回答"乡村振兴为了谁？应当由谁来推进乡村振兴？"这也是本书的核心关注所在。笔者在实地调研过程中，发现了一些有借鉴意义的地方经验，对基层干部、基层群众、返乡青年等群体进行深度访谈，试图从他们的所思所想、所作所为中找到乡村振兴的实践路径与关键要素。从战略目标来看，乡村振兴是国家重大战略，是实现农业农村现代化的核心抓手，为了补齐社会主义现代化建设的短板而提出的。乡村振兴是为了让农业成为有奔头的产业，让农民成为有吸引力的职业，让农村成为安居乐业的美丽家园，这些目标本身也是农民的美好愿景。要实现乡村振兴，除了高瞻远瞩的战略部署，还需要高水平的地方政府执政能力，同时，还要求活跃的基层社会参与。在实践中，我们更应该对基层社会寄予热切期待，因为美好生活的创造不能仅靠国家和地方政府的单向赋予，而且面对十四亿多人口，国家和地方政府也无力承担这一艰巨任务，国家和政府主要发挥兜底保障和公共服务体系建设的功能。乡村振兴的实现最终要靠基层群众的双手奋斗，要相信人民群众的自我组织、自我服务能力，在这一过程中促进有为政府与活力社会的良性互动，构建共建共治共享的发展新格局。乡村振兴为了谁？应当由谁来推进乡村振兴？问题的答案显而易见，乡村振兴战略实施过程中参与主体是多元的，而且有必要整合多方力量促进乡村建设与乡村振兴。但是，需要明确一点，乡村振兴实践的核心主体是农民，这是坚持农民主体地位的实际体现。当然，宽泛的农民群体既包括分散的农民家庭和农村自治组织，还包括党领导下的基层党组织，如何发挥基层党组织引领农民、组织农民的作用也是需要深入研究的重大现实问题。总之，乡村振兴的实现要依靠人民群众，要尊重农民主体性，促进农民组织化，发挥具有中国特色社会主义制度优势的村集体的组织功能，尤其要发挥村集体的统筹功能，充分挖掘村庄内生资源，促进乡村振兴的可持续发展。唯其如此，以农民为主体的乡村振兴路径才有助于培育村庄自主性，并在此基础上生成内生动力，实现内源式乡村振兴，让农民共建共享社会主义建设成果。

笔者最初的学术兴趣缘于在调研过程中对凋敝和繁荣两种类型村庄的鲜明差异的关注，试图探寻产业繁荣村庄的发展脉络，找到保持村庄活力的源泉，因而将学术注意力放在乡村产业这一具体对象上。并且，基于乡村产业发展逐步将关注点拓展到产业治理行为、农民组织化、乡村振兴路径等相关问题上。不过，乡村产业虽然是撬动乡村发展的重要支点，但并非所有乡村发展的灵丹妙药。因为不是所有乡村都具备发展产业的条件，对乡村进行分类、针对性提出乡村振兴目标和要求才是切合实际的做法。笔者关注乡村振兴不是受单纯的情怀驱动，而是在认清事实的基础上思考通过学术研究可以为乡村振兴做些什么。这些认识得益于长期在全国各地调研形成对乡村经验的整体性认识和总体性判断，希望通过撰写学术论文，将基层实践经验中好的做法、有效机制揭示出来，为乡村振兴战略实施提供经验参考。本书是对过去几年写作的论文进行阶段性总结和梳理，并以"村庄自主性与内源式乡村振兴"为题结集出版，希望通过各地真实、有效的具体经验展现一种充分体现村庄自主性的有效治理与内生发展路径，这种以村庄自主性为内核的发展可以称其为内源式乡村振兴，是一种尊重农民主体性、重视村庄集体利益、关注村庄长远发展的乡村振兴路径。

第二节　内源式乡村振兴的探索与实践

笔者在硕博期间进行了大量田野调查工作，在湖北、湖南、河南、山东、福建、浙江、北京、甘肃、陕西等地驻村调研约300个工作日。在调研中，有幸接触到了许多真正工作在促进乡村振兴一线的乡镇干部、村组干部、普通群众和市场主体等群体，对他们进行半结构式访谈，了解到许多宝贵的基层经验。在调研过程中，笔者重点关注乡村振兴实践中出现的基层政府行为、村级组织行为、乡村产业发展等现象，收集了大量乡村产业发展的真实案例，围绕农民组织化等相关问题积累了一些思考，并在此基础上转化为十余篇学术论文。本书各章节正是来源于笔者博士期间写作的论文，文章的议题核心都指向一条发挥农民主体性、基层自主性的乡村振兴道路，主题可以分为内生型乡村产业、基层组织自主性、农民主体性与县域青年回流。对应以上四个主题将本书分为四个篇章，描绘了乡村内生产业、基层组织统筹、农民组织化等地方探索与实践，试图展现以农民为实践主体、充分发挥村庄自主性的内源式乡村振兴何以可能。

第一篇以"内生型乡村产业何以可能"为主题，包括第一、二、三、四章内容，主要关注自下而上的乡村特色产业发展实践，文中的考察对象如中药材产业、瓷砖产业、蔬菜产业、茶产业都是基层社会的自发探索。全面建设社会主义现代化国家，最艰巨最繁重的任务仍然在农村，坚持农业农村优先发展，发展乡村特色产业，拓宽农民增收致富渠道。2024年，中央一号文件强调提升乡村产业发展水平、提升乡村建设水平、提升乡村治理水平，以加快农业农村现代化更好推进中国式现代化建设。产业振兴是乡村振兴的基础，乡村特色产业发展是促进乡村产业振兴的主要路径。但在乡村发展分化的现实背景下，并不是所有乡村都有条件发展产业并取得成功，乡村振兴战略的实施要对村庄进行分类，实施分步走策略，对不同类型的村庄制定有针对性的乡村振兴目标。那些资源禀赋较好、社会基础较好、村庄发展带头人能力强的村庄，具有发展内生型乡村产业的基础与活力，是比较容易实现产业振兴的乡村类型，具备率先实现乡村全面振兴的基础条件。因此，关注此类村庄的经验有助于理解乡村何以振兴的关键所在与内在机理，为其他类型村庄的发展提供参考。

第一章题为"农业产业化发展：乡村产业振兴的路径探索"，通过对鲁西南乡村地区的中药材专业市场的实地考察，具体探讨专业市场特征、形成机制及其经济社会效应，将专业市场作为农业产业化发展的标志。调研发现，专业市场是以地域范围内产业集聚为基础，并且围绕产业链形成以小农户为主导的专业分工。专业市场的形成有不同阶段、不同层次，涉及农民、村级组织和地方政府等主体。农民精英带动形成自发性的基层集市，村级组织建设地域性市场，地方政府扶持建设全国性专业市场。专业市场和农业产业化的发展产生了综合效应，表现在农民家庭、农村社会秩序及城乡关系三个方面。在以自发性专业市场推动村域农业产业化发展的过程中，农业产业化有其自身发展的客观规律，这种具有中国特色的基层市场组织形式主要依靠小农户和村集体自发性探索，地方政府可以在农户和集体发挥作用的基础上弥补市场的不足，提升地方产业的市场竞争力，促进产业就地化发展，实现产业振兴的目标。

第二章题为"内生型乡村产业振兴的社会基础与发展路径"，通过对闽南村庄的一个瓷砖专业市场进行田野考察，从社会资本视角出发分析乡村产业的社会基础、发展路径及其综合效应，笔者将这种动员社会关系、发挥社会资本作用促进产业的路径概括为内生型乡村产业振兴路径。瓷砖专业市场以当地农民家庭为主要经营主体，在该产业发展的不同阶段，农民家庭采取不同的社会关系动员策略。在产业发育阶段，农民通过动员社会关系进入产业，实现扩散经营，并且基于同乡互助在专业市场内部达成保护型经营共识，避免恶性竞争，形塑出家庭经营—家族共营—同乡互助的关系型经济网络。内生型产业嵌入地方社会关系，农民的生产生活维持较高的一体化程度，对村庄生活有长远预期，有利于维持村庄共同体结构和社会秩序，但同时要注意产业发展可能面临的低水平困境。总体而言，内生型乡村产业发展主要依靠充分挖掘地方资源，产业振兴与社会效益相互促进，有助于实现乡村全面振兴。

第三章题为"小农户的适度规模经营何以可能"，是基于一个中西部农业型村庄的个案考察，笔者发现农业大省的小农户有参与农业生产的积极性，他们以提高生产要素投入的市场化程度、实现适度规模经营为策略融入现代农业，走出一条以实践为基础的渐进式规模化经营路径。小农户通过家庭策略保持与经营能力相匹配的适度规模，他们的家庭资本规模、家庭劳动力数量、市场风险承担能力共同决定其经营能力，影响"适度规模"的大小。同时，在城镇化背景下人口外流，促进内生型土地流转市场与农业生产社会化服务生成，有助于扩大留村农户的经营规模。为了稳固以农户为基础的现代农业经营体系，未来国家应当进一步规范土地流转市场，完善农业生产社会化服务体系，释放农户扩大再生产的市场空间，建立农户与现代农业相衔接的稳定机制，实现中国特色的农业现代化。

第四章题为"留守农业背景下小农户何以组织化"，笔者关注在人财物外流的留守乡村如何发展农业。当前，中国乡村经济形态分化加剧，以中西部农村为主的脱贫地区是主要的人口外流地，市场区位较差、发展要素不足，小农户以留守人口为主要劳动力。留守特征强化了小农户分散经营的生产逻辑及其保守性，使得小农户与现代农业衔接过程中面临内生发展动力不足、组织化程度较低、对接市场能力有限等现实困境。通过考察湖北脱贫地区恩施农村的农业发展实践，发现在村组分工和双层统筹下，村级组织协调资源，村民小组统筹农业发展，实现了小农组织化、形成规模效益。准确而深入地把握当前脱贫地区村庄的留守现状，有利于厘清普通小农户面临的困境，从村庄内部找到小农户与现代农业衔接的出路，巩固拓展脱贫攻坚成果，实现脱贫攻坚成果同乡村振兴有效衔接。

第二篇以"基层组织自主性何以重要"为主题，包括第五、六、七、八章内容。本篇所指的基层组织包括乡镇政府和村级组织，文章以农业社会化服务、产业结构调整、资本下乡、项目下乡为考察对象，关注基层组织如何与上级政府、基层群众、市场主体等角色的互动，在互动过程中如何保持自主性，以及基层组织的自主性如何发挥作用。在税费改革后，许多学者关注税费改革后的基层治理问题，特别是乡镇政府与上级政府的关系、与村级组织的关系。一般认为税费改革在解除基层组织收取税费任务的同时也解除了基层治理责任，基层干部的收入与运转经费来自财政拨付，农民的需求与反馈不直接影响他们的收入。由此，乡镇政府作为科层体制的末端完全吸附于上级政府，即便是群众自治性质的村级组织也在越来越多的行政任务下沉过程中被行政化。但是，政策落地时面临差异较大的基层社会，需要因地制宜执行，而基层组织只有保持自主性才能真正考虑地方社会的利益和农民群众的利益，较好地对政策进行在地化转化、对资源进行有选择性筛选。保持基层自主性就是保持基层治理的弹性空间，让基层组织保留政策反馈能力与一定的自主决策空间。

第五章题为"基层统筹：农户本位的农业社会化服务供给"，在实地调研中关注到江汉平原Y村稻虾基地农业社会化服务供给模式调整与转化的实践经验。该村的农业社会化服务经历了从企业统一服务供给到基层组织统筹服务供给的转变，最终为农户提供低成本、高效率的社会化服务，这一经验具有现实参考价值。在乡镇政府引导下，村集体和农业服务部门统合供需双方需求，理顺农业社会化服务的供需秩序，利用熟人社会的人情、面子等乡土资源对供需双方进行激励与约束，充分调动内生服务主体的积极性，实现农业社会化服务的有效供给。这一过程的关键在于以农户为本位,发挥基层组织的治理和服务功能,以回应农户的实际需求为服务导向,统合社会化服务供需秩序,降低统合服务供需秩序的组织成本,同时实现服务规模化。这一路径有助于增强基层组织的治理和服务能力,实现以小农户为基础的中国特色农业现代化。

第六章题为"村社统筹:乡村产业振兴的组织化路径",通过对一个西部村庄的猕猴桃产业发展过程的考察,分析农业产业化发展的路径与组织机制,发现村社组织在农业发展中发挥了重要的组织功能。在产业发展的起步阶段,村社组织统筹农业发展,通过引导、示范、效仿有助于实现经营规模扩散。村社组织通过分类动员、示范带动的过程,充分利用市场因素,尊重农户的意愿,引导农户自发调整种植结构,将分散经营的小农户引导到统一的产业中来。从农户自身的角度出发,他们是基于自己对市场和风险的判断后作出的理性决策,对调整种植结构后的经营风险有一定预期。而且在产业发展过程中,村社组织在提高生产效率和提升市场竞争力等方面积极发挥公共服务的功能,在农业生产环节,村社组织推广农业技术、建设基础设施、监督投入品使用,提高生产效率;在农产品的销售环节,村社组织积极建设地方品牌,规范市场秩序,帮助农户对接市场,提高市场竞争力。最终,以小农户为主体的农业产业在集聚经营的基础上实现外部规模效应,在村庄实现了较好的经济效应、社会效应和政治效应。该村的经验表明,在村社引领下发展农业产业不失为一条稳健的农业产业化发展路径,村社集体统筹产业发展有助于保护小农户的利益,农业产业发展能够与其溢出效应相互促进,有利于贫困地区巩固拓展脱贫攻坚成果同乡村振兴有效衔接,有利于夯实实施乡村振兴战略的基础,实现农业农村现代化。

第七章题为"农业转型背景下的资本下乡与村庄自主性",通过城郊村的个案考察,发现城镇化过程中城郊村面临小农生产转型与农业治理转型的双重转型现实。在小农生产转型过程中农民的生产逐步脱离土地,而农业治理转型是在地方政府的发展需求和经营动力激发下的产物,这些构成了资本下乡流转土地和发展产业的现实基础和治理背景。在乡村旅游发展前景和政策倾斜带来的经济利益驱动下,全国各地工商资本下乡,当前也出现了个人资本下乡投资的现象。与工商资本不同的是,他们创业初期投入的资本量有限,一方面降低了经营风险,与适度规模经营相匹配。另一方面,以个体和小微企业为主的资本的议价权较小，村集体在村庄发展中保持自主性。因而，得以在实践中实现地方政府、村集体与资本共同促进农旅融合发展的多赢局面，这些外来资本的注入，不仅带动村庄集体经济发展，增加小农家庭经济收入，还能实现自身的增值。

第八章题为"基层自主性视域下的项目治村困境及其化解"，以基层治理体系和治理能力现代化为背景，考察国家对乡村从"项目进村"的单向资源输入转为"项目治村"的全面治理转型对基层治理的影响。在乡村建设行动中，项目制形式改厕是一个典型实践。基于皖南S县的项目改厕的考察，发现当前基层治理转型，出现治理领域全域化、治理技术标准化和治理对象客体化等特征，总体呈现出基层治理项目化发展趋势。项目制不仅是乡村获取治理资源的方式，更成了乡村治理的运转机制。然而，项目治村忽视了基层的自主性，由此产生主体权责分离、标准化项目建设与基层实际脱嵌、项目管理消解基层治理等治理困境，最终导致国家治理内卷化。这表明，中央和地方政府在治理过程中，应当充分尊重基层的自主性，赋予基层组织相应的灵活空间。

第三篇以"农民主体性何以发挥"为主题，包括第九、十、十一、十二章内容，以农村公共品供给、老年群体组织、农业产业结构调整为考察对象，关注农民如何发挥主体性及其治理效能。与之形成鲜明对比的"干部干、群众看"是典型的农民主体性缺失与农民客体化现象，不仅社会治理缺乏活力，还极大增加了基层治理运转成本。从全面推进乡村振兴到乡村全面振兴的转变，展现了我们党和国家对补齐农业农村现代化的短板的决心和目标。乡村振兴战略实施需要多方力量的协作与支持，具体落地离不开农民、农业，只有以农民为主体、让农民能受益的乡村发展才是可持续的乡村振兴，才能实现以点扩面的乡村振兴。2023年1月6日，国家乡村振兴局、农业农村部等部门联合印发《农民参与乡村建设指南（试行）》的通知，指出要充分调动广大农民群众参与乡村建设的积极性、主动性和创造性，完善农民参与机制，激发农民参与意愿，强化农民参与保障，广泛依靠农民、教育引导农民，组织带动农民共建共治共享美好家园。

第九章题为"行政激活：农村公共品治理成本内部化路径"，通过对湖北恩施公共品供给机制创新过程的考察，发掘一种行政激活自治的可能性与新路径。在基层治理现代化背景下，基层政府行政的规范化与公开化程度提高，基层干部通过为农民做实事重塑基层公信力，打下扎实的群众基础。在此基础上，基层政府以不完全竞争型分配秩序、效率导向型供给规则激发农民主体性，在行政引导下充分激活村民自治。从而，农民以组织化方式低成本地进行内部动员、成本分摊、矛盾协商，实现农村公共品治理成本内部化。当地的积极探索表明行政与自治并不是非此即彼的关系，基层政府以行政手段激活村民自治，外部的行政资源可以作为村民自治的助力。行政与自治的有效衔接，有利于优化国家资源下乡的路径，提高基层治理效能，真正实现基层治理体系与治理能力现代化。

第十章题为"农村老年群体的自组织与社会治理参与"，通过考察晋江农村老年协会参与社会治理的实践，分析乡镇政府将老年协会吸纳进基层治理体系的基础与机制。在实地调研过程中，发现晋江C镇老年协会参与社会治理实现较好的治理效能，村庄中精英老人的多元权威、经济资源的内部循环，以及治理结构与社会单元的耦合，共同赋予该组织较强的自组织能力，同时构成老年协会作为内生型治理资源的根基。基于此，地方政府通过制度化的组织建设、公共化的组织目标和弹性化的组织管理对社会组织进行改造，吸纳老年协会嵌入基层社会治理体系，充分发挥其村民自治、管理民俗活动和服务老人等社会治理功能。在老龄化背景下，发挥农村老年组织参与社会治理的功能具有现实必要性。建立老年组织嵌入基层社会治理的常态化机制，完善基层社会治理体系，有利于动员村庄内生力量促进组织振兴，推动基层治理能力现代化。

第十一章题为"与老偕老：农村社区互助养老的自组织模式研究"。通过在多地实地调研中发现农村老年组织在社区互助养老实现过程中发挥的积极作用，而且进一步发现，即使在村庄社会基础与经济条件差异较大的情况下，内生型农村老年组织都能够较好地实现社区互助养老功能。此类内生型老年组织能够发挥作用的关键在于，充分激活老年人的主体性，发挥老年人的能动性，动员以农村社区为单位的老年组织，构建具体的老年生活实践情境，形成适应性高的社区互助养老自组织模式。其中，农村老年组织的社区嵌入性、功能耦合性与自组织能力是实现社区互助养老自组织模式的基础，老年群体通过自我组织、自我管理实现自我服务。研究表明，调动本土老年组织的积极性，通过组织化赋能老年人群体、弹性化管理老年人组织，有助于识别与匹配老年人需求，建设高度嵌入社区的互助养老体系，实现积极老龄化。

第十二章题为"引导与主导：政府农业治理逻辑及其对比"。通过对比华北平原的大桃产业和东部山区的猕猴桃产业，发现产业结构调整中不同的政府农业治理行为影响产业发展及其效能。以分散经营的小农户为主体的背景下，大规模的农业产业结构调整离不开政府推动，资源禀赋差异形塑地方政府在农业产业结构调整中的动力与角色，由此形成政府引导与政府主导两种模式。在政府引导模式下，产业调整以市场为导向，政府统筹建设农业生产社会化服务体系；在政府主导模式下，产业调整以政绩为导向，政府运用项目的逻辑追求政绩效应而非经济社会效益。对比两种模式发现，在农业产业结构调整过程中，需要厘清政府、小农家庭以及市场的关系，尤其是需要明确当前我国农业产业的经营主体仍然是小农家庭，而且政府的农业治理行为应当尊重市场经济规律，农业产业发展的优劣最终取决于市场反馈，政府在农业产业发展过程中关键是扮演好公共品供给的角色。

第四篇以"乡村振兴背景下的县域青年回流"为主题，包括第十三、十四、十五章内容，主要以基层青年干部为考察对象，重点考察了后备干部、走读干部和大学生村官群体，关心乡村振兴战略实施过程中基层干部的动力、行为逻辑与治理效能。乡村振兴需要组织振兴、人才振兴，基层党组织和各类人才是乡村振兴的组织保障与人力资源保障，基层干部在政策落地、发展规划等方面更是发挥关键作用，他们对乡村振兴战略实施进程与效果有重要影响。在东部地区，乡镇干部的体制身份与村干部的类体制身份对县域青年群体具有较大吸引力，对他们而言在家门口就业是不错的选择。不过中西部地区的基层干部待遇相对有限，因此，哪些因素会激发县域青年群体回流助力乡村振兴，他们又如何在岗位上站稳脚跟都值得研究。而且，基层干部培养问题关乎基层治理体系建设，他们的个人能力与基层治理能力高度相关，基层治理现代化建设也会直接塑造基层治理队伍体系，产生不同的治理效果，找到基层干部培养的重点所在也是重要的现实问题。

第十三章题为"青年后备干部：流动时代的村治主体再造"。通过对青年后备干部群体的考察，探讨县域青年参与乡村治理及其稳定性实现的"过程—机制"与社会基础。在皖南调研中发现，地方政府通过建立常态化的后备干部招考制度将县域青年吸纳进乡村治理体系，以职业化培养机制、本土化嵌入机制和社会化衔接机制，让青年后备干部能够在岗位上"做得下去"。而且，在岗位上"定得下来"的是已婚已育、负担不重的青年群体，这类县域青年的家庭观念、职业偏好及其家庭支持构成县域社会供给内生型治理人才的社会基础。当前人财物高速流动，如何建立县域青年参与乡村治理的长效机制对于再造村级组织队伍具有重大现实意义，只有产生稳定的治村主体，才能在人才振兴、组织振兴的基础上促进全面乡村振兴。

第十四章题为"青年走读干部：治理转型与村干部年轻化"。通过考察在行政村一级出现的青年干部走读现象，分析村干部走读现象的制度生成结构与个体形塑机制，探讨村干部年轻化趋势背后折射出的基层治理变迁及其后果。在多地实地调研中发现，地方政府以村干部年轻化为推动基层治理现代化的主要抓手，通过制度调整为年轻人进入村干部队伍释放体制机会，村庄发展去功能化与村庄公共性弱化为年轻人释放村庄政治空间，县域青年的体制偏好和家庭城镇化目标塑造出青年村干部走读的客观结果。然而，青年干部的发展策略围绕个人和家庭调整，给基层治理体系带来不稳定因素，他们对于村干部的职业认知与办事员身份契合，导致村级治理悬浮，最终强化村庄治理行政化面向。

第十五章题为"基层青年干部培养：路径、差异及其影响"。通过对比两代大学生村官的培养路径及其差异，反思当前基层青年干部的培养要旨。在实地调研中发现，大学生村官的培养路径发生了从"先进后考"到"带编进村"的制度转型，在此过程中大学生村官的注意力分配从以村务为主转向以政务为主。"先进后考"的大学生村官在主体性建构下锻炼群众工作能力，在治理中实现嵌入型动员；而"带编进村"的大学生村官是在制度性要求下将重心放在文字性和信息化工作上，训练业务工作能力。然而，当他们在与群众面对面时缺乏群众工作技巧、经验，呈现出悬浮型参与样态，这一转变是基层治理悬浮化转型的体现。基层治理是一线治理，要让基层青年干部在实践中与群众建立广泛联系，在干实事中增强做群众工作的能力，有助于培养熟悉基层、会做工作的基层治理人才队伍，真正推动基层治理体系与治理能力现代化。

第一篇
内生型乡村产业何以可能

第一章

农业产业化发展：
乡村产业振兴的路径探索*

  2024年中央一号文件提出，提升乡村产业发展水平。农业产业化是乡村产业发展的基础，专业市场是农业产业化的重要实现机制之一。专业市场是以市场集聚的形式将农民组织起来，形成有竞争力的乡村特色产业，畅通农产品市场流通渠道，促进农民增收。2021年，商务部等17部门联合印发了《关于加强县域商业体系建设促进农村消费的意见》，提出要提升农产品供给质量，统筹推进农业产业强镇、优势特色产业集群建设，加快发展产地市场体系，形成与农业生产布局相适应的产地流通体系。计划到2025年，在具备条件的地区，培育30个国家级农产品产地专业市场，经营农产品的公益性市场地市级覆盖率从40%提高到60%。该意见明确了农产品专业市场在加强县域商业体系中的重要作用，对于推进乡村全面振兴、促进县域城乡融合具有重要意义。笔者在鲁西南农村调研发现，以农户为主体的中药材专业市场，该市场经历了农户自发组织、村级组织积极建设、政府扶持规范的发展阶段，逐步发展为国家级专业市场。而且，该专业市场辐射周边多个村庄，为当地农民提供经济机会，专业市场有约400家经营户，村庄中还有种植户和加工户，还衍生了配套的装卸、运输、物流服务等，为村庄中的老年人和妇女提供了多个就业机会。围绕中药材产业链的发展，专业市场实现了较好的联农带农作用，对当地农户的经济增收促进效益明显。基于对专业市场和村庄的

---

  * 本章以《乡村振兴战略背景下产业振兴路径研究——基于一个药材专业市场的分析》为题，发表于《南京农业大学学报》（社会科学版）2020年第3期。

深入调研，笔者关注农业产业化发展过程中的地方政府、村级组织与农民参与，并就农业产业化的形成机制与发展效益之间的关联展开思考。

第一节 农业产业化的相关经验研究

经过几十年的发展，我国建立起比较完善的工业体系，经济增长和城市建设都取得举世瞩目的成绩，但是农业、农村、农民在现代化发展过程中始终处于边缘地位。城市的快速发展使得发达地区产生吸纳大量农村劳动力的空间，农民向大城市流动，人口外流成为欠发达地区农村的普遍现象。产业兴旺是乡村振兴的基础。实施乡村振兴战略，从整体着手扭转"乡村空心化"的趋势，首要考虑发展地方产业。关键在于，乡村产业发展的组织方式能够将小农户吸纳到产业链之中，让农民分享地方产业发展的经济效益。乡村产业振兴的关键在于农业产业化，其重要实现机制是以专业市场组织农民，形成有竞争力的地方产业。

中西部农村主要产业是农业，农业产业化对于农村产业发展具有普遍意义。在中国，农业产业化的概念最早是在1993年由山东潍坊市提出来的，以寿光的蔬菜产业化的经验为典型[1]。农业产业化的组织模式中最重要的是龙头企业带动型、合作组织带动型、专业市场带动型等模式[2]。政府寄希望于龙头企业带动地方产业发展，但是政府扶持并没有直接带来期望的产出增长，反而导致企业以获取政策补贴为重要目标[3]。合作组织也存在相同的问题[4]，关键在于合作社能否实现其本质性规定"所有者与惠顾者同一"而与"龙头企

---

[1] 参见张建云《转变传统城市化理念 以农业产业化带动农村就地城市化》，《理论学刊》2010年第9期。

[2] 参见郭晓鸣、廖祖君、付娆《龙头企业带动型、中介组织联动型和合作社一体化三种农业产业化模式的比较——基于制度经济学视角的分析》，《中国农村经济》2007年第4期。

[3] 参见林万龙、张莉琴《农业产业化龙头企业政府财税补贴政策效率：基于农业上市公司的案例研究》，《中国农村经济》2004年第10期。

[4] 参见苑鹏、曹斌、崔红志《空壳农民专业合作社的形成原因、负面效应与应对策略》，《中国合作经济》2019年第5期。

业+农户"的模式区别开①。因此,有学者从农户和村庄着手寻找产业规模化的路径。陕西冬枣产业规模化正是通过村社力量统筹实现外部规模经济从而推动以家庭经营为基础的农业规模化发展和农业转型②。内蒙古赤峰的农业规模化路径是利用社会关系提供农业生产的规模化服务,将小农的外部组织形态网络化,从内部将小农联合起来③。以上经验研究立足农村、农户探讨农业产业化的实现路径,分析发展产业振兴乡村的地方因素。但是侧重推动产业化发展的社会力量,却忽视了产业实现就地发展的其他主体和整体过程。

学界以社会学视角对龙头企业带动农户的研究比较全面,近几年对新型农业经营主体的研究也比较丰富。相对而言,对于农业产业化的重要组织方式之一的专业市场的研究比较少。依据已有文献,国内浙江的专业市场发展历史最久④。专业市场对浙江经济发展有驱动效应,是在"依据比较利益原则实现地域范围内的专业分工基础上,形成产业发展与专业市场相互促进的地方块状经济发展格局"⑤。专业市场的集群发展是"商业交易关系在产业的专业化分工下的地方化体现"⑥。"农村工业规模的迅速扩张与区域间专业化分工的发展"⑦成为直接促成专业市场兴起的基本动因。因此,专业市场的形成可以作为地域内农业产业化发展的重要标志。

然而,当前针对农村专业市场的研究,大多是在农业经济学的学科视角下将专业市场视为独立的研究对象,强调专业市场与产业集群的互动⑧,对专业市场与地方产业的发展产生的社会基础和经济社会效应的研究较少。在乡村振兴战略背景下,针对专业市场展开研究,对乡村产业发展有了新的现实

---

① 邓衡山、王文烂:《合作社的本质规定与现实检视——中国到底有没有真正的农民合作社?》,《中国农村经济》2014年第7期。

② 参见陈靖、冯小《农业转型的社区动力及村社治理机制——基于陕西 D 县河滩村冬枣产业规模化的考察》,《中国农村观察》2019年第1期。

③ 参见韩启民《城镇化背景下的家庭农业与乡土社会 对内蒙赤峰市农业经营形式的案例研究》,《社会》2015年第5期。

④ 参见朱文峰《浙江专业市场的形成、发展与转型 一个理论评述》,《商业时代》2013年第12期。

⑤ 郑勇军:《浙江农村工业化中的专业市场制度研究》,《浙江社会科学》1998年第6期。

⑥ 刘米娜、丘海雄:《基于学科视角的专业市场集群形成机制研究述评》,《经济地理》2011年第7期。

⑦ 郑勇军、金祥荣:《农村制度变迁中的专业市场》,《经济学家》1995年第1期。

⑧ 参见杨强、姚岗《产业集群与专业市场的互动发展》,《统计与决策》2005年第11期。

意义和参考价值。因此，本章意在研究乡村农业产业化的发展过程和市场主体的组织形式，希望从经验现实中发现促进内生型乡村产业发展的共性要素。基于此，通过对一个农村药材专业市场的分析，梳理出农业产业化发展的结构性特征，并且讨论专业市场形成过程中农民、村庄与政府的角色及市场结构，最后讨论农业产业化的经济社会效应。农业产业化的实现有赖于特定的基层组织形式，可以采用专业市场作为农村产业发展的组织形式，以此促进乡村振兴。

第二节　以农户为主体的农业产业化

一　专业市场的基本定位

本章的经验来自鲁西南一个药材专业市场，是位于农村的国家级中药材市场，主营初加工的中药材和药材原料。虽然药材原料是比粮食作物的经济价值更高的经济作物，而且初加工环节技术含量较低，因此，该类型专业市场是农民可以广泛参与的市场。药材专业市场于2014年建成，地方政府以招商引资的方式建成，设立市场管委会管理市场。总投资7.8亿元，占地700亩，共有商铺400多间。地方政府正在建设中药加工产业园、物流基地，并规划在药材专业市场周边征地900亩建设药材小镇。专业市场的核心是S村，村庄有400多户。虽然S村不是乡镇驻地村，但相当于周边村庄的集镇中心村，有一条主街道，是药材集市摆摊的固定地点。全村共有1540亩土地，其中三分之一流转出去种植中药材，主要是白芍、牡丹和山药。根据种植品种不同，每年每亩土地流转价格在500—1000元。S村及周边村庄的农民围绕药材产业谋生，专业市场内的商家约50%是S村的农民。

二　专业市场中的分工及其农户主导特征

药材产业环节粗略可分为种植、加工、销售、物流四个环节，每个环节还可以细分，尤其是加工环节中细分项最多。四个产业环节的共同特征在于技术含量低、准入门槛低、雇用成本低，因此农户比较容易进入该产业。根据家庭劳动力配置和资金量选择相匹配的产业环节，并且逐步在地域范围内围绕产业链上下游形成专业分工。

药材种植环节有两类种植主体，一类是公司，公司建立种植基地，大规模流转土地实行连片规模种植；另一类是小农户分散种植，包括老年人种植自留地或以"公司＋农户"的订单式农业种植企业流转的土地。全镇共种植有2万亩中药材，连片种植3000多亩，其余则为小农户。中药材的种植收益高于粮食作物。以丹参为例，每亩机耕50元、埋种200元，丹参苗200元，机井浇水每次60元，除草不需要额外雇人。土地归集体所有，村庄成员都有土地承包经营权，种植需要的生产资料投入和劳动力投入在可接受范围内，能满足家庭内剩余劳动力的劳动需求。

加工环节中集聚了部分以农业收入为主的农户，单纯的种植收入难以满足他们的家庭支出，因此对药材进行初加工以获得更高收入，最后发展为专业加工户。S村山药加工户有40多户，山药加工户从收购山药到出售山药片要经历收购、运输、刨皮、熏硫黄、晒干、泡水、切片、晒干8个环节，不需要特殊技术和大量资本投入，如山药切片机2000多元就可以买到。且刨皮的雇工成本低，一次收购10吨，一天刨完需要60多人，按斤计算刨皮的工费，老年人刨一天山药的收入30—40元，中年妇女40—50元。刨皮工作技术含量低，而且周边村庄有大量在村老人和妇女供应劳动力。

销售环节是药材产业的核心环节，是该地区药材市场具有竞争力的关键。S村约60%的农民家庭从事药材销售，主要有两种渠道，一种是在专业市场经营门店，农民家庭在专业市场建设后购买市场内的商住房，一楼做店面，二楼居住，生产和生活是合一的。另一种是在传统的药材集市上摆摊。专业市场上的店面一次性投资大，大量资金少的家庭可以选择在集市上摆摊卖药。正因为进入门槛比较低，单家独户难以获得垄断优势无法排斥其他农户进入该环节。

物流等配套环节是市场化专业分工的产物。随着市场化程度提高，最初不从事药材种植、加工或销售的农民也逐步被吸纳到药材产业的配套环节中。S村有8户专门从事物流的农户，以夫妻搭配为主，购置货车专门服务于本地药材运输。此外，还有部分村民从事餐饮业、快递业等服务行业，为从事其他产业环节的农民提供生产、生活配套服务，不断完善产业链。

总之，以种植为产业发展起点，小农家庭不断加入加工、销售、物流等产业环节中，在地域范围内形成规模集聚，形成有竞争力的药材专业市场。

三 农户家庭经营的优势

家庭经营在中国的发展历史由来已久,在农业产业化发展背景下,家庭经营的形式已经发生改变,转向以家庭为单位,以获得最大收入为目标的市场经营模式。S村及周边村庄的农户散布在中药材产业的种植、加工、销售、物流等环节上。以家庭经营为基础的药材产业具有以下四个方面的优势。

第一是低成本使用劳动力,家庭成员为了家庭发展的目标能实现最大限度的自我剥削。第二是低成本使用生产要素,利用居住的房屋作为经营场所等,浙江的"客厅工厂"也是如此。第三是低水平的内部交易成本,家庭成员之间的合力、信任是降低沟通成本的关键,劳动的监督成本低。第四是社会网络和专业知识的传承。最后一点尤其体现出以市场为导向的家庭经营的优势,家庭经营的模式让生产与生活的边界模糊,从小就在经营环境里成长比后来进入该产业的人更节约学习、适应的成本,S村的村民形容这种理念为"像搓麻绳,慢慢就捻进去了"。比如药材销售,采购与销售对应不同的关系网络、渠道,药材辨别、储存都需要专业知识,要求一定的技巧和成本积累等。销售需要的知识、资金、人脉等,在家庭内部以低成本实现传递和积累,而一个外人很难迅速通过书本学习产业知识或进入产业体系。

家庭经营低成本的特征与中药材产业的多环节、技术含量低、准入门槛低、雇用成本低等特征不谋而合。单个家庭容易进入产业环节,多个家庭在同一个产业环节中难以互相排斥,在地域范围内通过地缘、血缘关系扩散经营模式,自然发展成为具有集群效应的规模产业,实现产业横向一体化。

第三节 乡村农业产业化的形成机制

一 精英领头自发形成基层市场

从家庭经营发展到区域范围内的主导产业,发展路线一般是由先行者发起、实现经济效益、引发群众模仿、初步形成规模,到后来生产体系完善、实现可持续发展，这类以产业集群为特征的农业规模化能够带来外部规模经济[①]。本地的药材产业发展过程类似，农民为获取货币收入，以家庭为经营单位进入种植、销售环节，进入产业的家庭越来越多后分工体系愈加细化，为了在产业链中获取更多利润，随后出现其他环节，从而产业规模不断壮大。

药材产业最初的源头是集体时期作为市医药公司的种植基地，在政府号召下把种植牡丹和白芍作为副业，当时一个生产队种植规模约40亩，种植的白芍和牡丹直接交给医药公司。1979年分田到户后，农民有了种植经验和技术，而且种植药材的收益高于种植粮食的收益，出于增加家庭收入的考虑农民继续种植药材。在当时，政策尚不明朗，一些农民冒政策风险在集市上偷偷卖，形成了一定的市场规模。此阶段农民仍然以种植粮食作物为主要收入来源，种植和卖药材都只是家庭副业。

20世纪80年代之后，有经营头脑的乡村精英为增加非农收入，满足多样化的客户需求，效仿大型药材市场，丰富销售的药材品种。当时，S村有12个村民相约去外地采购药材回来卖，以集市为空间的初级药材市场开始成型。主要采购常见药材，比如去甘肃采购当归、四川采购川芎等，以血缘和地缘关系为纽带带动本村村民，诸如有进货渠道的村民向想加入的村民传授经验。当时的药材市场逢三、八赶大集，一个月六天集，村民聚集在特定区域摆摊卖中药，规模三四十人。

早期药材市场的产生有一定的特殊性，因为当地种植高品质的道地药材，包括白芷、白芍、牡丹、山药、红花等，药材的优质原产地会吸引药材采购商人聚集到产地，有发展成市场的先天优势。药材集市的主要优势是价格低廉，集市上的药材统称"地摊货"，具有明显的低端市场特征。然后相对于传统农业，药材种植和销售的收入较高，药材市场的规模越来越大，辐射范围越来越广，为当地农民提供大量本地就业机会，增加农民家庭收入。90年代初在集市上卖药几天可收入50元，对务农的村民来说吸引力很大，几乎80%的村民加入卖药行业中来，中药材经营的收入逐渐成为家庭的主要收入来源。药材产业自发形成一定规模后，后期才有村级组织和地方政府介入，形成农户、村庄和地方政府的紧密互动。

---

① 参见张建云《转变传统城市化理念 以农业产业化带动农村就地城市化》，《理论学刊》2010年第9期。

二 村级组织统筹建设地域市场

中药材产业的发展初期是农户的自主行为，但是发展到一定规模后只有借助集体的力量才能供给单家独户无法提供的公共品，例如基础设施建设和交易场所建设。最典型的是随着自发集市的规模扩大，加入集市销售的人越来越多，导致摆摊无序、占道严重、交通拥挤等情况。村级组织招聘清洁员，在集市出摊时打扫卫生、维持市场秩序，向摊主收卫生费作为他们的酬劳。由于清洁员和大部分摊主都是本村或邻村人，熟人社会的关系使得收卫生费、维持秩序能得到比较好的执行，因此村级组织通过内部化的方式对集市实现低成本管理。

为扩大集市规模、改善交通条件，同时促进村庄发展，村级组织开始积极介入药材市场的发展。1993年村集体向乡政府申请将主干道从4米拓宽到16米，统一要求每个村民提供10个修路用的土方并且出义务工将土方拉到指定路段，路面硬化和施工的大额投入则由政府承担。后期集市规模继续扩大，外村甚至其他乡镇的人也到集市上售卖药材，但是集市流动性大，不便于管理。村级组织和乡政府建立固定市场，利用空闲的小学校园搭建简易市场，村级组织动员摊贩搬到新市场，由工商管理部门管理固定市场。村级组织统筹、国家财政投入和农民自筹形成合作，以较低的建设成本完成了村级道路拓宽和交易场所建设。药材市场在规模扩大的同时，提高专业化和正规化水平，是药材市场的第一次提档升级，形成了地域性市场。

村级组织的统筹功能还体现在以村庄社会内部的社会资本为纽带统筹药材产业各环节的生产合作。最初跨省采购药材的物流成本很高，一车货物达到十吨才能将运输成本控制在可接受范围内。因此村庄内部的亲缘、地缘关系作为社会资本，可将有需要外出采购和跑运输的农户组织起来，在信息沟通成本高、交通不便时降低沟通成本和合作成本。加工户利用熟人社会的关系联系雇工，不需要在正式的劳动力市场寻找劳动力，就可以在较短时间内集合需要的人手。专业市场上的销售户面对需求量超出供货能力的客户，通常寻求同一个家族或小组的其他销售户调货或者介绍生意。熟人社会的社会资本所包含的稳定的信任关系可以视为内生公共品，而社会资本的激活反过来不断强化这种信任关系。产业链建在乡土社会中，社会资本可以在地域性市场发挥作用。

三 地方政府投入建设国家级市场

在农业产业迅速发展的背景下，地方政府把扶持农业产业作为"三农"政策的核心。地方政府的扶持将地域性市场升级为国家级专业市场，延长了产业链和引进了社会资本。主要表现在地方政府创办工业园区引进17家大型中药材加工企业，增强本地产业的市场竞争力，带动就业。政府主要在三个方面推动农业产业化发展。

第一将交易市场建设作为整体项目，以国家财政资金投资基建。20世纪90年代后期，药材市场获批国家级专业市场，2000年前后，地方政府征地300亩，引进开发商建专业市场。随着产业规模扩大，2014年政府招商引资建设国际交易市场，设立市场管委会。目前有400多个商户，其中S村村民占比50%。为应对国家对药材加工资质认证问题，地方政府已经向省药监局申报在专业市场内搭建检验中心，引进有资质的药材流通电商平台，对接没有资质的散户，统一运输和网售。同时政府在专业市场周边征收900亩土地建设药材小镇和物流基地，将产业全面升级，以中药材产业为核心打造地方特色经济。

第二是为产业环节的市场主体提供财政资金支持和金融服务，有利于扩大经营规模，提高资金流通效率。因为药材种植环节利润低于销售环节，农户大都转向销售环节。地方政府大力补贴规模种植主体，提高资本进入种植环节的积极性。资本种植药材具有技术优势，药材品质比较稳定。另外，为有需要的农户提供低息贷款，特别是销售户的资金流动性低，但对现金的需求量大。因为销售户要采购各类药材，品种最多有三百种，但是很难迅速卖出，囤积的药材将资金困在存储药材上。针对农民的贷款需求，地方银行推出"药商贷"低息贷款，2018年药材专业市场上的销售户总共贷款3000万元，解决销售户流动资金不足的现实问题。

第三是规范市场秩序。药材的特殊性在于关涉人体健康，因此国家对药材质检有专业标准和行业规范，食药监局是专门检查食品与药品安全的政府部门。为方便市场管理，食药监局在专业市场内设立办公室，常规检查办法是不定期从市场门店随机抽检。食药监所每年会邀请药材鉴别专家培训专业市场内的销售户，从进货环节提高鉴别能力，从而保证药材质量，减少市场纠纷。针对产业环节存在的质量问题，执法部门能比较有效地进行处罚，回应消费者反映的问题，维护专业市场和地方产业的专业性和市场竞争力。

基于乡村精英、村级组织及基层政府等主体的参与，药材专业市场不断提档升级，从基层市场过渡到地域性市场，再到国家级市场，最终实现农业产业化发展。虽然地方政府投资建设国家级市场，但是基层市场仍然具有存在的必要性，它能有效对接多元化的市场需求。目前，药材市场仍然是农户主导的，村级组织和国家为农户提供社会化服务。随着产业升级，产业链的经营主体不再是单一的农户，政府引进种植基地和大型加工企业等规模主体，完善产业体系，壮大产业规模，将产业融入本地经济。

第四节 农业产业化的经济社会效益

一 吸纳农民就业，维持完整的家庭生活

第一，产业发展吸纳劳动力，解决农民就业。农业产业化发展的最直接经济效益是为农民提供大量就业机会，围绕产业链上下游形成专业分工使得不同年龄阶段的人都能在产业环节中寻找到合适的就业机会。对于就业机会较少的中西部农村，大部分家庭都要忍受家庭成员分开，一年仅在春节等少数时间相聚，产生留守老人和留守儿童等问题。"家庭生活的不完整导致小农家庭的生活内容本身的价值和意义被架空。"[1] 充分的本地就业才能保证家庭生活的完整性。家人在一起生活、生产，能有效实现对子代的照顾和父代的赡养，在本地生产生活可以兼顾家庭发展的需求和家人对陪伴的需求。而且市场化的专业分工为剩余劳动力提供就业机会，尤其是老年人，使他们具备一定的自养能力。

第二，提高农民家庭收入，满足家庭发展需求。相较于纯农业收入的农民家庭，工业产业化发展出专业市场及其产业环节，农民家庭能从中获取较高的非农收入。而且以家庭为单位参与产业环节，一方面能低成本使用劳动力，另一方面能实现家庭劳动力的最优配置。劳动力配置主要体现在半劳动

---

[1] 贺雪峰、董磊明：《农民外出务工的逻辑与中国的城市化道路》，《中国农村观察》2009年第2期。

力的使用上，老人或小孩能做力所能及的事情，而不涉及道德、法律问题。老年人负责家务劳动、照顾小孩，极大地解放年轻人的劳动力，在家庭发展动力比较强的时期家庭劳动力能充分调动起来，因此家庭积累能力比较强。

第三，农民家庭收入提高，增强家庭养老功能。农业产业化带来的经济效益整体提高了村民的收入水平和经济能力，农民家庭内部资源宽裕。家庭经营的方式保证家庭内部资源共享，内部没有形成资源剥夺和挤压，代际关系较好，家人在身边生活也能提供基本的照料，老年人的养老能实现有效的家庭保障。

二 完善村庄公共服务，维持村庄社会秩序

第一，完善基本公共服务，满足农民生活需求。首先，村集体和地方政府为促进产业发展为专业市场所在地 S 村提供优于周边平均水平的基础设施建设，在产业发展过程中逐步完成水、电、路等基本设施。S 村的村民因就业机会留在村庄，村庄又因为产业规模扩大实现整体发展。其次，人口聚集使得村庄的基础教育得到保障，在村内就能让孩子上幼儿园、小学，村内还有舞蹈、武术、美术等培训班。最后，娱乐消费比一般中西部农村发达。为满足妇女的美容需求，村庄内部产生了数家美容店。村庄内的超市、服装店也不少，各类餐饮小吃很丰富。专业市场有物流需求因此伴生快递服务，满足了农民增长的生活需求。

第二，村庄社会结构完整，维持良好社会秩序。农业产业化使村庄生活完整，对村民的吸纳程度高，村庄空心化程度较低，因此农民思维方式和社会交往上依旧是传统形态。加之，专业市场面向的是外部市场，村庄内部秉持的是自己人的人情交往逻辑，市场对村庄传统秩序的冲击不强。因此形成了经济的现代化和社会的传统性并存的特征。产业发展使得农民得以保持完整的家庭生活，村庄社会维持了抑制性的社会结构，村民的生活意义指向村庄，经济收入宽裕的农民有更高积极性参与村庄公共文化活动。而且村庄共识能被接受和认可，村委会制定的公共规则能发挥有效作用。此外，在乡镇派驻的管区干部支持下，兼业化的村干部可以通过简约治理低成本实现治理效果，村庄秩序良好。

三　农业农村发展，促进城乡关系均衡

农业产业化发展带来的就业机会吸引村民留在村庄，农户的家庭经营方式与产业发展相互促进带动村庄的集镇发展，呈现出乡土社会有活力的一面。在城镇化日趋白热化的背景下，中西部农村因婚姻、教育等因素城镇化比率逐年升高。而在专业市场及周边村庄的农民在县市买房的人比较少，S 村 400 多户农民只有十几户因孩子教育在市区买房。他们不买房的最主要的原因是农民实现本地就业，去城市买房既不必要也无需求，反而不方便。目前，专业市场的建设推动了交通设施建设，并且改善了公共交通条件，专业市场有直达公交车到县城和市区。农民因农业产业化发展经济条件较好，为方便出行，几乎家家户户都购买私人轿车。销售户和加工户有不少 30 岁左右的年轻人，他们接手父代的生意，主动选择留在村庄就业。

村庄内部有人口、有产业发展，在人口和产业集聚的条件下人口的消费和产业规模的扩张带动村庄向集镇发展。除去已经开发的专业市场内的商铺，S 村有开发商在村庄中建设房地产楼盘，而且不缺农村房地产的消费者。村庄内有基础的医疗、教育、交通等公共服务，并且随着经济发展提供多样化的娱乐消费服务，包括餐饮、服装、美容、养生、培训班等，农业产业化带来的产业和人口集聚基本实现就地城镇化。而且随着产业发展规模扩大，地方政府开发建设中药材产业园，吸引十几家具有国家要求相关资质的中药材加工企业落地。可以说产业发展有活力，不仅留住本村年轻人还能吸引外面的企业、开发商。

乡村振兴的目的在于让乡村恢复活力，人口外流严重的留守村庄大多通过资源下乡吸引人口回流，但是成本太高、发展的产业可能与当地不适应最终造成资源浪费。而在有产业基础的村庄，地方政府在公共服务和平台搭建上着力，就能提高村民的生活福祉，不需要投入过多的资源和精力创新经济发展方式、吸引返乡创业的村民。由此可见，尊重和保障小农家庭参与产业发展的基础地位，发挥村级组织和地方政府的统筹作用，提高产业的市场化和规范化水平，实现农业产业化，最终能带来产业兴旺、人口聚集、村庄繁荣的经济社会效应，最终促进城乡关系均衡，城镇化和乡村振兴协调发展。

第五节 结语与讨论

农业产业化是乡村产业振兴的重要实现路径，农业产业化发展需要可靠的载体和特定的基层组织方式。立足实践，在市场经济发展条件下，专业市场是乡村产业发展的可靠载体之一，可以作为农村产业发展的组织形式。本章通过一个药材专业市场的经验研究，初步揭示了专业市场的结构性特征及其形成过程中的农民、村级组织和地方政府的互动关系，并分析了专业市场为农村发展带来的综合效应。专业市场的发展为农民提供就业机会，增加家庭收入，完整的村庄生活让村庄社会和治理秩序得以维持，并且农民在本地就业和居住，农业产业化推动就地城镇化，不同于空心村依附型城乡关系，当地形成均衡型城乡关系，有助于促进城乡均衡发展。

农业产业的发展从来都不是孤立的，必然受到市场和政府的影响。然而，在大国小农背景下，"面对数量庞大、规模很小、高度分散的小农户，政府直接针对小农户的公共服务变得几乎不可能，政府的各种支农惠农资金无法找到有效的承接载体"[1]，为了节约交易成本，政府选择抓重点对象。具体到本章的中药材产业，专业市场通过政策法规要求中药材成品生产具备相应资质，政府管控资质认证，可以对产业体系进行正规化再造。随着国家对市场的规范治理越来越严格，资质认证的门槛相对较高，以家庭经营为主要模式的农户难以申请加工和销售成品中药的资质认证，因此不能将药材销售给医院等大型机构，当地中药材专业市场的利润空间压缩，亟待转型。不过，家庭经营的低成本优势使得经营成本远远低于正规化的大企业，包括种植、加工、销售、物流环节。在此背景下，正规企业出于控制成本的考虑尽量分包出利润较低的环节，当然，产业链的前置环节有存活机会，作为配套服务的物流等环节也能继续生存。中药材种植基地通过"公司+农户"的方式与农户合作，降低种植环节的成本。因为机械设备和人工成本较高，对于技术含量较低的药品初加工环节，中药材加工厂采取向加工户收购的方式降低加工成本。

---

[1] 吴重庆、张慧鹏：《小农与乡村振兴——现代农业产业分工体系中小农户的结构性困境与出路》，《南京农业大学学报》（社会科学版）2019年第1期。

对于销售,部分药材企业在专业市场设立门市部,与专业市场的销售户合作,让其担任销售代理。需要强调的是,产业发展面临各类市场风险和政策风险,需要强调一点,家庭经营是一种经营模式,并不限于某一特定产业或某一特定环节,家庭不会破产家庭经营的模式就不会破产。而且家庭经营的优越性在于经营成本低以及经营的灵活性,能根据市场环境压缩利润空间、调整经营策略。可以看到,即便在国家治理的干预下面临产业转型,家庭经营的低成本优势,与大企业的逐利性相契合,使其仍然具有生命力。

在全面推进乡村振兴战略背景下,必须认识到乡村振兴的核心并不必然要求乡村经济发展体量增大,更不在于政府扶持或资本主导的龙头企业发展带动乡村经济发展,重要的是在于恢复乡村的活力,尤其是调动农民的积极性、主动性。中西部农村小农普遍存在是客观事实,大量劳动力外流也是事实[1]。受到以市场为代表的现代性力量的影响,农民的家庭发展目标从简单再生产升级,他们是具有能动性的主体,以经营家庭的方式主动卷入城镇化、现代化进程之中。只有少数成功的农民通过做生意或受教育获得高收入,让全家在城市生活。大部分普通农民在城市与农村之间双向流动,形成"以代际分工为基础的半工半耕"[2]的家计模式。在此背景下乡村振兴就很难走激进式道路,重点应该在尊重农民主体性的基础上,将地方产业发展与乡土社会关联起来,使产业链建立在乡土社会之中。因此以家庭经营为基础实现规模集聚的农业产业化可视为产业振兴的一种可行路径,对乡村振兴战略实施有现实意义。

---

[1] 参见贺雪峰《关于"中国式小农经济"的几点认识》,《南京农业大学学报》(社会科学版)2013年第6期。

[2] 夏柱智、贺雪峰:《半工半耕与中国渐进城镇化模式》,《中国社会科学》2017年第12期。

第二章
内生型乡村产业振兴的社会基础与发展路径[*]

2020年，党的十九届五中全会审议通过《中共中央关于制定国民经济和社会发展第十四个五年规划和二〇三五年远景目标的建议》，提出走中国特色社会主义乡村振兴道路，全面实施乡村振兴战略。2024年，中央一号文件提出，把推进乡村全面振兴作为新时代新征程"三农"工作的总抓手，坚持产业兴农，鼓励各地因地制宜大力发展特色产业，支持打造乡土特色品牌，强化农民增收举措，实施农民增收促进行动，持续壮大乡村富民产业。从"全面推进乡村振兴"到"推进乡村全面振兴"，乡村产业振兴一直是推动乡村振兴的重要抓手，产业兴旺是基础。乡村产业振兴为了谁？这一问题的答案与"三农"工作的重点是一致的，为了增加农民收入、满足农民对美好生活的向往。因此，乡村产业振兴要依靠农民，而且要实现可持续发展的乡村产业振兴，需要充分挖掘乡村内部资源，以农民为主体发展内生型乡村产业，才能最大化地让农民共享乡村产业发展的收益。笔者在实地调研中发现，充分利用地方社会资本、优势产业资源，实现内生型乡村产业振兴，是农民参与发展、分享收益的路径之一。

---

[*] 本章以《社会资本视角下内生型乡村产业振兴路径研究——基于闽南D村瓷砖产业的考察》为题，发表于《农林经济管理学报》2021年第4期。

第一节　对村庄社会资本的文献回顾

乡村振兴的基础是产业振兴，而且只有依靠内生型乡村产业发展，才能真正实现农民参与其中、农民直接受益的乡村振兴。因此，要想实现"立农为农兴农"的可持续乡村振兴，需要充分动员农民的积极性，挖掘村庄内部的社会资源。在此基础上，本章探究乡村内生型产业的发展路径，分析中国农村社会内生资源如何促进地方经济发展，有助于回应乡村振兴过程中村庄主体性不足、收益分配不均衡等问题，有利于实现具有中国特色社会主义的农业农村现代化。

乡村社会是熟人社会，其内生资源的关键在于稳定的社会资本。社会资本概念是"理解个体如何实现合作以及克服集体行动困境达到更高程度经济绩效的核心基础"[1]。基于功能主义视角，社会学对村庄内部社会资本的研究主要聚焦于非正规金融[2]、生产互助[3]等农民合作问题。在城镇化和市场化进程中，此类研究普遍指向社会资本的缺失造成信任失调，导致"农民合作困境"[4]。从农民家庭的生产和保障来看，随着市场化程度提高，农民掌握的社会资本所发挥的作用在减弱[5]，村庄集体社会资本对农民家庭在农业生产中所凸显的优势将被削弱[6]，由社会资本提供的传统非正式制度的分担风险的作用

---

[1] ［美］埃莉诺·奥斯特罗姆：《社会资本：流行的狂热抑或基本的概念?》，龙虎编译，《经济社会体制比较》2003年第2期。

[2] 参见叶敬忠、朱炎洁、杨洪萍《社会学视角的农户金融需求与农村金融供给》，《中国农村经济》2004年第8期。

[3] 参见曾红萍《农村内部劳动力商品化与社区社会资本变迁》，《中国农村观察》2016年第4期。

[4] 黄家亮：《乡土场域的信任逻辑与合作困境：定县翟城村个案研究》，《中国农业大学学报》（社会科学版）2012年第1期。

[5] 参见张爽、陆铭、章元《社会资本的作用随市场化进程减弱还是加强？——来自中国农村贫困的实证研究》，《经济学》（季刊）2007年第2期。

[6] 参加王建《村庄非农化、社会资本与农民家庭收入》，《华南农业大学学报》（社会科学版）2019年第2期。

下降了①。从村庄共同体的整体性来看,农民的基本生活需求几乎全部由市场满足,使得传统的文化权力网络逐渐被个体的符号化的消费型权力所替代,并解构乡村社会内部的共同体网络②。最终,"农村公共空间萎缩、公共人物缺乏、公共精神缺失,社区记忆断裂,象征符号系统也随之凋零"③,村庄的公共舆论失效,造成社会资本缺失,阻碍农村社会的可持续发展。有学者进一步解释,在收入分配机制的转变过程中市场占据主导地位,社会网络机制对增加农业收入的作用呈现边际递减效应,导致人们更少投资社会网络中的社会资本④。

既有研究分析了市场消解社会资本等非市场力量及其后果,并解释社会资本流失且不断内卷的原因。但是以上研究将农民作为参与市场的个体行动者,忽视了乡村经济发展的实践形态与社会基础的差异,对于村庄内生的社会资本的生产性价值关注不足。我国经济发展不平衡,东部沿海地区与中西部地区在农村发展上存在明显梯度差距⑤。在中西部农村,就业机会较少,全国形成统一的劳动力市场后劳动力大量外流,而外部于村庄的市场化力量大大提高了"农民理性化"⑥程度,村庄传统的社会资本缺失。在东部发达地区,村镇主导的"苏南模式"⑦推动农村产业结构从农业向工业转型,以"温州模式"和"义乌模式"⑧为典型的浙江模式推动私营经济发展,农村实现"离土不离乡"⑨的就地城镇化和产业化发展,原有的地缘和血缘等社会关系得以维系。对比区域经济发展,西部地区在外部市场的强烈冲击下,人

---

① 参见陆铭、张爽、[日]佐藤宏《市场化进程中社会资本还能够充当保险机制吗?——中国农村家庭灾后消费的经验研究》,《世界经济文汇》2010年第1期。

② 参见陈明《从"社会化小农"到"消费小农"——基于中国农村市场化进程的思考》,《西北农林科技大学学报》(社会科学版)2015年第4期。

③ 王春娟:《农民社会资本的缺失与重构》,《中州学刊》2015年第4期。

④ 参见张顺、程诚《市场化改革与社会网络资本的收入效应》,《社会学研究》2012年第1期。

⑤ 参见刘葆金、朱智洺《中国东中西部农村经济差距及发展的思考》,《南京农业大学学报》1995年第1期。

⑥ 贺雪峰:《论农民理性化的表现与原因——以河南省汝南县宋庄村的调查为例》,《湛江师范学院学报》2008年第2期。

⑦ 徐元明:《乡镇企业体制创新与苏南模式的演进》,《中国农村经济》2003年第5期。

⑧ 赵伟:《浙江模式:一个区域经济多重转型范式——多视野的三十年转型》,《浙江社会科学》2009年第2期。

⑨ 崔曙平、赵青宇:《苏南就地城镇化模式的启示与思考》,《城市发展研究》2013年第10期。

口大量外流，传统的社会资本式微①，而东部农村的现代化过程是一种基于社区内生动力的发展过程，社区社会资本与产业发展相互强化。学界针对东部地区产业发展与社会资本的研究主要是从经济学角度分析社会资本与产业集群的关系，但是对于农村现代化过程中社会资本在微观层面促进产业发展的作用机制及其在村庄层面研究较少。

在全面推进乡村振兴战略背景下，讨论如何发挥内生资源促进乡村可持续发展具有重要现实意义，特别是将内生社会资本嵌入产业发展更具有社会价值。本章以福建晋江 D 村瓷砖产业发展的经验为基础，分析该村产业发展的社会基础与实现路径，讨论内生社会资本如何在微观层面促进产业发育，带动村庄实现产业化发展。本章通过对内生型乡村产业发展路径及其逻辑的分析，进一步探讨农村现代化进程中延续村庄共同体的可能性。

第二节 内生型产业特征及其社会基础

一 瓷砖产业的发展基础与特征

C 镇以建筑陶瓷为主导产业之一，历史上该地盛产瓷土，具有烧制和销售瓷器的传统。D 村位于该镇南部，建有瓷砖专业市场，为典型的产业型村庄，具体来看，其产业特征有以下两大方面。

第一，以农民家庭为产业经营主体。D 村约 300 户，1200 多人，约 80% 的农户在专业市场内从事瓷砖建材生意，15% 的农户从事配套服务，包括物流运输等，绝大多数农民家庭参与专业市场的经营与配套服务。该市场以个体工商户为主要经营主体，个体工商户背后是农民家庭或多个有亲缘关系的农民家庭合作，农民家庭是该村产业发展的基础。2018 年，农民家庭经营性收入在 15 万—30 万元。以下三个方面能概括家庭经营的特征及其优势。

其一，围绕生产与生活，对劳动力一体化配置。个体户根据经营环节和经营规模配置劳动力，并根据家庭发展目标动员家庭成员，实现最优家庭劳动力配置。由掌握当家权的男性家长分工，根据劳动强度、经营能力和家庭

---

① 参见王晶《农村市场化、社会资本与农民家庭收入机制》，《社会学研究》2013 年第 3 期。

生命周期在家庭内进行性别分工和代际分工。经营环节一般包括进货、入仓库、销售、出货、装车、售后等，女性负责劳动强度较小的销售和售后，男性负责进货、入仓库、出货与销售等需要外出和劳动强度较大的环节。此外，子代结婚后，母亲退出经营环节，负责家务和带孙辈。儿媳妇根据子代的抚育状况决定进入销售环节的时间，一般在孩子上幼儿园以前待在家里带孩子和协助婆婆做家务。通过最大效用调动家庭劳动力实现生产增值，同时调动家庭剩余劳动力以较低的成本保障生活质量。

其二，以家庭为统一结算单位，包括收入、消费和扩大再生产的投资。虽然经营环节可以区分，家庭成员按环节分工，但各环节不能独立核算收入，而是按照一整单生意的交易量核算收益，难以量化个人的经济贡献。因此在家庭经营中，以家庭为单位计算收入，单个的劳动力不按月支付工资，而是按需支取或发放较低标准的生活费，以家庭为单位进行生活开支。此举主要是考虑经营资本的最大化积累，尽量减少反复计算中的损耗。为了共同的家庭发展目标能者多劳，对于得失心较重的家庭成员而言，发展目标与其他人相异，则会分化为多个家庭经营单位，此时家庭仍然是最基础的结算单位。

其三，模糊家庭资源与生产资料的边界，以较低成本参与市场经营。家庭经营的劳动力配置是关系主导的分工，经营模式本质上仍具有小农家庭经营的特点，优势与小农经营的优势类似，包括低成本的生产资料、高效的劳动力配置，劳动力的沟通和监督成本比较低。不过从事商业的小农有更高的经济利润目标，因此家庭积累性和投入再生产的积极性比小农家庭高。另外，产品具有价格优势，是其市场竞争力的核心。家庭的资本量较小，具有"船小好掉头"的优势，面对市场风险具有更强的调整能力。

第二，以专业市场为产业组织形式。20世纪80年代，该村村民以拖拉机为载体流动贩卖瓷砖。1990年以后，因交通管制，农民开始在村里的公共空间售卖瓷砖。1998年，村集体开始建设瓷砖专业市场，2003年获批为国家二级建材市场。专业市场占地面积180亩，店铺约350间。店铺分为两类，一类是村集体建设的商住两用型，其中一楼为店铺，二楼三楼为住宅，村集体为购买此类房屋的村民办理了集体产权；另一类是早期村民自建房，专业市场和村庄融为一体。D村的专业市场主要面向福建省内市场，以周边市县的消费者为主要消费群体。该瓷砖市场以二线品牌和杂牌为主，是由正规生产商生产的瓷砖，但款式、花样不够时尚，当地称为"便宜砖"。工厂、宿舍是主要使用场所，要求主要是耐磨和便宜，个人消费者以农民为主。在闽南农村，农民为展示个人经济实力，通过修建房屋和装修房屋外观进行展演和竞争，瓷砖成为农民参与社会竞争的刚需，性价比和实用性是农民考虑的最重要的因素。因此，D村的瓷砖市场在本地有稳定的受众，产业的特征契合市场需求，稳定的本地需求使得专业市场能在当地扎根。

二 宗族型村庄与社会资本

D村所在的晋江属于典型的闽南宗族型地区，村庄的共同记忆和社区规范最为持久，"宗族结构与宗族规范高度统一、宗族组织与宗族意识高度统一"[①]。D村由两个不同姓氏的宗族构成，分为8个房头，每个房头100—300人，房头是宗族内部的次级单元，同一个房头的村民共同修建供奉祖先和举办丧事的祖厝。两个宗族在地理空间上边界模糊，而且两姓之间通婚现象普遍，逐渐融合。加之，D村面积较小，村民居住紧凑，原本的宗族结构未被消解，农民的本体性价值仍然存在，农民基于宗族结构形成的归属感和落叶归根的观念根深蒂固。此外，村庄内部朋辈群体的关系同样重要。因此，村庄内部宗亲、姻亲关系发达，朋辈兄弟关系重要，外出的村民与村庄关系紧密。

贺雪峰等将村庄内村民与村民之间具体关系的总和称为"村庄社会关联"[②]，他认为以宗族为认同行动单位的宗族型村庄是社会关联度高的村庄。社会关联度比较贴近社区社会资本的概念，这种整体性的社会资本被称为社会网络资源或社会支持网络[③]，是对较小区域内的社会资源以及行动者对该区域社会资源的动员能力的概括。池上新将村庄中的社会资本操作化为社会网络、社团参与、信任、互惠与规范五个方面，其中社会网络考察的是村庄红白喜事的关系网[④]。在D村，儿子结婚为家庭最重要的事件和该家庭在村庄中最重要的公共活动，以自然村为单位宴请宾客，以房头为红事的互助单位，

[①] 贺雪峰：《论中国农村的区域差异——村庄社会结构的视角》，《开放时代》2012年第10期。

[②] 贺雪峰、仝志辉：《论村庄社会关联——兼论村庄秩序的社会基础》，《中国社会科学》2002年第3期。

[③] 参见张文宏《中国的社会资本研究：概念、操作化测量和经验研究》，《江苏社会科学》2007年第3期。

[④] 参见池上新《村落共同体社会资本的构成及其相互作用》，《中国农村观察》2013年第4期。

村庄具备共同体特征和社区资本。

虽然宗族是传统社会组织结构，市场经济是现代性的外生制度，在二元对立的视角下，传统的社会结构受到现代性的市场关系冲击。但是在 D 村，宗族结构在市场经济的发展过程中依旧稳固。因此，社会组织与市场力量之间如何互动值得探讨。

第三节　地方关系网络与产业发展逻辑

D 村并非天然就是产业型村庄，2005 年后村庄内绝大多数家庭才从事瓷砖经营生意，专业市场逐渐繁荣。村民以"自己人认同"进行有效的关系动员实现扩散经营，以社区资本为基础达成市场经营的共识，实现以专业市场为组织形式的产业形态。

一　基于家庭的社会关系实现扩散经营

在产业发育阶段，村民以家庭为核心，通过个人社会资本进行关系动员进入产业，实现扩散经营。所谓扩散经营，借用项飙概括北京"浙江村"的服装业发展概念，即"通过提高流通效率来弥补生产规模偏小的不足"[①]，是以扩散家庭经营代替企业组织规模发展，所以单个大企业较少，在社区内带动大部分家庭进入经营环节。村民依靠的是家庭的社会关系，包括父子关系、兄弟关系、宗亲关系，以及姻亲关系和朋友关系。

村民独立经营要经历三个阶段，包括学徒、合伙、单干，才能逐渐习得经商的技能并积累社会人脉。但是学徒阶段不是在自身的家庭学习，而是跟家庭以外的人做学徒习得经商技能，避免父母怕子代吃苦而学不到技能。学徒阶段父母倾向于将子代托付给经商能力较强的人，而且信任对方会真心传授经营瓷砖的经验。因此，父母的社会关系网越大，可托付人选的选择面更大，更可能选择到合适的人选，宗亲关系、姻亲关系和朋友关系是最为普遍的学徒拜师的对象。

[①] 项飙：《跨越边界的社区：北京"浙江村"的生活史》，生活·读书·新知三联书店、生活书店出版有限公司 2018 年版，第 159 页。

经过学徒阶段后，资本量不足或经营能力不强的人会选择与亲戚或朋友合伙创业。在初期选择合伙，主要是基于经济理性，依据创业开店需要的资金量或其他资源的现实状况进行考量。不仅可以降低个体进入市场的资本门槛，而且通过合伙实现风险共担，降低个体直接面临的市场风险。一般来说，随着经营规模扩大或客户资源积累到一定程度，合伙阶段随即结束，村民开始独立经营。通过学徒、合伙的阶段，在村庄中实现经营技能的"传帮带"，进而单干使得扩散经营成为现实。

二 基于宗族关系实现"联户式"合作经营

为增加市场经营的原始资本量和劳动力，村民通常采取的经营策略是合作经营，目前"联户式"合作经营的店铺占比约20%。"联户式"经营相对稳定，一般是以宗亲关系、姻亲关系或少数朋友关系为纽带达成合作。20世纪90年代，D村开始加工、倒卖废旧瓷砖，因本钱较少，几乎半个村的人合伙进货，出售以后再按本钱出资比例分红，以宗亲和姻亲关系为纽带迅速将村民带入该产业，可以视为早期以宗亲关系为纽带合作的典型。最主要的"联户式"合作经营纽带是宗族关系，但限于血缘关系更为紧密的房头内部，特别是父亲主导下的多子家庭"联户式"合作经营，或堂兄弟之间合作经营。

案例1：王老板，40岁。2000年前后与大哥、侄儿（二哥家的儿子）三人合作经营一家店铺，三人平摊启动资金，用于进货发货，一般去广东进货。收益年终均分，第二年进货时再平摊本钱，合作了七八年。店铺主要是王老板及其大哥经营，侄儿主要是学习经验，王老板称为"帮带"。

案例2：张老板，63岁，妻子是本村人。1996年，张老板与小舅子合伙加工废旧瓷砖并销售，这期间两家人四个劳动力参与劳动。2001年，小姨子加入"联户式"经营。同年，张老板的两个儿子也加入经营。平时由张老板管账目；两个儿子、小舅子的儿子3人负责销售，小舅子负责管理仓库，小姨子及其丈夫负责售后。按照出资比例，张老板和两个儿子一共占股50%，小舅子和小姨子各占25%。

在案例2中，张老板邀请小姨子加入经营，主要考虑到自己是"家庭带头人"。D 村内部通婚比较频繁，以姻亲关系为纽带合作比较多。此外，部分个体户在人手不足时会请亲戚到店里帮忙，但请亲戚帮忙与雇用店员的性质不同，店员是通过市场化方式雇用的劳动力，而亲戚相当于家庭内部劳动力。店员与顾客讨价还价时没有完全决定权，但通常老板会告诉亲戚进货的底价，谈生意时有更强的自主性。

案例3：王老板，41 岁，妻子是本村人。2000 年，退伍回来后与姐夫合伙，2005 年姐夫想单干遂分开经营，妻子负责看店。2014 年另开一家店铺，由王老板、小姨子、小舅子共同经营，成本由王老板承担，包括水电费、生活费，因门店都是自己的不需要房租，利润分摊。王老板主动叫小舅子、小姨子来帮忙，并给他们股份。

对案例中的张老板和王老板这类市场经营能力较强的人来说，"联户式"合作经营具有宗亲、亲戚之间道义上的扶助功能。另一种"联户式"经营以年龄相仿的年轻人为主，大多是基于宗亲关系或姻亲关系而建立的发小关系，对他们而言兴趣相合超越先天关系。但是在宗亲关系与姻亲关系的强化下，朋友关系是融入村庄的实质性联结，并且建构出比普通宗亲关系更近一步的人情关系。

三　基于同乡互助达成市场经营的公共规则

作为建立在村庄熟人社会之上的市场，为了经济效益最大化而不产生消耗性的内部竞争，村民在市场经营过程中达成一系列共识。

其一，经营户在选择代理品牌时倾向于品牌互补，而非同品牌竞争。目前该市场内零售的瓷砖品牌有 100 多种，主要是二线品牌和杂牌，品牌多元可能重复。实际上，专业市场内的经营户合作的品牌比较稳定，如果要与市场内其他经营户销售同一品牌，则会提前与其商量。例如某经营户，已经代理销售 Y 品牌 5 年，2019 年该经营户的朋辈兄弟因客户指定 Y 品牌的产品，咨询该经营户的意见后，才开始代理。品牌互补的经营共识使得经营户能与供货商形成比较稳定的合作关系，与市场内其他经营户形成良性竞争关系，而不至于频繁更换销售量大的品牌形成恶性竞争。

其二，经营户之间回避其他人与顾客交易的过程和细节。专业市场内的经营户以批发兼零售为主，一般不外出销售。而且只有顾客有装修需求时才会去专业市场，因此市场内的人流量不密集，经营户以守店为主，且空闲时间较多。可以看到市场内所有经营户在店铺内都摆设了茶桌，不仅用于招待客户时谈生意，还能用于等客户的过程中喝茶打发时间，主要是经营户之间串门闲聊，"不是在自己店里喝茶，就是去别人店里喝茶"。但是一旦有顾客上门，来串门的其他经营户就自觉回避，避免形成打探别人利润的印象，以免产生压低价格的竞争。

其三，经营户之间的协作与互助。2000年前后，专业市场在起步阶段，经营户在进货与出货过程中，自己负责搬运，但一个人难以完成时，周边经营户会集中帮忙有需要的一家。此外，在进货或出货过程中，经营户之间会调配产品。如果经营户缺少或没有客户要求某种类型的瓷砖，则会调用其他经营户的库存，且只需支付成本价格。进货时，如果厂家的进价对应的数量超出经营户的需要，经营户之间也会合作购买一批产品。经营户之间的协作与互助，在长时间中实现均衡，相当于农业型村庄的帮工与换工，以低成本的劳动协作压低成本以获取较高的利润。

第四节　内生型乡村产业振兴综合效应

一　社会资本再生产

第一，村庄以专业市场为组织形式推动产业发展，吸纳了大量村民在本地就业，维系了村庄原有的社会关系。乡村场域中经济机会充足，农民在村实现非农就业。而且产业具备的核心价格优势契合本地消费需求，所以村民在参与市场经营的过程中普遍获益，形成较大群体的中间阶层，他们构成了农村社会的稳定性力量[①]。留在村庄的中间阶层通过宗族仪式、本地婚姻、朋辈兄弟圈、经济合作等经济社会交往不断强化本地社会网络的关联度，增强社会网络中个人动员社会资本的能力。

---

① 参见陈柏峰《中国农村的市场化发展与中间阶层——赣南车头镇调查》，《开放时代》2012年第3期。

第二，村民参与同一产业，经济条件较好，生产与生活一体化程度较高，村庄公共性得以维持。一方面，农民家计的同质化，在村庄层面实现规模效应，形成较强的市场竞争力获取市场收益，同时农民相同的经营经历在村庄内部形成一致的话语体系和身体体验，进一步强化村庄共同体认同。另一方面，市场经营风险的不确定性与传统信仰给人的归属感相契合，供奉地方神的村庙构成每个家庭参与村庄公共生活的重要空间，此空间的活动具有较强的社会交往性质，促进村庄公共性再生产。

第三，村民的生活面向在村，对村庄生活具有长远预期，使得村庄具有价值再生产的能力。一方面，村庄舆论对村民的行为具有约束力，村民在日常交往中注重为人处世，通过做人来赢得个人和家庭在村庄社会中的好名声和面子。另一方面，村庄对村民来说是精神归属，村民包括外出人员、华侨对村庄有叶落归根的价值认同。通过引导富人将面子竞争与回馈社会相结合，将私人的经济资源转化为具有公共性的捐资，用于公共建设，增强村民对富人的社会认可与集体认同。

二　社会秩序再生产

"家庭经营—家族共营—同乡互助"的关系型经济网络得益于内生性社会资本，使得产业发展与社会资本相得益彰，村庄共同体得以延续。在新的产业组织形式和市场力量的影响下，宗族结构仍然能发挥维持村庄社会秩序的功能。

第一，宗族结构抑制了经济分化带来的社会分层。农民市场能力的差异产生经济分化，不断形成撕裂村庄共同体的外在力量。中西部农村就业机会较少，劳动力大量外流，农民的就业机会和自我实现跃出村庄，经济分化在村庄中形成社会分层，经济实力较强的人在城市买房后随即脱离村庄。但是发达地区的农村有较为充足的经济机会，使得村庄社会结构比较完整。虽然农民的市场能力差异导致经济分化，但是均质化的家庭经营一定程度上拉平经济利润，使得分化程度有限。

第二，宗族型村庄抑制无序的社会竞争。一般来说，市场经济活动具有公共性和开放性，市场主体展开充分的市场竞争，难以产生社会舆论。但是村庄内部的生活是私人化的场域，农民从市场中获得经济利益后有展演财力的需求，其他人继续攀比就会在私人领域形成社会竞争，并形成对少部分底层的压力。在宗族型村庄中，村民对于经济实力较强但无公益心、不愿帮助他人的富人会形成负面评价，会对富人及其家庭造成心理压力，他们在参与公共生活时脸上无光。社会竞争没有突破村庄的公共规则，村庄规范通过社会舆论，抑制富人的社会竞争。

第三，地方性共识发挥维持社会秩序的功能。在村庄中通行的准则被称为地方性共识，无须强调就被所有人接受。地方性共识还包含社会评价的一致性，产业型村庄的整体性发展有利于村民强化对村庄共同体的认同，增强"自己人"认同，而具有公共性的村庄共同体对"损公肥私"者会形成负面道德评价，社会舆论对其产生强有力的心理压力，实现抑制此类行为的效果。总之，以宗族为社会基础的村庄共同体具有稳定的地方性共识，具备维持村庄社会秩序的主体与道德。

三　产业发展低水平困境

基于"家庭—宗族—同乡"关系网的内生型乡村产业给当地农民家庭提供经济机会，农民家庭的生活轨迹相近。但是，农民家庭之间的竞争性不足，可能导致产业发展陷入低水平困境。

第一，稳定的"家庭—宗族—同乡"关系型经济网络的形成，使得农民家庭有相对稳定的就业机会且相对固定的就业渠道，年轻人通过学习经商即可进入行业。而且，教育水平与经商能力并无直接关联，甚至越早进入该行业越能积累经验和人脉资本。因此农民对子女教育重视程度不足，年轻人受教育程度普遍不高，导致人力资本再生产水平不高。但是瓷砖行业内部竞争越来越大，消费群体对产品及其配套服务的要求越来越严苛。在此背景下，销售不再是传统的"一手交钱一手交货"的一锤子买卖。消费者对技术、审美有更高的设计搭配需求，还有售后等服务的需求，受教育程度较低的青年一代与越来越高的市场要求和专业化的市场需求之间存在一定差距。因此，低水平的人力资本成为限制农民家庭扩大再生产和产业升级的重要因素。

第二，大多数农民家庭参与同一产业，均质化程度较高，虽然意味着社会分化程度较低，但同时意味着农民家庭之间的共同抵御市场风险的能力不足。究其原因，参与同一产业的农民家庭同时面临不可控的市场风险时，难以形成相对互补的社会支持网络，导致其面临更大的系统性风险。以 D 村为例，当前不景气的房地产市场降低了建材需求，瓷砖行业的整体利润下滑。而且地方政府推动产业升级，修建国家级专业市场，引进企业型经营主体，希望以公司等正式注册的经营实体对该产业进行规范化管理，这会对农民家庭经营造成负面影响。因此，从产业发展、市场需求和政策环境来看，D村的瓷砖产业面临较大的市场风险和产业转型压力，嵌入"家庭—宗族—同乡"关系网的农民家庭难以形成有效的社会互助，如果不转变经营模式，该产业将面临升级困境。

第五节 进一步讨论

在农民卷入市场程度越来越深的情况下，农民参与市场的方式对地方性社会资本有深远影响。福建晋江的农民对家庭关系进行动员实现扩散经营，并以家族关系、姻亲关系为纽带实现"联户式"合作经营，在同乡互助的理念下达成与市场经营有关的地方性共识，形成"家庭经营—家族共营—同乡互助"的关系型经济网络。就地化的产业发展使得农民充分参与地方经济，以家庭为单位在本地就业，农民的生产与生活一体化程度较高，围绕产业形成的利益联结维系了原有的社会关系。其产业发展嵌入发达的社会网络中，促进社会资本再生产。

在内生型乡村产业发展模式下，"家庭经营—家族共营—同乡互助"的关系型经济网络为农民提供稳定的发展模式与就业渠道。但年轻人经过学徒阶段培养经商能力并进入市场的路径使得农民家庭较为忽视子代的教育问题，导致人力资本质量不高，限制产业升级。而且，产业内部同质性较高的农民家庭共同应对市场风险的能力不足。因此，在全面实施乡村振兴战略进程中，地方政府作为超越农民家庭和地方性关系网的正式组织，应当为促进内生型乡村产业实现健康和可持续发展保驾护航。第一，为农民提供专业化、制度化的职业培训，提高从业人员的业务水平，通过人才振兴促进产业升级和乡村振兴。第二，地方政府重塑产业结构的过程应该循序渐进，并且为农民家庭提供金融服务、技术咨询等公共服务，在产业转型过程中使得农民家庭顺利过渡。

相比之下，对中西部普通农业型村庄来说，因结构性的城乡差距，地方缺乏支柱型产业发展，为了获取更多经济收益，农民大量外出务工。因此，人财物外流，村庄凋敝，以留守老人为主的群体自顾不暇，更遑论村庄共同体的维持。村庄传统的社会关联会发生何种变化，村庄共同体是否能维持，是当下中西部农业型村庄面临的现实考验。但是村庄共同体要依靠社会交往、社会认同以及集体行动去激活、强化，才能保证村庄的生命力及其社会生活的内循环。在乡村振兴背景下，单纯依靠国家和地方政府通过资源倾斜难以推动乡村振兴，还需要动员村庄主体性和自主性，其关键在于培育社会资本，实现社会资本再生产的农村才是活水之源。

第三章
小农户的适度规模经营何以可能*

  2024年，中央一号文件提出，构建现代农业经营体系，以小农户为基础、新型农业经营主体为重点、社会化服务为支撑，加快打造适应现代农业发展的高素质生产经营队伍。提升家庭农场和农民合作社生产经营水平，增强服务带动小农户能力。加强农业社会化服务平台和标准体系建设，聚焦农业生产关键薄弱环节和小农户，拓展服务领域和模式。该文件明确强调了小农户的基础性地位，我们还要认识到小农户发展的可能性，如家庭农场、农民合作社等新型农业经营主体与小农户之间并不是非此即彼的关系，小农户有成长和发展的空间，新型农业经营主体也可以从小农户成长起来。基于大国小农的国情，中国的农业现代化必然是以农户为本位、以农民为主体，也必然是以服务小农户为目标的。换言之，农业现代化转型不是为了排斥小农户，而是为这些有生产意愿的小农户提供便利，让小农户有成长发展的空间，增加他们的农业收入，此类问题是促进小农户与现代农业的衔接需要重点考量的实践问题。在此背景下，应当重点探索一条以小农户为基础、提高小农户经营能力的农业现代化的路径。

---

  * 本章以《适度规模经营：小农户融入现代农业的策略与空间》为题，发表于《山西农业大学学报》（社会科学版）2023年第4期。

第一节　问题的提出

　　小农户是中国农业现代化的基础,农业规模经营是实现农业现代化的重要内容。在农业现代化进程下,以美国的"大而粗"农业模式和日本的"小而精"农业模式最为典型①,分别以土地规模经营与服务规模经营为核心内容,其中美国模式是基于人少地多客观条件、通过机械化大生产实现的,日本模式是通过精细化投入增加土地单位产值实现的。但是中国的自然条件、经济条件、社会条件等区域差异巨大,而且是在小农户家庭经营的基础上实施农业现代化②。因而,我国的现实基础不能完全适应以上两种模式。那么,在"大国小农"的背景下如何实现农业现代化?这一问题关乎我国的农业现代化道路选择问题以及小农户该往何处去的问题。

　　当前,学界对农业现代化发展的路径主要有两种观点,一种是存在"大户想象"③的规模论,认为农业现代化发展必然要改造传统小农生产模式实现土地规模经营,通过土地集中实现规模化生产,而且平整土地消除田埂可以增加面积以提高土地利用效率,达到提高土地产出率和资源配置效率的目标④。但有学者发现,土地规模经营并非线性边际效率递增,存在高额的监督和代理成本的限制问题⑤。而且,大规模土地流转的主体一般是工商大资本,但是企业化农业生产脱嵌于村庄,存在较高的经营风险,会对村庄社会产生负面影响,不仅与小农户的利益存在本质冲突,还会增加治理成本⑥。另一种观点寄希望于推动小农户与现代农业相衔接,以小农户存在为前提为其提供农业社会化服务实现农业规模经营⑦,即将生产环节通过农业生产社会化服务

---

① 参见黄宗智《"家庭农场"是中国农业的发展出路吗?》,《开放时代》2014年第2期。
② 参见牛若峰《中国农业现代化走什么道路》,《中国农村经济》2001年第1期。
③ 金高峰:《大户经营:现代农业规模经营的有效模式》,《农村经济》2007年第7期。
④ 参见张红宇《现代农业与适度规模经营》,《农村经济》2012年第5期。
⑤ 参见罗必良《农地经营规模的效率决定》,《中国农村观察》2000年第5期。
⑥ 参见周娟、姜权权《家庭农场的土地流转特征及其优势——基于湖北黄陂某村的个案研究》,《华中科技大学学报》(社会科学版)2015年第2期。
⑦ 参见韩启民《城镇化背景下的家庭农业与乡土社会——对内蒙赤峰市农业经营形式的案例研究》,《社会》2015年第5期。

外包实现规模经济①。其前提是生产性服务市场容量即规模服务需求的出现诱导农业服务主体生成②，进而推动农业产业市场化社会分工的发展③。依托社会性合作构成富有弹性的生产关系的基础结构，分散的小农深度参与和适应外部社会化生产体系④，特别是农业服务社会化体系⑤，使得小农户与现代农业发展有机衔接得以可能。有学者发现家庭生命周期影响小农户经营规模⑥，实现规模经营和农业现代化过程中应该对不同阶段的农户采取差异化策略。

既有研究充分讨论了农业现代化过程中小农户的角色，但是在城镇化和农业生产服务社会化体系逐渐完善背景下，对小农户扩大经营规模的内在动力解释不足，较少以农民家庭为主体分析其家庭目标实现策略与现代农业的契合性。基于此，本章以豫南 L 村农业经营模式的个案为经验基础，探讨小农户融入现代农业的家庭动力、社会经济条件与制度基础，试图解释社会转型期农民家庭如何适应新的农业生产条件及其背后的社会学机理。中西部普通农业型村庄人财物外流，谁来从事农业的问题是重要的实践问题。在长期坚持家庭联产承包责任制的背景下，分析农民家庭如何在新的生产关系下提高现代化生产要素投入水平，与现代农业衔接，对于实现农业现代化和乡村振兴有重大现实意义。

第二节　家庭本位的农业经营模式及其分化

豫南 L 村农业经营模式的经验是在当地在劳动力外流背景下逐步形成

---

① 参见韩鹏云《农业规模经营的实践逻辑及其反思》，《农村经济》2020 年第 4 期。
② 参见罗必良《论服务规模经营——从纵向分工到横向分工及连片专业化》，《中国农村经济》2017 年第 11 期。
③ 参见杜鹰《小农生产与农业现代化》，《中国农村经济》2018 年第 10 期。
④ 参见杜鹏《社会性小农：小农经济发展的社会基础——基于江汉平原农业发展的启示》，《农业经济问题》2017 年第 1 期。
⑤ 参见罗必良《小农经营、功能转换与策略选择——兼论小农户与现代农业融合发展的"第三条道路"》，《农业经济问题》2020 年第 1 期。
⑥ 参见诸培新、杨子、饶芳萍《家庭生命周期对土地规模经营的影响研究》，《中国人口科学》2017 年第 6 期。

"土地+服务"的二元规模化①的农业适度规模经营样态。该村紧邻中心镇，距离市中心26公里。L村有769户，3651人，29个村民小组。总面积4.7平方公里，共有5500亩土地，其中耕地4600亩，地势平坦，土地连方成片，80%的耕地种植水稻，20%多样化经营。2010年，L村开始大规模土地流转，以村民小组为单位进行集体流转的现象比较普遍，以本村人为主要流转主体，也有少量外地人流转土地。5年内成立3个合作社，共流转约2400亩土地，其中合作社B将400亩建设成大棚基地转租给外来大户经营，同时，该村有多家家庭农场和未注册的种田大户，经营面积约1500亩。截至2020年，土地流转比例占该村全部土地的70%以上，规模经营面积占全村耕地面积的85%，以种田大户和新型农业经营主体为主，基本以家庭为单位从事农业生产。根据经营规模可将L村的农业经营分为三种模式。

第一，以留守老人为主的种植户，主要种植自家承包地，不流转土地或仅少量兼种亲戚邻居的土地，经营面积占全村耕地面积的10%—15%。主要目的是种植口粮以降低生活成本，可以视为糊口农业，也是大多数农民家庭"以代际分工为基础的半工半耕"②家计模式中半耕的部分。虽然L村地处郊区，土地流转具有一定的市场价值，但是流转土地的主要是小体量经营者，扩张性不强，流转土地是基于双方自愿的市场交易行为。因此，没有排斥普通农户经营土地的经济机会。当前，纯农业收入不高，农民普遍外出务工，农业收入不再是农民的主要收入来源。但老年人在劳动力市场上竞争力不强，留在农村务农是他们实现劳动价值的主要方式。

第二，以中年群体为主的种田大户，承包10—100亩土地，经营面积占全村耕地面积的15%—20%。主要目的是获取满足家庭再生产所需经济收入，是一种维持型的家庭经营模式。以熟人构成的村庄社会中具有较强的信任感，本村大户流转土地以口头协议为主，土地流转价格较低，种植粮食作物的流转价格为每年200—400元/亩。因粮食直补是直接发给具有土地承包权的农户，大户只有尽量压低流转价格才能从种植粮食中获取较高利润。而且流转土地是基于双方合意的达成，大户大规模流转土地的主观意愿不强。对于外

---

① 胡凌啸：《中国农业规模经营的现实图谱："土地+服务"的二元规模化》，《农业经济问题》2018年第11期。
② 夏柱智、贺雪峰：《半工半耕与中国渐进城镇化模式》，《中国社会科学》2017年第12期。

出务工且家里没有劳动力的农户来说，没有外来资本流转土地的情况下，他们会主动询问本村大户是否愿意流转土地，基本以"半租半送"的形式和较低的价格流转。

第三，以中青年群体为主的新型农业经营主体，包括家庭农场、专业合作社、微型农业公司等主体，根据经营内容不同规模在 100—1000 亩，经营总面积约占全村耕地面积的 70%。主要经营新农业及相关产业，是资本、劳动力或二者皆有的密集型产业，主要目的是通过资本或劳动力的密集投入获得较高的经济收益，是一种发展型的农业经营模式。新型农业经营主体中既有本村人也有外村人，但不论是家庭农场、合作社还是微型农业企业，都是以家庭劳动力为主要劳动力或少量雇工的家庭作坊式生产，而非企业式生产方式。在 L 村承包土地的外来群体直接与合作社 B 对接，承包合作社的大棚。相较于前两种经营模式，新型农业经营主体的土地流转费用较高，根据土地用途不同流转价格不等。

总体而言，以上三种农业经营模式是家庭经营模式，经营规模稳定在与其经营能力相匹配的适度规模，并且农业经营主体的生产导向是以家庭生活为本位的。

第三节　小农户适度规模经营的家庭策略

一　家庭策略与适度规模的契合性

农村仍然是以小农户为基本单位进行农业生产，但是随着农业现代化程度提高，小农户的家庭经营不再限定于自给自足、剩余出售的小农经济，它的内涵逐渐丰富。L 村的新型农业经营主体基本是以农民家庭为单位，但是与简单再生产的兼业化小农有所区别，生产投入相对较高，经济收益相对较高，经营风险也相对较高。同时也有别于资本化生产方式，资本量较小、经营规模相对有限，虽然有少量雇工，但雇工只从事辅助劳动，其家庭劳动力掌握关键技术，且全部投入农业生产和经营过程，能最大限度控制因劳动监督不足导致的生产效率降低问题。

因此，本章所指的家庭经营是以农民家庭成员为全部或主要的管理、生产主体的经营模式。农民家庭在农业生产中具有较强的主体性和能动性，农民根据家庭发展目标调整家庭发展策略，并根据实际经营能力调整农业经营规模。而且，农民家庭的经营能力由可投入资本规模、可利用家庭劳动力、可承担市场风险的限度等因素决定。由此，适度规模经营是指与农民家庭经营能力相匹配的农业经营规模，经营能力的发展性为经营规模带来一定的弹性空间。在土地生产条件和生产服务条件较好的前提下，为获取更高农业收益，农民家庭有扩大经营规模的内在动力。但是受制于家庭劳动力结构和数量、家庭经济资本和市场敏感性，农民家庭的经营规模存在一定限度，而且在人多地少的客观现实下，农民家庭实际可经营的土地面积有限，原因在于以下几点。第一，自发性低成本的土地流转仅限于村庄内部的亲戚邻里关系，扩大经营面积存在规模上限。第二，随着资本下乡大规模流转土地，通过抬高土地流转价格排斥村庄内部低成本流转土地[①]，使得小农户流转土地成本增高，进一步限制其经营规模扩大。第三，家庭劳动力十分有限，家庭资本也相对有限，而大田作物是劳动密集型产业，以蔬菜、水果为主的新农业是劳动、资本双密集型产业，在经营能力上就天然受到限制。而且雇工成本较高，农民家庭难以通过加大人工投入扩大经营规模。因此，为实现家庭发展目标，在家庭策略的弹性空间内，农民家庭根据其经营能力最大限度地扩大经营规模，使其维持在适度水平。可见，农民家庭经营与适度规模经营有其内在契合性。

二 家庭发展目标与规模经营动力

家庭不仅是一个经营单位，更是一个生活单位，"家庭发展能力"[②] 因而受制于农民家庭目标的逻辑。农民根据其家庭发展目标调整家计安排和劳动力配置模式，以农业收入为主的纯农户，其家计安排紧密围绕以土地为核心生产要素的农业生产。而且，随着城镇化发展，农民家庭的发展需求逐渐跃出村庄，在教育竞争的压力下抚育成本增加，在婚姻竞争压力下子代婚姻成

[①] 参见杨雪锋《资本下乡：为农增利还是与农争利？——基于浙江嵊州 S 村调查》，《公共行政评论》2017 年第 2 期。

[②] 李永萍：《家庭发展能力：农村家庭策略的比较分析》，《华南农业大学学报》（社会科学版）2019 年第 1 期。

本增高[1]，纯农户有更强的动力扩大经营规模以获取更高的农业剩余。但是一旦实现关键的家庭发展目标，其经营规模和投入随之收缩。可见，农民家庭的家计安排服从于生活逻辑，农民根据其家庭发展目标和消费需求对农业生产进行调整，农业生产与经营规模是受限于家庭再生产目标和家庭生命周期的阶段。

承租 B 合作社蔬菜大棚的菜农说，"以前孩子在老家上学需要钱，种周期短的叶子菜，人辛苦一点，每天拉去市场卖给小贩，收入比打工多一点。现在孩子都大了，经济压力小多了，就一次卖给二道贩子，卖给小贩浪费时间。种菜和卖菜分开，专业的事交给专业的人，便宜点不用操那个心，多少能赚点就行。"

从以上案例可以看出，当农民家庭在发展动力较强的阶段，有子代要养育时，抚育和教育投入较高，农民为了获取多环节利润拓展其经营环节，耗费更多时间、精力从事农业生产经营，有较强的扩大再生产的内在动力。而当家庭发展压力较低时，子代成家立业后，父母支持子代的经济压力减小，随之缩小经营规模与环节。案例中的菜农在儿子结婚后就只注重产中环节，产前环节和产后环节都外包，为节约精力选择去市场直接对接二道贩子，而不是通过对接小贩获得更高利润。农民的农业生产经营服务于家庭发展目标，是作为家庭策略根据家庭发展目标调整其经营方式，经营规模的调整是在家庭策略的框架内进行的理性选择。

三 家庭经营能力与规模经营弹性

留在农村的农民为了获得与务工相当的经济收入，更偏好种植高价值的经济作物，或者扩大种植粮食作物的面积以获得规模效益，但是两种模式的经营规模都受到结构性限制。第一，农业生产的硬性成本难以降低，包括土地租金、基础设施建设成本、农资成本、机械成本、人工成本等，扩大面积意味着增加固定投入，对农民的资本有一定要求。而且农民对于金融贷款的态度比较谨慎，投入资本基本来源于家庭储蓄和亲戚借款，在资金有限情况下一般不会贸然扩大规模。第二，农业生产的内部分工并不是按环节分工，

---

[1] 参见黄佳鹏《农民进城的区域差异研究——基于家庭发展能力的分析框架》，《兰州学刊》2020 年第 2 期。

家庭式经营要获得较高利润需要投入家庭劳动力，而且只有家庭劳动力直接管理影响产量的关键环节，才能把控生产环节、节约人工成本，降低雇工劳动投入程度难以监督带来的生产效率下降风险。但是可以控制的弹性成本就是人工投入，降低人工投入就会限制规模扩大，且劳动力的监督问题影响生产效率，家庭劳动力数量相对固定，因此经营规模有一定限度。第三，农业生产最终要面向市场，缺乏稳定的市场销售渠道意味着收入具有极高的不稳定性。在市场实践中，农业经营主体会在生产投入、市场渠道和经营规模之间寻找均衡点，适度规模经营是在理性选择基础上做出的与其经营能力相匹配的经营策略。

以L村的蔬菜家庭农场为例，经营者李某，1989年出生，小学学历，早期在建筑工地务工，2012年结婚后回村流转合作社5亩的蔬菜大棚。2016年流转30亩土地，签订12年流转合同，流转费500元/亩。投入60万元搭建蔬菜大棚，其中向银行贷款20万元，向亲戚借款20万元。李某的父母和李某夫妻四个劳动力全部投入生产，忙不过来时临时请工，当时种植10多个蔬菜品种。因经营状况较好，逐年增加投入，2020年规模已经扩大到250亩，其中露天蔬菜120亩、大棚蔬菜50亩、水稻80亩，蔬菜品种也丰富到20多种，购买2台旋耕机、1台插秧机、1辆货车、8辆三轮车。李某负责管理水稻、购买秧苗，机械插秧2天即可完成，还负责蔬菜的撒种、打药、浇水、施肥等控制产量的环节。妻子、母亲负责收菜和装车，父亲近两年身体不好干一些轻活。雇用相对固定的20个长工，他们主要负责摘菜、包装、翻地等技术含量不高、辅助性的环节。李某每天凌晨两点开货车去批发市场卖菜，主要卖给5个固定客户和小摊贩。2019年用工开支约30万元，生产投入约30万元，土地租金约10万元，最终利润60—70万元。李某个人精力难以应对更大规模的蔬菜生产、销售，计划不再扩大经营面积。

蔬菜家庭农场的案例是典型的渐进式增加现代性生产要素投入的家庭经营模式。最开始以家庭劳动力为主，随着经营能力增强扩大经营规模才开始市场化雇工，但是影响产量的生产环节和销售环节仍然是由家庭劳动力负责。李某根据经营状况调整经营规模与经营范围，最终达到其劳动投入的最大限度便不再扩大规模，李某计划以当前经营面积为限，调整经营模式，淘汰利润较低的露天蔬菜，继续投入建设新的蔬菜大棚。L村比较成功的农业经营主体都是在劳动力投入和监督与规模扩张上摸索出一个适度比例，当经营规模达到一定程度时便不再扩大经营面积，而只有经营能力提升后才考虑扩大经营规模，经营能力由其可投资的资本规模及可承担市场风险的限度决定。获得市场成功的农业经营主体，除了能比较好地对接市场需求外，关键在于经营能力与经营规模相匹配。家庭经营具有相当的弹性和韧性，可以根据市场行情和经营能力来调整其经营规模，保持在相对适度的规模。

第四节 小农户适度规模经营的市场空间

一 "社会—制度"型构的土地流转市场

（一）劳动力外流释放土地流转空间

在城镇化发展背景下，城市经济具有对农村劳动力极强的吸纳能力。中西部农村的劳动力逐渐向东部沿海城市转移，"离土又离乡"的人口外流模式导致大量空心村的出现，甚至出现劳动力不足现象[1]。在工农业收入剪刀差增大的情况下，外出务工经商对农民的吸引力越来越大，作为生产资料的土地也越来越不被重视。一方面，城市的发展建设释放出大量就业机会，特别是中西部农业型村庄普遍缺乏留住农民的经济机会，外出务工经商是农民"用脚投票"的理性选择。另一方面，农民卷入市场的程度越来越深，家庭的货币支出压力日益增加，诸如抚育下一代、教育投入、为子代结婚买房买车等，依靠纯农业收入难以实现家庭再生产目标，外出务工是农民为实现家庭再生产目标的家庭策略。劳动力外流释放土地，是土地流转市场发育的起点，也是实现规模经营的基本条件。

（二）农民分化与土地流转的社会动力

农村剩余劳动力外流一定程度上缓解了紧张的人地关系，使农村释放出一定的经济机会，不同类型的农户产生分化，对土地的需求产生差异[2]。在东部地区，因工商业发展较早，特别是20世纪80年代乡镇企业异军突起，让

---

[1] 参见贺雪峰、董磊明《农民外出务工的逻辑与中国的城市化道路》，《中国农村观察》2009年第2期。

[2] 参见张建雷、王会《土地的道义经济：农村土地流转问题再认识——基于安徽省L村的实证调查》，《学术论坛》2014年第5期。

农民实现"离土不离乡"的生产转型，从事土地种植纯农业的农民较少。城市郊区农民因距市场较近，务工便利，大多不再从事农业，工商资本进入城郊地区流转土地现象比较普遍。在中西部地区，农民为实现家庭再生产目标，一般选择外出务工，少部分主动或被动留在村庄中的农民尽量汲取农村可能存在的获利机会来达到与务工水平相当的收入。但是对于中西部农村来说，经济发展起步较晚，当地仍然以农业为主要产业，中小城市郊区以农业种植为主的现象也并不少见。农民通过流转土地扩大经营规模来增加农业收益，他们有扩大土地经营规模的内在动力。

（三）农地"三权分置"与土地流转的制度空间

为提高土地利用率、改善农业生产效率、促进农业适度规模经营，农地制度经历了集体所有与农户承包的"两权分离"，再到集体所有、农户承包与经营者经营的"三权分置"的变迁①。与家庭联产承包责任制相比，农地"三权分置"主要释放土地经营权，从法律制度上确定了农民自主向外流转土地的权利，在此之前，农地只能在集体经济组织内部调整或经过村委会同意后发包。承包权和经营权分离之后，经营权不再受到集体经济组织成员资格的约束，具有开放性和流动性，但同时要求具备农业生产经营能力者流转经营权，达到抑制非农主体携带资本进入后试图改变农地农用的冲动的目的②。因此，农地"三权分置"从法律上生成了土地流转的制度空间，确保了土地流转的合法性与稳定性。

二 市场供给的农业生产社会化服务

（一）农业生产专业化与社会化服务

农业现代化发展背景下，农业生产的模式越来越脱离传统的小农式生产。农作物品种的优化、工业化肥料的诞生、农业机械的发明都是推动农业生产专业化的要素，越来越将农业生产环节分离，提高农业生产的科技含量与专业化水平。水稻生产过程包括选种、育秧、插秧、施肥、打药、收割等环节。

---

① 参见胡震、朱小庆吉《农地"三权分置"的研究综述》，《中国农业大学学报》（社会科学版）2017年第1期。

② 参见潘俊《农村土地承包权和经营权分离的实现路径》，《南京农业大学学报》（社会科学版）2015年第4期。

其中育秧是生产过程中分化出利润比较高的环节，在利润驱动下，逐渐发展出提供育秧服务的市场主体，例如育秧工厂。水稻育秧、种植和管理等随即分化为生产专业化的产业链上的单个环节，传统意义上的种粮食不再是小农式的从育种到收割的完整农业生产过程。购买育秧工厂的秧苗以及插秧服务，种植水稻的大户或散户只需要对成熟的秧苗进行田间管理。对于农户来说，生产环节的整体利润被分解了，但是投入的劳动更集中，相对来说单个环节付出的劳动更少，为其释放劳动力和扩大规模提供了条件。

从育秧工厂的例子可以发现，伴随着农业生产专业化而生的还有农业生产社会化服务。L村的合作社为转包土地的经营者提供农业生产社会化服务，包括育秧、无人机飞防与植保、基础设施建设与维修、协调纠纷等，将经营主体的协商成本内部化。一方面是经营主体与本地农民的协商成本，包括与村民可能的纠纷，承包B合作社的土地或大棚，避免直接与农户打交道。而且，外来经营主体与村民不认识，需要合作社帮忙介绍，"外地人在这不好干，人生地不熟叫不来人"。另一方面是经营主体之间协商成本降低，包括生产的协商和雇工价格的协商。这两方面极大地降低了经营主体和村民直接、经营主体之间的协商成本，间接和直接地都降低了生产成本。

（二）农业生产机械化与经营规模化

农业一体化越是向农业专业化方向发展，农业生产机械化程度就越高。以种植业为基础的农业产业处于产业链中下游，利润微薄，如果以扩大人工投入来扩大经营规模会导致用工成本增高。通过提高农业生产机械化水平和农业生产技术的方式替代劳动力投入，使得分散的小农经营方式向现代化转型，从而使农民扩大经营规模具备客观条件。现阶段，农业机械化普及程度较高，特别是平原地区易于机械化操作，2005年已经普及插秧机和收割机，在最需要劳动力的环节实现机械化操作，对劳动力的需求大大降低，有利于农业经营规模化发展。

L村的种粮大户大多购买了农业机械，但是单价较高的收割机和插秧机只有规模超过200亩的种粮大户才会购买，他们通过提高机械使用率降低生产成本。而且相当规模的服务需求使得市场化农机服务的价格容易被接受，2019年育秧和插秧的价格一共约150元/亩，收割的价格约80元/亩。机械化水平提高也意味着生产效率的极大提升，一台插秧机配备一个农机手每天可以插秧50亩，旋耕机每天可以犁地40—60亩，无人机植保的效率更高，一架无人机一天可以作业 400—500 亩。以大棚蔬菜为例，十年前机械化程度较低，劳动投入较大，夫妻两人仅种植 4 亩。但蔬菜大棚装置自动化洒水设施，利用小型旋耕机、播种机，种植面积可扩大到 8 亩。蔬菜不同于水稻等大田作物，精细化程度较高，通过提高生产环节的机械化水平同样可以释放劳动力，使得菜农经营规模化在客观上具备扩张性条件。当前国家对农机补贴的力度比较大，有利于农机普及，机械化程度提高使得农业生产对劳动力依赖程度降低，极大提高农业生产效率，有利于农业经营规模化发展。

现阶段，"适度的土地集中和规模经营速度与有序推进的服务规模化水平，使中国的农业现代化能够兼顾小农户的发展权益"[①]，为农民家庭经营提供弹性策略空间，有利于小农户扩大经营规模。

小　结

在当前发展阶段，我国广大中西部农村内生资源较少，大多数仍然是普通农业型村庄，农业规模经营的主体是农民家庭。留守村庄的小农户或小型农业投资者，以农业经营为主要家计来源并以此实现家庭发展目标。小农户基于生活理性与经济理性做出经营决策，在生产投入和经营规模之间找到平衡点，使其经营规模保持在经营能力限度内的适度水平，并灵活地依据经营状况渐进式调整规模，面对不确定的市场风险具有选择扩张或收缩经营规模的弹性。从市场反馈来判断，农民选择与经营能力相匹配的适度规模，能保证经营主体较好地降低经营风险并获取相对较高的经济收益。同时，在城镇化进程中，中西部农民普遍外流，农民内部出现分化，对土地的需求存在现实差异，生产出土地流转的社会基础与客观条件。加之，农地"三权分置"释放土地经营权，确定土地流转的制度合法性。而且，农业生产专业化和机械化提高农业生产社会化服务水平，规模化的土地和服务赋予小农户适度规模经营的市场空间。

从政府的角度来看，农业现代化的实现是一个较长时期的过程，不能借

---

① 赵晓峰、孙新华、张建雷：《家庭经营的弹性结构与渐进的中国农业现代化实践》，《西北农林科技大学学报》（社会科学版）2019 年第 6 期。

推行规模经营侵犯农民利益,必须在尊重农民意愿、保护农民利益的前提下稳步推进[①]。在兼顾小农发展权益的前提下,为进一步推进农业现代化发展,本章提出以下建议。第一,进一步规范土地流转市场,建立稳定的土地流转交易机制,以及灵活有弹性的地租协商机制,维护流转户和流出户的土地利益和生产权益。第二,建立健全农业生产服务社会化体系,扩大和加深农业生产服务社会化的广度和深度。地方政府建设和维护地域性的品牌,有利于提高本地农业的市场知名度,增加市场竞争力。此外,还应当鼓励市场化的农业生产服务主体提供农业生产服务,例如农机合作社、育秧工厂等。第三,普及农业生产技术与推广农业机械,提高农业生产的技术含量与机械化水平。充分发挥现有的农技站与农机站的农业服务功能,为农业经营主体,特别是针对获取信息较困难、信息更新较慢的小农户,提供更科学、更高效的农业生产技术知识与病虫害防治知识;完善农业机械购置补助政策,提高农业机械补助标准。第四,针对农业经营主体对金融、保险、补贴等需求出台更有针对性的政策。农业生产因其生长周期较长,受天气等自然条件的影响较大,面对的自然风险较大。对于经营规模相对较大的农户来说,自然灾害对农作物的损害直接影响其收入,特别是如洪涝、干旱、冰雹等严重的自然灾害可能导致当年颗粒无收,损失惨重,影响其后续继续投入农业的积极性和能力。

---

① 参见梅建明《再论农地适度规模经营——兼评当前流行的"土地规模经营危害论"》,《中国农村经济》2002年第9期。

第四章
留守农业背景下小农户何以组织化*

　　脱贫攻坚战改变贫困地区面貌，使得农村贫困人口脱离绝对贫困的境况，是减少绝对贫困人口比例的壮举。但是，目前脱贫地区离乡村振兴的美好愿景还存在较大差距，满足脱贫地区人民群众对美好生活的追求任重道远。当前，发展现代农业是巩固拓展脱贫攻坚成果同乡村振兴有效衔接的主要路径，如何让脱贫地区的小农户融入现代农业是重大的现实问题。在脱贫攻坚阶段，各地政府往往寄希望于通过产业扶贫实现以点带面的脱贫效果，不过从实际成效来看，贫困地区人口外流现象突出，留在家里的都是老年人，面对弱质性的小农户，脱贫产业的发展收效甚微，脱贫户的增收效果相对有限，一般通过带动他们就业增加务工机会和务工收入达到脱贫效果。2024年，中央一号文件提出，提升乡村产业发展水平，强化农民增收举措。在乡村振兴阶段，让脱贫地区的小农户参与到生产环节，提高小农户组织化水平，才能让他们真正分享到乡村产业发展的红利。笔者在恩施调研时，发现以村民小组为单位进行小农户生产组织化达到规模化效益的尝试，本章是对脱贫地区农业发展困境与小农户组织化过程的深描。

---

*　本章与韩瑞波合作，以《共同富裕视域下民族地区农业现代化的困境与出路——基于恩施A村的考察》为题，发表于《社会科学动态》2024年第5期。

第一节　从小农户生产"问题化"到"主体化"

"十四五"规划提出优先发展农业农村，全面推进乡村振兴。产业振兴是实现乡村振兴的基础，而农业农村是实现产业振兴的资源依托。随着城镇化、市场化发展，中国乡村形态已经发生分化，不同类型的村庄在乡村振兴战略实施过程中会有不同的发展走向①。东部地区的乡村靠近市场中心，城乡一体化程度较高，相比之下，距离市场中心较远、发展要素欠缺的脱贫村庄是中西部地区较为普遍的样态，此类村庄"人、财、物"外流，实现产业振兴唯有立足其既有的资源基础，在农业产业化与农业现代化发展中寻找突破口。党的二十大报告提出，巩固拓展脱贫攻坚成果，增强脱贫地区和脱贫群众内生发展动力。对于实现脱贫摘帽时间不久的脱贫地区而言，仍然是以农业为主要产业，但此类地区地理位置偏僻，年轻人大量外流，以50岁以上的中老人为主要生产者。这一以留守劳动力为主的小农户生产模式与现代农业存在张力，在农业产业化发展过程中遇到困境。2021年4月，农业农村部联合九部门印发了《关于推动脱贫地区特色产业可持续发展的指导意见》，提出要把脱贫地区产业发展摆在更加突出的位置，要立足当地资源禀赋、产业基础，确保脱贫成效可持续。因此，在脱贫攻坚与乡村振兴衔接背景下，把握农村农业发展的基本现状，充分挖掘村庄内生性资源，推动农业现代化发展，有助于巩固拓展脱贫攻坚成果，推动脱贫地区发展，缩小区域经济差距，促进共同富裕，实现"立农为农、久久为功"的乡村振兴。

学界针对农业现代化发展方向及其道路选择已形成丰富讨论，一般认为农业现代化发展要以规模农业为目标，因而需要改造我国小农户分散经营的农业发展现状。第一种视角是从产权理论视角，讨论我国实现农业规模化经营面临的土地产权细碎化问题，该视角认为农地集体产权制度阻碍农业规模化经营②。在农地产权集体所有制下，按照土地差异进行平均分配与搭配承

---

① 参见黄祖辉《准确把握中国乡村振兴战略》，《中国农村经济》2018年第4期。
② 参见李燕琼《我国传统农业现代化的困境与路径突破》，《经济学家》2007年第5期。

包,每户承包地插花分布,导致"地权细碎化"问题①和土地细碎化问题。而且,在当前农地集体产权制度背景下土地产权界定不清晰,无法充分激励产权主体进行产权交易②,土地流转面临制度梗阻。这一视角无法解释国家出台农地"三权分置"制度释放土地的经营权后,大多数农业型村庄的土地流转市场仍不发达,依然是分散小农户小规模经营的现象。第二种视角是基于产业发展的角度,讨论小农户在产前、产中环节实现规模化效应存在的问题。以小农户为经营主体的农业产业发展水平较低、基本要素供给不足③、产业融合程度不高④,农业产业链较短、产业特色不明显⑤。而且小农户与现代农业衔接过程中与市场、资本、国家治理体系存在矛盾,"在现代市场经济体系和农业产业体系中,各种类型的资本控制着农业产业链和价值链,个体小农户从属和依附于资本,实际上处于半无产化状态"⑥,导致了小农户的自主性不足问题。而且,农业产业化发展过程中,小农户组织化严重滞后,"大多数农民处于无组织状态,在市场交易中处于被动不利地位"⑦。为实现农业规模效益,解决小农户弱质性问题,综合政绩与治理便利性的考虑,地方政府有较强动力引入资本推动农业规模化经营⑧。但是,政府主导下的农业现代化路径主要依靠引进外来资本,存在去小农化的趋势。

以上两种视角均将农业现代化问题置于农业经济学的学科视角下,研究我国农业现代化究竟要往何处去的问题,重点关注如何提高农业生产效率,具有典型的小农生产"问题化"倾向,而且主张引入村庄之外的力量对农业进行现代化改造,较少关注基于村庄主体性的农业现代化发展。然而,农业、

---

① 孙新华、柳泽凡、周佩萱:《"三权"分置中的地权整合与土地集中利用——以皖南河镇为例》,《南京农业大学学报》(社会科学版) 2020 年第 1 期。
② 参见程令国、张晔、刘志彪《农地确权促进了中国农村土地的流转吗?》,《管理世界》2016 年第 1 期。
③ 参见刘海洋《乡村产业振兴路径:优化升级与三产融合》,《经济纵横》2018 年第 11 期。
④ 参见蒋辉、刘兆阳《乡村产业振兴的理论逻辑与现实困境——以湖南千村调研为例》,《求索》2020 年第 2 期。
⑤ 参见李玉双、邓彬《我国乡村产业发展面临的困境与对策》,《湖湘论坛》2018 年第 6 期。
⑥ 吴重庆、张慧鹏:《小农与乡村振兴——现代农业产业分工体系中小农户的结构性困境与出路》,《南京农业大学学报》(社会科学版) 2019 年第 1 期。
⑦ 咸春龙:《论农业产业化经营与农民组织化问题》,《农业经济问题》2002 年第 2 期。
⑧ 参见叶敏、马流辉、罗煊《驱逐小生产者:农业组织化经营的治理动力》,《开放时代》2012 年第 6 期。

农村、农民是一个整体，我国的农业现代化发展不仅是单纯提高生产效率的问题。农业作为农民家计来源和劳动力配置的重要方式，还关乎农民生活和农村社会稳定，关乎乡村振兴的多元目标实现与农民农村共同富裕的实现。已有学者关注到村庄内生的农业现代化发展路径，在尊重农户意愿和发挥行政力量的前提下，村社组织发挥主导作用将分散的小农户组织化[1]，而且，小农户借助村庄社会关系形成经营的自我组织，为小农户参与现代农业提供社会联结机制[2]。村社组织统筹功能的发挥具备土地集体所有权的制度基础、治理与服务功能融合的政治基础以及双重公共规则的社会基础[3]。村社组织充分挖掘村庄内生资源，有助于形成兼具包容性与村庄主体性的现代农业样态。

关于内生型农业现代化发展的既有研究，有助于深化对以小农户为本位的农业现代化及其组织主体等问题的认识，但是从研究对象和案例特点来看，以上研究具有两个特征，第一，主要讨论发展要素充足的地区，第二，主要讨论产业培育阶段的组织化过程。在陕西、湖北等中西部省份调研发现，此类地区发展要素不足，面临人财物流出、交通条件不便、土地资源紧张的问题，当地具有发展农业产业、提高农业收益的意识，进行过多次农业产业结构调整，已经实现从传统农业向特色农业转型，但农业产业化水平较低，农民从特色产业中获得的收益不高。基于此，本章从内生型农业产业化发展的角度，探讨中西部农村小农户与现代农业衔接的困境与出路。通过对中西部地区的小农户特征及生产逻辑解释其发展困境，讨论村社统筹农业生产、提高产业效率的合理性与可能性。但是其目标不在于强调通过村社统筹实现产业升级或高端发展，而是在村组分工基础上通过公共建设和小微公共品供给提高小农户生产效率和产业效率，进而提高小农户收益。在实现农民农村共同富裕、全面推进乡村振兴的背景下，这一讨论对于要素不足的中西部留守型村庄具有重要现实意义。

---

[1] 参见孙新华《村社主导、农民组织化与农业服务规模化——基于土地托管和联耕联种实践的分析》，《南京农业大学学报》（社会科学版）2017年第6期。

[2] 参见陈靖、刘洁《小农户本位的现代农业发展及其支持机制探索——基于农业治理的研究视角》，《南京农业大学学报》（社会科学版）2020年第1期。

[3] 参见韩庆龄《村社统筹：小农户与现代农业有机衔接的组织机制》，《南京农业大学学报》（社会科学版）2020年第3期。

第二节 留守农业：以小农户为主体的特色产业

一 茶产业发展概况

本章的分析基于2020年在湖北恩施L镇的田野调查，其中以A村为主要调研点。恩施土家族苗族自治州是湖北民族地区，在2020年年底以前是典型的连片贫困山区。L镇位于山区，距离市区车程2小时，交通条件有限。全村共有5935人，1802户。该村面积48平方公里，2003年由4个村合并而成，目前共有16个村民小组，小组之间居住分散、距离较远，土地大多数为坡地、山地，适宜种植水稻的耕地面积较小，农业经济空间有限，因此当地农民外出务工较多。A村大多数农户维持半工半耕的家计模式，18—55岁的农民普遍外出务工，以留守在村的家庭剩余劳动力为主要农业生产主体。

L镇的茶产业起始于20世纪90年代初，具有一定的产业基础。在乡镇干部和村干部的推广下农户开始种植茶叶，因茶叶经济效益明显高于水稻，农户逐年增加种植面积，A村茶叶种植总面积约2000亩。当地以农业为主，小农户种植口粮田和茶叶等经济作物。该村基本家家户户都种植茶叶，面积在1—8亩，根据其管理状况，每亩经济收益2000—5000元/年，2019年年后呈现收益下滑、农户减少投入的现象。与邻镇规模化、品牌化的茶产业发展相比，L镇的茶产业发展滞后。不论是种植的茶叶还是加工的茶叶，均属于中低端产品，茶叶经济价值不高，农户收益受限。从生产环节来看，小农户种植的茶叶品种不统一，规模效应不明显，而且经过近二十年的发展，茶树品种更换滞后，茶树老化问题凸显，产量和品质均有所下降。从加工环节来看，全镇共10个行政村，一共有30家小型茶叶加工厂，大多数是家庭作坊类型，只能进行茶叶初加工，该镇缺少茶叶精制厂和品牌销售商，茶叶作为农产品的经济附加值提升空间不高。总体而言，L镇的茶产业的产业效益不高，对农民增收效果不突出。

二 小农户的策略调整

在工农收入剪刀差逐渐扩大的背景下，农村年轻劳动力普遍流向经济机会更多、经济收入更高的发达地区。大多数中西部农村面临劳动力外流的现实状况，小农经济逐渐形成妇女种田、老人农业等以留守人口为主要劳动力的"留守经济"①形态，是一种糊口农业，小农户主要种植粮食作物，在农业生产过程中小农户对技术、资本等要素的投入积极性不高，而且在主粮作物的种植过程机械化程度极大提高的背景下，对劳动力投入的要求下降。在精准扶贫过程中，大多数地方政府积极推动产业扶贫带动贫困户脱贫，在以地方政府为主导的产业扶贫政策推动下，小农户参与特色农业发展，逐渐形成以小农户为主体的特色农业产业样态。当然，这一产业样态不仅受到外在于村庄的行政力量影响，也是小农户在城镇化背景下的策略性调整。但是以留守人口为主要劳动力的小农户及其具有保守性的生产逻辑导致以小农户为主体的特色农业发展处于低水平状态。

第一，从小农户家庭内部来看，在城镇化背景下单纯依靠农业剩余不足以支持农民实现家庭再生产目标，农民为获取足够的货币性收入不得不外出务工，于是形成了基于家庭人口结构和年龄结构分化的经济收入结构②，以留守人口为主要劳动力是农民在家庭生命周期不同阶段配置家庭劳动力的策略。一方面，家庭劳动力配置可根据其家庭生命周期所处阶段灵活调整。当家庭生命周期处于抚育子代阶段，家庭货币支出比较高，市场竞争力更强的男性外出务工，女性在家照顾子女并从事农业生产。当家庭生命周期处于收缩阶段，父代的货币支出降低，且老年人外出务工机会较少，他们留守在村庄从事农业生产即可满足基本需求。另一方面，留守劳动力从事农业生产是家庭劳动力的充分配置。农民以家庭为单位从事农业生产，其目标在于追求整体效用最大化。在城镇化背景下，农业是留守劳动力主要的就业方式和就业机会，这一劳动力配置模式是最优方式。

第二，经营特色农业是小农户在城镇化背景下的策略性调整。在城镇化背景下，农民因为婚姻竞争和子女教育问题，主动或被动卷入进城买房的浪潮中，家庭经济能力不足时，需要从务工和务农两部分同时汲取经济资源。相较于种植粮食作物等传统农业只能获得较低的农业剩余，经营特色农业可

---

① 冯小：《留守经济：当前中国式小农经济的现实》，《南京农业大学学报》（社会科学版）2013年第6期。
② 参见袁明宝《留守经济实践与农户行为的关联度》，《重庆社会科学》2016年第6期。

以使得小农户在温饱基础上获取相对较高的货币收入。而且，留守老人在务工市场上缺乏竞争力缺少就业机会，留守妇女因为要照顾小孩而无法外出务工，她们从事农业生产的机会成本几乎为零。虽然经营特色农业对劳动投入有一定要求，但是种植茶叶较少有重体力劳动环节，留守劳动力基本可以达到其生产管理要求，通过经营特色农业一定程度上提高家庭经济积累能力和增加家庭收入。但是小农户的家计收入主要服务于家庭再生产目标，其劳动力配置的弹性不仅受限于家庭劳动力的素质，同时根据家庭生命周期所处的阶段进行调整，对于子代已经结婚的50—60岁在家带孙辈的中老年人而言，农业生产投入进入收缩阶段。他们是留守劳动力的主体，一定程度上可以反映小农户的生产动力、行为逻辑。

第三节　留守农业的困境：分散经营与小农逻辑

分田到户后，在土地集体所有制的基础上为农民划分承包地，农户以家庭为单位经营其家庭成员分得的承包地，形成小农户分散经营的格局。并且，随着农业税费改革，基层组织不再通过自下而上汲取资源将其部分用于农业生产公共建设，集体在农业生产中发挥的"统"的作用越来越少。对于基层组织而言，不仅缺乏资源、权威组织小农户生产，而且缺乏统筹农业生产的强制性责任。对于小农户而言，在工农收入剪刀差扩大背景下，农业收入在家计来源中占比越低，农民对增加农业投入的积极性越低。在农业现代化过程中，即便小农户从传统农业转向特色农业，其生产逻辑仍然是小农逻辑，从小农户的发展动力、经营模式以及市场能力来看，分散经营的小农户与现代农业衔接面临困境。

一　小农户内生发展动力不足

一般特色农业为种植或养殖经济价值较高的消费型农产品，对资本、劳动的投入要求较高。但小农户的农业经营策略主要是以低成本的自身劳动替代资本、技术投入，内生性的发展动力不足。一方面，小农户因其文化水平受限，信息获取渠道较少而形成了较为保守、粗放的经营理念，更可能采取较为传统的经营策略，主要是为规避具有不确定性的自然风险和市场风险，偏好最大限度地不计成本地投入家庭劳动力进行农业生产，而非增加资本、技术等生产要素的投入。在 A 村，小农户最为典型的行为就包括 20 年未更换茶树品种，茶树老化导致产量和品质下降，经济效益增长不明显。而且，以留守劳动力为主的小农户在进行农业生产的同时需要兼顾家务劳动，其劳动负担较重，但同时家庭其他劳动力对农业生产的劳动帮扶少，在农业上投入精力有限，最终影响农业生产效率。[1]

另一方面，小农户在满足家庭基本生计需求之后，才有动力在遵守规避风险的准则下追求利润最大化。[2] 在城镇化和工业化发展进程中，当前农业收入的比重在农民家庭收入中下降，从事农业生产的劳动力变成了农民家庭剩余劳动力，农业经营的生产性目标仅在于满足维持型家庭再生产目标，对农业生产的利益预期不太高。小农户经营农业的逻辑在核心上仍是维持型经营逻辑，留守劳动力的弱质性强化其保守性的行为逻辑。而且，小农户经营特色农业经过长时段发展后风险性不高，农业收入相对稳定，为促进农业收入增长而追加农业生产投入品的动力较低。在农民缺乏产业结构调整动力的情况下，地方政府在强发展逻辑下倾向于主导调整农业产业结构[3]，但因农业的自然特性所带来的市场滞后性、与地方环境磨合期等原因，往往以失败告终。如果推动产业发展的动力外在于农民、农村，不仅产业发展面临的难度和风险较大，而且农民很难从中真正受益。

二 农业生产组织化程度较低

小农户在自家承包地上种植茶叶，以家庭经营的方式自由地选择其种植品种、决定其种植规模，整体生产的组织化程度较低，且当地并未形成专业化的产业体系。这种传统的农业生产模式与现代农业所要求的农业专业化生产体系之间存在张力和距离。首先，从小农户的生产行为来看，分散的小农户通过家庭劳动力投入茶叶的种植环节，小农户的种植规模较小，管理技术

---

[1] 参见邹晓娟、贺媚《农村留守老人农业生产现状分析——基于江西调查数据》，《华中农业大学学报》（社会科学版）2011 年第 6 期。

[2] 参见高明、徐天祥、欧阳天治《农户行为的逻辑及其政策含义分析》，《思想战线》2013 年第 1 期。

[3] 参见孙新华、钟涨宝《地方治理便利化：规模农业发展的治理逻辑——以皖南河镇为例》，《中国行政管理》2017 年第 3 期。

粗放，各家各户独立从事农业生产，同质性较高。当农业产业以分散、同质的小农户为生产主体时，农民偏好最大限度地以家庭劳动力替代资本投入和农业雇工，对于市场化的雇工和机械需求量较小，难以自发生成专业分工，对农业生产社会化服务体系的需求不高。但是，"从政策视角来看，农业生产社会化服务的发展对于提高农业组织化程度、整合延伸农业产业链、促进现代农业健康发展具有重要作用"①。

其次，从农业产业化和专业化发展要求来看，农业生产规模化、标准化甚至是农业工业化是其发展方向和目标，以数据对农业生产过程进行较为精准的预估和统计，力图监控农业生产的全过程，生产出品质和产量相对稳定的农产品，因此可以最大限度降低自然风险和市场不确定性的影响。而且，在农业产业化发展过程中对现代农业生产要素的投入有较高要求，特别是农业技术和农业机械的投入与使用，能够最大限度提高农产品的标准化程度和商品率，进而提高其要价能力与市场价格。但是对于小农户而言，随着农民家庭主要劳动力转向非农产业就业，农业收入在家庭收入增长中的贡献度下降，农户倾向于粗放经营②，仅希望通过投入不需要额外货币化成本的劳动、管理来提高收入。然而，因人而异农业生产的劳动投入难以标准化，管理技术也因人而异，分散的小农户的生产行为难以在农业生产环节实现整合、规范。

三　脱贫地区距离市场中心较远

绝大多数脱贫地区地理区位条件较差，交通不便、信息不发达，距离市场中心较远，使得当地小农户对接大市场的能力普遍较弱。对以留守劳动力为主体的小农户来说更是如此，尤其是留守老人和留守妇女因其生活环境和就业经历的限制，较多生活在农村，一般缺乏与市场对接的经验与能力。一方面，在传统"自给自足，剩余出售"的小农经济形态下，农民生产主要面向家庭消费，在农民的生产生活中与市场对接的机会和需求都相对较少，因

---

① 许佳彬、王洋、李翠霞：《农业生产性服务业发展困境与路径创新：基于农户视角》，《中州学刊》2020年第9期。

② 参见叶兴庆《演进轨迹、困境摆脱与转变我国农业发展方式的政策选择》，《改革》2016年第6期。

此农民对接市场的能力不足。另一方面，当前农村市场化程度提高，农民与市场接触的机会增多，甚至农民本身作为商品化的劳动力也向市场流动，但是农民作为生产者向市场销售农产品的意识与能力始终不足。而且，脱贫地区距离市场中心较远，产业分工专业化程度较低，产业发展的重点仍然集中在种植等生产环节，流通环节主要依靠本地少量收购点或外地的收购商。

同时，以留守劳动力为主体的小农户对市场风险的规避需求更高，难以促进其提高面向市场生产农产品的供给能力。现代农业的生产端和消费端同样重要，除了在生产端要提高现代生产要素的投入，促进产品品质和生产效率的提升，还需要在消费端满足消费者的多样化市场需求，才能形成产—销闭环，这一特点与特色农业的发展相契合。特色农业所指涉的农特产品不是满足最低生活保障需求的粮食作物，而是面向有一定消费能力和消费意愿的消费者所生产的水果、茶叶等非必要消费品。在经济社会快速发展的背景下，普通群众的经济能力提升，市场供应能力大大提高，消费者对此类农特产品的需求和品质要求也日益提高。在市场需求导向的农业转型要求下，农业专业化水平提高，从低端的农产品转为种植高价值的有机农产品或特色水果等，将其包装为附加值较高的商品。这种转型既对农民进行标准化农业生产的能力有较高要求，也对农民的市场营销能力有较高要求。但是生产面向市场并非简单意义上将其所生产的农产品销售到市场上，而是需要对市场有一定的研判能力，能够针对市场需求生产出满足消费者需求偏好的产品。对于民族地区而言，留守劳动力的经营动力与经营能力均有限，短时间内此类地区小农户群体的特性难以转变，他们的农业生产能力转化为针对市场需求的商品供应能力的难度较大。

第四节　留守农业的突围：集体统筹与规模效应

那么，小农户与现代农业衔接还有出路吗？在恩施 L 镇 A 村的农业产业化实践中显示了一种村社主导下双层统筹农业发展的可能，将小农户组织起来，避免了小农户分散经营的困境。2020 年，A 村选择二组和五组两个村民小组作为农业产业发展试点，二组建设 200 亩连片茶园，五组建设 300 亩连片茶园。二组和五组均为自然村。其中二组共有 83 户，240 多人，土地面积

300多亩；五组52户，180人左右，共400亩地。村社主导下集体统筹农业发展，村组分工，村级组织链接资源，村民小组将小农户组织起来，实现农业经营的外部规模效应，有效增加农民收入，促进村民共同富裕。

一　村级组织协调上下资源

村级组织在农业产业化发展过程中，对上积极争取政策资源，对下结合农民意愿分配资源。

第一，A村的农业转型并非在行政意愿推动下发生的，而是在村民自治基础上形成统一的村民内生性发展诉求。村民以小组为单位的自然村内形成一致意见后，由小组长向村党支部书记反映小组内部的发展诉求。小组中的小组长、经济精英有较强发展动力，通过内生性的社会资源对小农户进行动员。五组组长为茶厂老板，2020年扩大茶厂规模后希望提高茶叶品质，组织小农户建设标准化茶园。在五组的小组长、经济精英、社会精英动员后，小组很快达成一致，以产业为切入点进行乡村建设。在五组的示范带动作用下，二组组长与本组茶树苗圃合作社老板商议后开始动员小农户。从两个小组的经验来看，均是小组内部统一意见，有较强的发展意愿后小组长向村党支部书记反映其小组发展意愿强烈，在多次开会后有选择地逐步推进、重点打造，"成熟一个，打造一个；打造一个，推广一片"，希望形成示范，带动该村的整体发展。

第二，村级组织积极向乡镇争取自上而下的项目资源和政府支持。村级组织分别为两个小组争取到"中西部协作对口扶贫"项目和"乡村振兴试点"项目。二组通过"中西部协作对口扶贫"项目获得建设资金、产业发展培训等支持。其一，包括茶园连接小组居住点的土地平整和道路硬化建设，该小组在原有的3.5米宽的砂石路基的基础上，将道路拓宽到5.5米，并硬化4.5公里，极大便利农户到茶园劳动和采摘运输。其二，对口协作的杭州市政府组织当地村庄致富带头人到杭州市参加7天免费培训，主要讲解农业产业发展经验、参观学习电商平台运作、实地参访农业生产基地等。五组被选为该镇"乡村振兴试点"，2020年共获得财政投入45万元，包括高标准茶园管护费20万、茶园循环路建设费25万，主要用于茶园提档升级。而且，小农户需要花费1400元/亩请挖机挖掉原有茶树、购买300元/亩的肥料，新建茶园意味着3年内没有收入反而还要多投入近万元，对于经济收益不高的农户而言有一定困难，乡镇免费提供800元/亩的茶苗，降低小农户的投入成本和经济压力。

二 村民小组统筹农业发展

在充分尊重小农户意愿基础上统筹农业发展，村民小组统一农户发展思路，形成内生性的发展动力，组织农业生产过程，为小农户提供农业生产服务。

第一，以村民小组为主体统筹农业发展，能够在满足分化的农户需求基础上整合农业生产。二组最初与该村茶树苗圃合作社协商，希望合作社流转200亩茶园统一经营，雇用小农户在茶园劳动，一方面通过土地流转增加500—800元/亩的流转费收益，另一方面增加50—70元/天的劳动收益。但是该小组土地面积较少，对小农户而言，土地的生产价值和保障价值较高，小农户不愿意流转土地。因此，小组通过协商决定仍由小农户负责经营管理其原有的茶园面积，以小农户为单位进行生产投入和销售，但是在品种、技术、管理和销售上进行统筹规划，建设标准化茶园。组织小农户的同时保证家庭经营的积极性，而且对于不同小组内不同需求的农户具有包容性，没有排斥老年人。

第二，以村民小组为主体统筹农业生产过程，能够嵌入熟人社会关系为小农户提供更有效率的生产管理服务。以二组为例，在农业生产技术上，小组长组织农户外出学习茶园管理技术，在农业生产过程中，通过小组微信群统一发布通知，包括种苗、打药、施肥等生产环节均具体告知农户。小组长还不定期邀请乡镇农技站主任在线上和线下分享茶树的管理技术，解答农户的疑难问题。在农产品销售上，小组长对接本地市场和外部市场，拓宽小农户对接市场的渠道，不仅与本地茶厂达成口头协议，在小组内统一定点、定时收购，为小农户特别是留守劳动力提供便利。而且还利用"东西协作对口扶贫项目"引进浙江茶厂老板，开拓外部市场。在此基础上，小组统一小农户的生产管理过程，同时通过人情、面子等社会资源对小农户生产过程进行监督和品质把关，极大降低协商、沟通和监督的组织成本。

三 小农组织化与规模效应

通过村组分工、集体统筹有助于形成农业生产的规模效应，实现小农组织化和农业规模经营。一方面，村级组织链接自上而下的制度性资源，通过民意筛选出积极性较高、组织能力较强的小组作为产业发展的试点，有助于资源的精准投放和高效利用。另一方面，村民小组作为非正式层级，其社会属性突出，能够充分利用社会资源形成较强的动员能力与组织能力，而且在居住分散的山区，村民小组是更有凝聚力的统筹单元。在农村土地集体所有制基础上，发挥村组统筹功能，本身就体现发挥社会主义制度优势，以村庄为单元切实推进农民农村共同富裕的实现。

第一，在村民小组内部形成统一的发展意愿，整合农业发展方向。二组的茶园选址涉及该组75%的农户，五组涉及90%的农户。从20世纪80年代开始，当地小农户基本家家户户种有茶树，种植茶叶每年大约有3000元/亩的经济收益。重新规划建设连片茶园，需要将原本老化的茶树铲除后再种植统一品种的茶苗，茶树成熟前的3年无法产生经济效益，最初大多数农户积极性不高。小组长在该组农户中挑选出种植茶叶经济效益比较好的农户，并动员他们一起去积极性不高的农户家做群众工作。一方面人多力量大，小组长一个人面对62户农户难以完成动员工作，但是有积极分子加入并且动员其社会关系，任务压力变小。另一方面，动员种植茶叶取得较好经济效益的农户去做工作更有说服力和示范效应，在经济激励下，能够对小农户产生一定的吸引力。

第二，以村民小组为单位统一管理，统筹小农户的农业生产。其一，通过统一品种形成规模效应。农户根据茶树老化情况随时补种新苗，随着时间推移，每户的茶树的品种不一，甚至一亩茶园里可能有七八个品种。但是品种杂乱，为了节约时间，农户一般混装采摘的茶叶，因此收购价格较低。但即便分类采摘，每个品种仍不成规模，经济收益不高。因此统一品种形成规模效应后，极大提升单一品种的产量，提高小农户的市场议价能力。其二，通过统一技术、统一管理，提高茶叶的品质和附加值。在乡镇农技站的指导下，新建的茶园通过生物除草等方式降低农药残留，即给茶苗根部的土壤覆盖松树防止长草，并且使用有机肥种植"有机茶叶"增加茶叶的附加值。此外，统一施肥时间后茶树的长势和采摘时间相对集中，可以集中收购。

小　结

　　2022年，党的二十大提出新时代中国共产党的使命任务是实现中国式现代化，要实现全体人民共同富裕的现代化。习近平总书记指出，"促进共同富裕，最艰巨最繁重的任务仍然在农村"。全面建设社会主义现代化国家，需要举全党全社会之力全面推进乡村振兴，坚持农业农村优先发展，巩固拓展脱贫攻坚成果。共同富裕是社会主义的本质要求，发挥社会主义制度优势，实现乡村振兴、推动农民农村共同富裕是全面建设社会主义的必经之路。在城镇化进程中，农业产业发展面临的社会现实和农业经济样态发生变化，以农业为主导产业的中西部地区农村经济发展面临更为严峻的现实困境。小农户实现家庭再生产目标需要的经济成本越来越高，青壮年劳动力大多选择远离家乡去就业机会、收入更高的发达地区工作。特别是脱贫地区留守现象突出，留守人口成为小农户的主体。在发展要素不足的脱贫地区，小农户有较强的提高农业收益的意识。然而，留守劳动力的弱质性强化了小农户行为逻辑及其保守性，即便他们从事经济效益较高的特色农业，产业效率不高。这类以留守劳动力为主体的农户与现代农业衔接，面临内生发展动力不足、组织化程度较低以及对接市场能力有限的困境。

　　在巩固拓展脱贫攻坚成果同乡村振兴有效衔接背景下，如何促进农业产业化发展，让小农户与现代农业衔接，增加农户的收入，真正让小农户受益，其关键在于生产要素配置和小农户的组织问题。在湖北等地的实地考察过程中，发现在村社主导下基于村组分工，由集体统筹农业发展和农业生产的可能。这种集体统筹的农业生产模式能够针对性地提高资源配置效率，组织小农户的生产过程，形成农业生产规模效应，不失为一种小农户与现代农业衔接的出路。小农户作为最主要的农业经营主体将长期持续存在，是我国农业发展最基本的客观现实。在此背景下，应当充分尊重小农户的基础性地位和主体性，充分挖掘村庄内生资源，将小农户组织起来，政府应当为其提供资源保障和投入必要的公共品建设。从农业产业发展的目的来看，乡村产业发展的目标最终要让农民生活富裕，农民才是发展乡村产业的最终受益人。从农业产业发展的客观条件来看，农业经济的发展与农村社会发展之间的兼容和协调同步非常重要①,农业产业的发展能否与社会基础相匹配是其能否成功的关键。在中西部农村特别是脱贫地区,乡村振兴还应当以弱质性小农户为主体②,为发展能力不足的小农户保障公共品供给,改善农业生产条件,为小农户的农业生产服务。

---

① 参见陆益龙《现代农业发展的困境与变革方向——河北定州的经验》,《华南师范大学学报》(社会科学版) 2016 年第 5 期。

② 参见贺雪峰《乡村振兴战略要服务老人农业》,《河海大学学报》(哲学社会科学版) 2018 年第 3 期。

第二篇

基层组织自主性何以重要

第五章

基层统筹：农户本位的农业社会化服务供给*

  党的二十大报告提出，全面推进乡村振兴，加快建设农业强国，发展新型农业经营主体和社会化服务。报告为新时代农业现代化指明发展方向和主要内容，强调发展农业社会化服务的重要性。2021年7月7日，农业农村部印发《关于加快发展农业社会化服务的指导意见》，提出发展农业社会化服务是实现小农户与现代农业有机衔接的基本途径和主要机制，是激发农民生产积极性、发展农业生产力的重要经营方式，已成为构建现代农业经营体系、转变农业发展方式、加快推进农业现代化的重大战略举措，要聚焦服务小农户，以服务小农户为根本，把引领小农户进入现代农业发展轨道作为发展农业社会化服务的主要目标，把服务小农户作为政策支持的重点，着力解决小农户生产现代化难题，促进农民增产增收。在全面推动农业农村现代化建设过程中，发展农业社会化服务是小农户与现代农业有机衔接的关键一环，具有重大现实意义，也是重要的实践问题。因此，在推动以小农户为主体的农业现代化进程中，我们需要探索具有创新性的农业社会化服务供给机制，从地方实践经验中找到一条兼顾农户需求与服务有效的农业社会化服务供给路径。

---

  * 本章以《农户本位的农业社会化服务供给研究——基于江汉平原Y村的个案分析》为题，发表于《华中农业大学学报》（社会科学版）2023年第4期。

第一节　农业社会化服务的重要性与现实问题

发展农业社会化服务是实现小农户与现代农业有机衔接的突破口。面对大国小农的基本国情，我国无法复制美国"大而粗"和日韩"小而精"的农业现代化经营模式[①]，必须走出具有中国特色的第三条道路，即"服务型农业现代化道路"[②]。须注意的是，农业现代化不仅关乎生产力发展，更关乎亿万农民的前途，因而，农业社会化服务供给应当以服务小农为根本。党的十八大之后，明确指出农业社会化服务在农业现代化进程中的重要作用，农业社会化服务内容从全产业链服务向生产性服务聚焦，服务对象由各类经营主体向小农户倾斜，在政策层面确立了农业社会化服务将小农户引入现代农业发展轨道中的重要地位[③]。近几年中央一号文件屡次提及农业社会化服务，将发展农业社会化服务作为实现小农户与现代农业发展有机衔接的基本途径和主要机制[④]。在新的时代背景下，小农户成为农业社会化服务的重点服务对象，以农户为本位供给农业社会化服务是政策使然，也是现实要求。基于此，本章探讨农户本位的农业社会化服务供给路径具有重大现实意义，有助于加快实现农业农村现代化。

农业社会化服务具体是指，"由社会上各类服务机构为农业生产提供的产前、产中、产后全过程综合配套服务"[⑤]。广义的农业社会化服务内容非常宽泛，包括"物资供应、生产服务、技术服务、信息服务、金融服务、保险服

[①] 参见黄宗智《"家庭农场"是中国农业的发展出路吗？》，《开放时代》2014年第2期。
[②] 罗必良：《基要性变革：理解农业现代化的中国道路》，《华中农业大学学报》（社会科学版）2022年第4期。
[③] 参见穆娜娜、钟真《中国农业社会化服务体系构建的政策演化与发展趋势》，《政治经济学评论》2022年第5期。
[④] 参见钟真《社会化服务：新时代中国特色农业现代化的关键——基于理论与政策的梳理》，《政治经济学评论》2019年第2期。
[⑤] 陈义媛：《土地托管的实践与组织困境：对农业社会化服务体系构建的思考》，《南京农业大学学报》（社会科学版）2017年第6期。

务，还包括农产品的运输、加工、贮藏和销售等环节的服务"①。根据供求关系演变历程，农业社会化服务供给大致可分为三个发展阶段：人民公社时期由村集体统一提供生产性服务，改革开放初期由政府为主、市场为辅的基层公益性服务，市场经济体制改革后发展为多元主体并存的服务体系②。当前农业社会化服务供给主体包括农民专业合作社、农村集体经济组织、企业、专业服务组织等多种组织。③但是，现阶段我国农业社会化服务体系建设仍不完善，农业社会化服务供给过程存在诸多问题。有学者分析了政府主导型、市场主导型和农民自助型三种农业社会化服务供给模式的利弊，认为它们既存在天然优势，也存在难以克服的缺陷。④有学者从服务主体出发分析农业社会化服务存在的问题，包括基层农业公益性服务机构的人才队伍不稳、财政保障不足、服务手段落后，农村集体经济组织服务能力薄弱，农民专业合作社运行机制等方面不规范，龙头企业供给农业社会化服务的全盘意识不够，等等。⑤

现有研究表明，学者充分认可建立农业社会化服务体系的重要性，然而大部分研究是从生产效率角度分析农业社会化服务供给对效率提升的作用⑥⑦，有部分学者从生产关系角度出发，关注农业社会化服务对农业经营秩序的影响⑧。也有部分学者关注微观层面农业社会化服务的供给过程，以典型案例剖析服务供给的实践机制。比较突出的农业社会化服务供给形式是农业

---

① 孔祥智、徐珍源、史冰清：《当前我国农业社会化服务体系的现状、问题和对策研究》，《江汉论坛》2009 年第 5 期。

② 参见沈兴兴、刘帅、尚旭东《农业生产性服务供求关系演变趋势与功能优化研究》，《农村经济》2021 年第 6 期。

③ 参见曾福生、史芳《农业社会化服务如何促进小农户与现代农业有机衔接——一个理论分析框架》，《吉首大学学报》（社会科学版）2021 年第 3 期。

④ 参见王洋、殷秀萍、郭翔宇《农业社会化服务供给模式分析与评价》，《农机化研究》2011 年第 11 期。

⑤ 参见孔祥智、徐珍源、史冰清《当前我国农业社会化服务体系的现状、问题和对策研究》，《江汉论坛》2009 年第 5 期。

⑥ 参见穆娜娜、周振、孔祥智《农业社会化服务模式的交易成本解释——以山东舜耕合作社为例》，《华中农业大学学报》（社会科学版）2019 年第 3 期。

⑦ 参见曹铁毅、邹伟《双重组织化：规模农户参与社会化服务的绩效提升路径——基于"家庭农场服务联盟"的案例分析》，《农业经济问题》2023 年第 3 期。

⑧ 参见周娟《土地流转背景下农业社会化服务体系的重构与小农的困境》，《南京农业大学学报》（社会科学版）2017 年第 6 期。

生产托管,其实现是基于多元主体协同供给服务,比如四川崇州探索的"农业共营制"[①]、发源于江苏射阳的"联耕联种"[②]、起源于山东供销社系统的"土地托管"[③] 等。这种链式农业社会化服务引入现代生产要素,是在农业"老龄化""兼业化"和"分散化"背景下对农业生产方式转型的探索。[④] 然而,农业生产托管实质上是在不改变产权归属的前提下,通过土地整合实现规模化经营,引入第三方服务主体,偏离了以小农户为主体的农业现代化发展道路。此类研究弱化了小农户在服务规模化过程中的实际收益问题,如果作为经营主体的小农户将农业生产环节外包给规模化服务主体,切割有限的农业剩余,将会压缩农户的农业收益和村庄的经济空间。可见,农业社会化服务供给方式的差异影响农业经营秩序和小农户利益,最终影响农业、农村的长远发展。

因此,本章将农业社会化服务供给纳入基层农业治理的分析范畴,关注以农户为本位的农业社会化服务供给实践路径与实现机制。本章考察江汉平原 Y 村在 2014—2021 年农业社会化服务供给实践变迁,深描从龙头企业统一供给农业社会化服务到基层组织统筹供给农业生产性服务的转变过程,分析市场本位的农业社会化服务供给路径的困境及其转换。同时探讨农户本位的农业社会化服务供给机制,构建农户本位的农业社会化服务供给体系,本章试图在农业现代化进程中探索促进小农户与现代农业有机衔接的可行路径。

第二节　完全市场化:龙头企业统一服务供给困境

江汉平原 L 镇盛产稻虾,在政府引导下本地龙头企业 H 公司流转 Y 村土地,将其改造为万亩虾田基地,并二次分包给本村农户种养,同时成立农资

[①] 谢琳、钟文晶、罗必良:《"农业共营制":理论逻辑、实践价值与拓展空间——基于崇州实践的思考》,《农村经济》2014 年第 11 期。

[②] 桂华、刘洋:《我国粮食作物规模化种植及其路径选择——江苏射阳"联耕联种"做法与启示》,《南京农业大学学报》(社会科学版)2017 年第 1 期。

[③] 何宇鹏、武舜臣:《连接就是赋能:小农户与现代农业衔接的实践与思考》,《中国农村经济》2019 年第 6 期。

[④] 参见郑阳阳、罗建利《农业规模化经营潜在风险的化解机制研究——基于"三位一体"农业共营制视角》,《经济体制改革》2020 年第 3 期。

合作社与农机合作社，打造"企业+基地+合作社+农户"的现代农业模式。企业以合作社为服务供给主体，为农户统一提供覆盖产前、产中、产后的标准化农业社会化服务。

一 "企业+基地+合作社+农户"模式实践

H公司位于L镇，成立于2001年，是一家经营淡水小龙虾、淡水鱼类等水产品的加工出口民营企业，经过20多年发展，H公司成为国家级龙头企业。该公司核心的生产部门是原料收购和加工，每年4—6月底收购小龙虾，高峰期平均收购量为300吨/天，加工生产线须保证每天加工量至少100吨，最大限度为500吨/天。2013年，该公司出口业务扩张，扩建冷库容量增至18000吨，可储存3个月的收购量，为了稳定收购渠道和保证养殖质量，计划打造公司的生产基地。同年，地方政府正在申报湖北省四化同步建设试点村，通过招商引资让工商资本作为承建主体。最终，政企合作选择Y村作为试点村，建设稻虾共作示范基地。Y村土地面积广、水利条件较好，共有2788人，700户，耕地面积8000亩。当地习惯以大亩为单位计算土地面积，每亩为1000平方米。2000年前后，因农业收益不高、地块细碎，农民外出务工，抛荒比较严重。因此，H公司在该村土地整村流转遇到的阻力较小，最终签订合同为流转面积8000亩，流转期限至2028年。

2014年，H公司与地方政府共同投资4000万元，将Y村土地整体规划并建设成220个标准化的虾田。为了不破坏耕地，经过科学设计后在稻田四周挖4米宽的水沟，水沟面积为虾田面积的9.8%，并且在相邻四个虾田交界的位置建设管理房。一般水沟养虾、中间种稻，3—6月养虾，6月种水稻，11月收水稻。单个虾田面积为40—50亩，后期为充分利用土地，将土地整理后腾出的土地也改造为虾田，面积为25亩/个，二次发包租金为1100元/亩，每五年调整一次。同年，村集体组织农户签反租倒包合同，为了保护本村农户的土地经营权，要求分包的农户必须是本村户籍。然而在虾田改造后，本村农户因不了解小龙虾养殖的收益水平，在村干部带动下当年只有40户农户承包虾池，H公司经营余下150个虾池。第一批反租倒包合同为5年，经过两三年发展后虾苗市场行情上行，每亩虾田收益3000—10000元/年，农户见到实际经济效益后纷纷加入。

同年，H公司牵头成立了育秧工厂、农机合作社、农资合作社，在企业组织下为农户统一供给标准化服务。公司聘请一名本村懂生产技术的农民担任合作社的理事长,由合作社给他发放工资。另外公司派两名专职管理人员,一名负责财务审核与接待工作,另一名是专职会计,他们的工资由公司发放。企业投资建设办公场地和基础设施并聘请专人综合管理,花费近400万元,包括办公室、36座育秧大棚、育秧车间和农机车棚。农机合作社吸纳本村农机手及其机械,为农户提供产前、产中、产后环节的农业社会化服务,包括基地标准化改造、基地管理,机插秧、整田、收割、飞防等农机服务,水稻、龙虾收购等内容。育秧工厂主要是水稻育苗,与农机合作社的机耕服务捆绑在一起提供机插秧服务,机插秧服务中除去种子成本、农机手服务费外有100元/亩利润,是企业供给农业社会化服务模式中主要利润来源。农机服务费用由农机合作社代收代付,但不产生利润,每个作业季度与农机手结算一次。另外,农资合作社为农户提供农资统购、农技培训等服务。

目前,Y村有近半农户从事稻虾种养,其中约有200户在本村承包虾田,100多户在周边农村承包土地养虾,其他农户中部分从事小龙虾流通环节的工作,比如收购或运输。养殖户一般是夫妻搭档,年龄集中在30—50岁,经营面积在25—50亩。在养殖环节,主要劳动密集投入环节是投喂饲料和捞虾,20亩虾田只需要1—2个劳动力利用投料机喂饲料,进行日常照管,访谈的养殖户说"2个人一般管理40亩,轻轻松松"。另外,养殖小龙虾关键在于水质,农户会根据实际需求购买用于调节水质、治疗疫病的动保产品。在销售环节,农户直接在田间地头将小龙虾卖给相熟的虾贩子。3—6月是小龙虾上市季节,每天凌晨虾田旁边有上百个收虾的虾贩子,跟固定的虾贩子交易可以节约装卸虾筐、结算的时间,将虾称重后农户就回家补觉,下午再微信结算。在稻虾种养的农业经营模式中,小龙虾养殖是农业利润的主要来源,水稻种植的收益用于节约生产总成本,因而,对水稻种植的劳动力投入较少,主要依靠农业社会化服务完成,比如购买机插秧、机收等服务。

二 企业统一服务供给模式的瓦解

在"企业+基地+合作社+农户"现代农业模式中,企业期望通过统一生产过程实现标准化、现代化、集约化的农业现代化转型。企业试图通过育秧工厂和专业合作社组织农户的生产过程,向农户供给无差别的社会化服务,达到统一模式、技术、管理、质量、品牌、回收的标准化生产,形成以家庭经营为主体的服务规模化，达到降低成本、稳定收购渠道的目标。"企业＋基地＋合作社＋农户"遵循标准化生产模式，通过统一现代农业生产理念、统一农户生产服务需求、统一服务供给标准实现统一农业社会化服务，在组织农户生产过程、实现统一生产的目标下供给服务。然而，这一理想模式最终以失败告终。2016 年，H 公司与村集体签订土地委托管理协议，将基地的经营权和管理权限转交给村集体，由村集体代管，该公司从基地的实际运营过程退出。H 公司在统一服务供给过程中遇到与农户交易成本较高和管理风险不确定的困境。

第一，与农户交易成本较高。H 公司在确定租金标准、收取租金、提供农机服务、统购农资、收购小龙虾等过程中需要与分散的农户对接，产生用人成本和沟通成本。一方面企业需要聘请专门的管理人员与农户对接，增加用人成本；另一方面与分散农户对接的沟通成本较高。特别是租金协商过程复杂，为了吸引农户承包虾田降价出租，但是后期协商恢复租金的难度大，收取租金也需要花费时间与农户沟通，尤其是在小龙虾市场行情下行时更需要花费大量时间、精力。另外，H 公司并未与农户签订合同强制要求农资统购、农产品统销，与其他农资店相比，农资合作社销售的农资产品价格优势不明显，农资产品在该村的销量有限，然而无法控制农户使用农资产品的源头也就无法统一农户的生产过程，无法监测小龙虾生长水质、水稻使用农药等情况，难以养殖标准化的农产品。再者，对农户而言，相比用车将小龙虾运送到企业，需要注册账户、排队称虾，他们通过"用脚投票"选择直接卖给田间地头的虾贩子。

第二，管理风险不确定。作为发包方，2014 年虾田建成后，H 公司在 Y 村统一发包虾田，但是农户不清楚稻虾共作的生产管理与市场收益，承包积极性较低，导致 H 公司当年未把虾田全部发包出去，只能雇人种养 150 个虾田。作为服务主体，H 公司未与农户签订强制性服务外包合同，难以组织农户的生产过程并统一服务供给，在农户个体化决策下交易成本较高，导致标准化服务供给体系的管理风险和成本较高。2013 年，第一批反租倒包合同签约前，由 H 公司垫资给全村农户发放土地流转费，流转费为每年 1100 元/亩，当年为吸引农户承包虾田，该公司额外垫资几十万元，将租金降为 900 元/亩。2015 年，基地建成二次发包后出现虾田堤坝倒塌的状况，H 公司投资几十万修补堤坝。可以说，H 公司整村流转 Y 村的承包地并二次发包后，并未从虾田租金和基地管理中获利，反而承担了管理成本和不确定风险制造的成本。

H公司试图通过"企业＋基地＋合作社＋农户"的生产模式统一供给农业社会化服务，然而在统一服务供给过程中，土地流转与二次发包没有盈利空间，农资合作社从开始就无法组织农户统购农资，农机合作社扣除机手服务费后也并未盈利，只有育秧工厂实现了盈利，但是基地管理风险较大、交易成本较高，育秧工厂的盈利并不足以覆盖与农户的交易成本和不确定风险导致的成本。而且，经过几年发展后，该镇稻虾共作普及，达到约4万亩规模，在充分的市场供给背景下，H公司缺乏动力管理生产基地、统一农业社会化服务供给。企业经营的最终目的是利润最大化，在收益与投入不平衡、农业生产风险较大的情况下，企业主动退出基地的管理和运营，最终企业统一服务供给的农业社会化服务模式瓦解。

第三节　自主组织化：基层组织统筹服务供给创新

企业尝试统一农业社会化服务失败后，在资本逐利性驱使下，H公司于2016年退出稻虾共作示范基地运营，"公司＋基地＋合作社＋农户"的标准化现代农业模式以失败告终。随后，该公司将基地的管理全权委托给Y村的村集体，在基层政府引导下，由村集体维持土地流转秩序，由基层组织统筹农业社会化服务供给，转变为"基层组织＋村集体＋合作社＋农户"的模式。

一　"基层组织＋村集体＋合作社＋农户"模式转换

在企业退出后，由基层组织和村集体统筹稻虾共作基地的运营和生产。在H公司委托下，村集体管理基地和农资合作社。从2016年起，村集体负责向承包虾田的农户收取租金并向全村发放土地流转费，通过村民代表大会协商第二年的租金标准和土地流转费标准。Y村的土地流转费和虾田的租金根据小龙虾的市场行情实现动态调整，并且因村集体无力承担管理成本，村集体从租金中收取一定的管理费。2016年召开村民代表大会后，将土地租金从900元/亩增加为1000元/亩，另外收取100元/亩的管理费，负责支出卫生费、水电费和渠道清淤、集体排涝、堤埂加固等费用。而且村集体为基地所有水稻购买农业保险，管理费结余作为村集体收入。农资合作社派两名村干部轮流值班，农资销售维持基本运营状态，主要对接制度内自上而下的农技推广培训等工作。

在乡镇政府要求下，乡镇农技站和农机站对育秧工厂和农机合作社进行业务指导。农技站站长主要指导育秧工厂，在业务指导过程中推动试验示范、农技推广实务项目、农机农技融合、指导病虫害防治等工作。育秧工厂每年4—7月运营，具体由理事长管理，理事长的工资从育秧工厂的利润支付。农机站站长具体指导农机合作社，推广水稻全程机械化试点项目、统防统治、秸秆禁烧等。在统一服务供给模式下，出于标准化生产和提高效率的目的，农机合作社依据无差别原则对农机服务的供需双方进行分工和匹配。而且，为了保障农机手的作业面积和劳动收益，基本上均分作业面积，根据农机手个人的时间安排进行均等化派工。然而，统一向分散农户提供无差别的、不包含人情色彩和个人偏好的农业社会化服务，在现实中存在难以回应农户个体化需求与激励农机手的双重困境。

农户的个体化需求包括耕作个体化要求与人际关系的个体化偏好。土地是农户的生产空间，经历了数年的耕作后对土地无比熟悉，如何耕作更利于农业生产成为农户身体化和个体化的常识，经常服务的农机手对农户的土地也非常熟悉，不需要过多言语就能满足农户的耕作要求。而且，农户和农机手除了是农业社会化服务的供需双方，更是生活在同一个村庄的熟人，嵌入一定社会关系网络，有相对稳定的行为预期，基于互惠原则选择相熟的农机手。但是在统一派工的模式下，农户不能选择自己熟悉的农机手，不仅不了解其操作技术，而且无法利用人情关系以优惠的价格购买熟悉的农机手的服务。操作效果受多种因素影响，难以判断原因，一旦作业完成后如果农户对其操作效果不满意，容易产生纠纷。对农机手而言，收益受到个人社会网络建构能力的差异、与农户关系的亲疏远近、作业能力和服务态度差异的影响。合作社将农机手组织起来，虽然只负责代收代付并不从中获益，但在统一派工模式下，农机手等待合作社派工，农户和农机手无法进行双向选择。而且在均等化分工的模式下，导致作业能力强或者社会关系广的农机手比依靠个人关系网接到的工作量小，收益降低。当农机手总收益受到统一派工模式影响较大时，难以对其产生有效激励，可能导致收益损失较大的农机手退出合作社。

农机站站长发现统一供给农机服务的问题后，调整农机服务供给方式，从统一服务变为统筹服务，虽然增加了供需匹配的环节，但是在提高农业社会化服务供给效率的同时尽量满足农机服务供需双方的需求偏好，因而得到了农户的一致好评。

二 统筹社会化服务再造供需秩序

在企业统一供给农业社会化服务模式下，只有农机服务实现了标准化供给，但服务效果并不理想。2015年以前，本地和跨境的农机服务市场发育不完全，本村农户及周边农户绝大多数是到农机合作社购买农机服务。2018年以后，本地自行购买农机的农户增多，周边涌现较多农机手，而且每年有跨省联合收割机过境，农机服务的竞争激烈。因合作社供给服务优势不明显，农户选择面增加，导致农机合作社的作业面积缩小、收益降低。由基层组织统筹服务供给过程后，不再由公司主导农机服务的供给秩序，由农机站站长负责组织农机手，转变农机手分工和匹配模式。当前农机合作社服务的全部插秧面积约1.5万亩，覆盖Y村与周边多个村庄。

第一，从无视农户个体化需求到优先农户的偏好选择。在统一提供标准化服务的模式下，农户被动接受农机合作社安排的农机手及其提供的服务，在转变服务供给模式后承认并识别农户的个体化服务需求，将所有农机手进行编号，并在合作社办公室内张贴农机手照片和个人简介，包括基本信息和作业特色，农户可以自由选择为其作业的农机手。但是农业生产对时限要求高，当选择同一个农机手的农户过多无法保证作业时间，农机站站长会引导农户选择其他空闲或作业量较少的农机手。农户的需求偏好嵌入村庄社会的人际关系，受到地方性社会共识认可，并非完全市场化和依据效率优先原则进行的选择。在熟人服务过程中，农机服务的供需双方不是市场中纯粹的理性人，不好意思进行赤裸裸的经济交易，否则显得"不近人情"，这是一种地方社会中"抬头不见低头见""礼尚往来"等熟人社会原则对纯市场理性的对抗性力量。[①] 在人情互惠机制作用下，农户选择关系亲近的农机手，农机手也会适当减免费用。将农户的个体化需求偏好与农机手对接，使得农民有了

---

① 参见谢小芹、简小鹰《"互嵌"：市场规则与基层社会——基于农资"赊账"现象的社会学探讨》，《南京农业大学学报》（社会科学版）2015年第5期。

差异化需求表达的反馈途径。

第二，从统一派工模式到统筹农机手作业安排。将农机合作社的85个农机手按照机械类型分为三个作业小组，每组设立一个组长，负责该组的分工安排等事项。通过增设层级，由组长直接管理农机手，实现本村人管理本村人，降低沟通成本，降低管理人员的管理难度。第一组为育秧组，有20台插秧机；第二组为飞防组，有11架无人机；第三组为机收整田组，有17台拖拉机用于旋耕，有25台收割机。对于农机手而言，一般收割机使用四五年后损耗严重就需要更换新机械，合理科学地统筹作业路线、作业面积有助于降低机械损耗、提高机械作业的集约化程度。在大多数农业型地区缺乏组织主体，分散农户对接的农机服务是由本地个体农机手或跨区作业的联合收割机供给，但是农户的土地不集中，且大多数是细碎化地块，不仅作业效率不高，而且机械作业的损耗较大。在统一派工模式下，虽然解决了地块分散问题，但是直接按照派工顺序指定作业区域和作业面积，无法通过农机手的作业效果与农户选择对农机手的收益进行区分，难以激励农机手。但如果同时将农机手和农户的需求组织起来，就可以根据农户土地分布合理规划作业路线和作业时间，提高作业效率的同时最大化降低机械损耗，降低生产成本。

第三，引入技术手段提高效率。在信息技术现代化背景下，北斗卫星导航系统在智慧农业体系建设和精准农业发展过程中发挥极大作用，是提供全天候、全天时、高精度的定位、导航和授时服务的国家重要空间基础设施，目前在农机精准导航、农机精准作业和农业生产精细化管理中实现了规模化应用。[1] 2013年起，购置"农业用北斗终端"可以享受中央财政补贴和部分地方财政补贴，在补贴的激励下农机手通过农机合作社购买安装北斗终端的农业机械，财政补贴和项目支持等措施使得农业生产技术手段被广泛推广和应用，稻虾基地已经通过数据后台在水稻生产的机械化操作环节精准作业，包括整田、机插秧、收割、植保等环节，极大提高农业生产效率。在统一服务模式下，农机合作社不从农机服务中直接获益，缺乏资金为农机手自带的机械安装技术设备，而且农机手的收益区分度不大，个人也无动力购买技术设备。但是在统筹服务模式下，农机手的收益产生差距，在农机站站长引导

---

[1] 参见吴才聪、方向明《基于北斗系统的大田智慧农业精准服务体系构建》，《智慧农业》2019年第4期。

下，通过项目补贴吸引积极分子安装技术设备，形成带动示范作用。技术手段的运用有助于实现精准作业，而且利用北斗卫星导航系统的数据后台，可以跟踪安装此系统的农业机械作业情况，统计作业数据，确保任务完成，满足农户的农机服务需求。

第四节　以农户为本位的农业社会化服务供给路径

从企业统一服务供给到基层组织统筹服务供给的调整与转化，是从实践中摸索出的一条农户本位的组织化、低成本的生产性服务供给路径。这一路径的关键在于通过基层组织的介入，发挥基层组织的统筹功能，从农户利益出发，尊重农户的主体性，回应农户的需求。而且，基层组织将农业治理融入农业社会化服务过程，增强了基层组织的服务与治理能力。

一　政府引导：发挥基层组织的统筹功能

依据农业社会化服务供给目的，可以将其分为两种路径，包括以供给方的经济利润为导向的市场本位路径与以服务方的需求满足为导向的农户本位路径。市场本位的农业社会化服务供给路径包括两种理想类型，其一是自发的内生性农业社会化服务供给模式，是分散的服务主体与分散的农户对接，虽然乡土资源一定程度上降低了供需匹配的成本，但是无序的竞争导致重复投资，分散的服务也难以提高农业生产的集约化、专业化水平。其二是高度制度化的企业式农业社会化服务供给模式，是由规模化服务主体与分散的农户对接，但是统一供给标准化服务的组织成本高，存在农户个体化需求回应困境与雇用人员的激励困境。在市场本位的农业社会化服务供给路径下，没有建立稳定且有效的供需匹配秩序，也就难以通过专业化、标准化、集约化的服务过程现代化实现农业现代化。

建设以农户为本位的农业社会化服务供给体系，应当充分发挥政府引导功能，特别是基层组织的统筹功能、组织功能和服务功能。一方面，政府引导与基层组织统筹是对农民需求的回应，有助于在服务供给过程中推动农业工作落实，比如非粮化整治、机播稻推广、秸秆禁烧等。另一方面，动员基层组织统筹农业服务的供需匹配过程，能够避免增设市场主体切割农业利润，最大限度保护农户的利益，提高农户对基层政府的认可度，实现基层治理能力再生产。在本章的案例中，乡镇和村集体将农业社会化服务纳入农业治理范畴，在企业统一服务阶段介入土地细碎化治理使得土地适度规模集中，在企业退出后由村集体维持土地流转秩序，由乡镇农技站、农机站指导社会化服务业务。基层组织分担了农业社会化服务供给过程中的组织成本，提高服务的集约化程度，整体降低服务成本，在保障服务主体的收益的同时，让农户以较低服务价格获得较好服务效果。

二 服务导向：回应农户个体化服务需求

农户本位的农业社会化服务供给路径以回应农户需求为导向，真正为小农户提供其所需要的现代生产要素。以小农户为主体的农业现代化发展过程中，应当尊重农户的生产主体性与决策的自主性[①]。在政府主导或资本主导的现代农业转型过程中都主张通过资本组织农业，但是资本组织小农户的成本过高，要么面临资本排挤农户的问题，要么资本主动退出生产环节，导致农业转型的投入要素不足或出现"去小农化"困境。虽然结果表现不同，但是根本上都忽视了农户的需求。构建农业社会化服务体系是激发农户生产积极性、发展农业生产力的重要经营方式，帮助农户解决单打独斗难以做到的事情。因此，农业社会化服务供给是以农户需求为导向的，不仅要满足农户的一般性生产需求，还要回应农户个体化需求。分化的农户中以农业为主要收入来源的专业户有较强的农业社会化服务需求，而且居住在村的农户的农业服务需求也不是遵循纯粹的市场逻辑，而是嵌入熟人社会，农户本位的农业社会化服务供给路径与熟人社会高度吻合。

在传统农业社会，农户的家庭生计面临生产、生活和福利等诸多方面的风险，因此需要依赖村庄社会支持体系抵御风险，在农业生产的农忙时节需要通过帮工或换工完成某些环节，从而保证粮食产量，并且在互助过程中强化人情关系、生产出社区归属感。[②] 虽然随着农村劳动力商品化程度提高和社

---

① 参见孙新华、冷芳《社区本位的农业规模经营及其社会基础》，《华南农业大学学报》（社会科学版）2020年第6期。

② 参见高晓巍、左停《农村社区互助与农户生计安全》，《广西社会科学》2007年第6期。

会分工发展，农业生产互助体系逐渐瓦解①，取而代之的是雇工和社会化服务体系，但是劳动商品化的过程并非完全脱嵌于村庄熟人社会。购买农业生产性服务是当前农户经营农业的主要生产方式，农户作为决策主体主要购买熟人服务。② 熟人社会具有产生乡土资源的社会基础，在以熟人服务为偏好的农机服务选择过程中，熟人关系的人情、信任既对双方行为形成软约束，也是维护社会交往、强化双方的非经济关系的一种方式，使得村庄内部的人情、面子发挥作用并且实现再生产。

三 服务主体：组织内生性农业服务主体

在农业产业化发展和农户分化的背景下，开设农资店和购买农机的农户增加，农村出现内生性农业服务主体。然而，私人部门是典型的以供应方意愿为主导的服务模式，在趋利本性下存在制度缺陷。③ 以农机服务为例，大型农业机械的成本较高、损耗较大，一般为了降低机械损耗带来的损失，购置农机的农户在满足自家生产需求后向市场供给服务，但是农户自发购置农业机械面临农机配置过剩问题，由此也会引发内生性农机市场供过于求导致的资源浪费、农机手无序竞争等问题，导致农业社会化服务供给成本过高。将内生性农业服务主体组织起来，创新农业社会化服务的组织化供给模式，不仅可以塑造内生性服务市场秩序，还将农业社会化服务供给过程嵌入村庄社会，减少中间环节，使得农业分工产生的经济利润留在村庄，最大限度保护农户的利益。而且，内生性服务供给主体是在农户分化情况下自然生成的，这类农机手也是地方社会重要的中坚力量，通过嵌入社会关系的市场交易不断与农户建构和再生产人情、面子等乡土资源。

组织服务主体不是将其一体化，专业合作社是组织服务主体的方式之一，也可以利用基层组织比如农机站组织农机手，实现统筹服务资源供给、集约化利用。一方面，利用规模优势帮助服务主体对接农户需求，形成稳定的利益预期，以此构成服务主体与合作社之间的利益联结机制。另一方面，通过

---

① 参见曾红萍《农村内部劳动力商品化与社区社会资本变迁》，《中国农村观察》2016 年第 4 期。
② 李虹韦、钟涨宝：《熟人服务：小农户农业生产性服务的优先选择》，《西北农林科技大学学报》（社会科学版）2020 年第 1 期。
③ 苑鹏：《农民专业合作组织与农业社会化服务体系建设》，《农村经济》2011 年第 1 期。

组织农机手规范服务市场供给秩序。以农机合作社为例，农机合作社的主要优势在购买农业机械方面享有更多政策优惠和补贴，而且农机合作社承接自上而下的农业推广任务优先社员作业，对农机手有较大吸引力。对于申请加入的农机手，则由相应的农机作业组组长根据作业面积、人均收益、业务预期等因素综合评估，征求作业组其他农机手同意才能批准入社，减少重复投资。另外，农机手在私人交易过程中通过赊账、优惠等策略强化与农户交易关系的稳定性，第三方代收代付农机手避免了面对面与农户进行金钱交易，降低农机手与农户单独对接过程中的人情损耗。另外，农户本位的服务供给路径并不排斥资本，多元服务供给主体的参与有助于功能互补、形成合力。

小　结

党的二十大报告强调发展农业社会化服务，健全农业社会化服务体系是实现小农户和现代农业有机衔接的重要路径。在推动以农户为本位的农业社会化服务体系建设过程中，还需要注意以下三个问题。第一，农业社会化服务体系是多层级、多主体并存的体系，应当坚持中国特色，由政府引导多元主体共同发挥作用。第二，聚焦农户的农业社会化服务应当以农户为本位。在农户不断分化的背景下，应为不同类型的农户提供有针对性的农业社会化服务，因地制宜地探索社会化服务供给模式。特别是，对于仍然以农业生产为主的农户而言，应当尊重其生产意愿，鼓励农户发展适度规模经营，满足农户的农业社会化服务需求。不能在承认其经营主体地位的同时使其被动从农业生产环节脱嵌，这种去小农化的农业经营秩序改造会动摇村庄秩序。第三，在建设农业社会化服务体系过程中，应当考虑地方社会基础，调动内生性服务主体的积极性，优先考虑组织内生性服务主体。总之，引领小农户进入现代农业轨道的农业社会化服务路径，一定是尊重农户的主体性、回应农户的需求、从农户利益出发的农户本位的服务供给路径。唯其如此，才能推动小农户与现代农业有机衔接，构成实现乡村振兴战略的有力支撑，促进农业农村现代化。

第六章

村社统筹：乡村产业振兴的组织化路径[*]

  村社组织是实现乡村产业振兴的重要组织主体。在推动农业产业化发展的实践过程中，各地涌现资本下乡规模化经营和政府主导的农业产业调整的经验探索，从实践效果来看，此类发展路径下的产业发展效益有限并面临可持续发展的挑战，特别是在此路径下出现农业生产的"去小农化"趋势，形成对小农户的事实排斥，最终导致小农户的利益受损。虽然分田到户之后，农村实行"三级所有、队为基础"的土地集体所有制，但是以家庭承包经营为主体的"统分结合"双层经营体制名存实亡，小农户分散经营为主要模式。不过，当前越来越多的学者逐渐关注到发挥村社理性的可能性，重新强调村集体的作用，即村社统筹、农户参与的农业产业化发展。在实地调研过程中，发现越来越多的村社集体创新发挥"统"的作用及其产生的积极效应。因此，有必要对此类基层自主探索进行深入分析，认识村社集体发挥作用的机制，以此为基础找到一条乡村产业振兴的组织化路径，在新时代重新发现"统分结合"双层经营体制的生命力。

---

  [*] 本章以《村社统筹：贫困地区农村产业振兴的路径》为题，发表于《贵州大学学报》（社会科学版）2021年第2期。

第一节 小农户的组织化路径研究回顾

2021年的中央一号文件提出，要实现巩固拓展脱贫攻坚成果同乡村振兴有效衔接。农村产业发展是提高脱贫质量的重要措施，也是实现乡村振兴的基础。从实践来看，随着城镇化发展和市场化进程加快，中国乡村形态发生较大分化，不同类型的村庄在乡村振兴战略实施过程中会有不同的发展走向。对于广大中西部农村贫困地区而言，促进农业产业化发展，实现产业振兴是乡村振兴的基本路径，也就是要将农业生产从小农户自给自足的小规模经营转向规模经营的农业产业化发展。但是小农户分散经营的格局是大多数农村的基本现实，土地基本承包到户且长期不变，所以土地的规模集中往往意味着较大的交易成本和生产成本。从现实来看，实现产业振兴和农业现代化离不开农业产业化发展，即通过组织化方式推动小农户分散经营的农业经济样态转型。因此，大多数农村实现乡村振兴和产业化发展，农业组织化经营必不可少，那么，谁来组织？如何组织？就成为农业规模经营和农业产业化发展的关键问题。

学界对于农业产业转型的研究颇丰，既有研究主要有三种进路。其一，资本下乡推动农业转型。有学者认为在市场经济条件下，农业内部分工逐渐深入，外在于农民家庭经营的农业经济组织不断创新，在市场配置下生成帮助农户对接市场的中介组织和联结机制，解决"小农户、大市场"的矛盾[1]，其中以"龙头企业+农户""合作社+农户"等为主要的农业产业化经营组织形式[2]。但是"龙头企业+农户"模式存在交易成本过高、农户与企业地位不平等的问题[3]，"合作社+农户"模式中普遍存在合作社异化问题，导致

---

[1] 周立群、曹利群：《农村经济组织形态的演变与创新——山东省莱阳市农业产业化调查报告》，《经济研究》2001年第1期。

[2] 参见郭晓鸣、廖祖君、付娆《龙头企业带动型、中介组织联动型和合作社一体化三种农业产业化模式的比较——基于制度经济学视角的分析》，《中国农村经济》2007年第4期。

[3] 参见郭庆海《小农户：属性、类型、经营状态及其与现代农业衔接》，《农业经济问题》2018年第6期。

强农惠农富农政策措施无法均衡分享给小农户[①]。其二，政府治理重塑农业秩序。有学者认为在乡村组织瓦解的背景下，政府倾向于重新培植与其利益相一致、便于执行农业政策的代理人，主要措施是扶持大户、引资下乡，以此降低政策执行成本。[②] 另外，在经济发展条件较差的地区，地方政府在强政绩激励和弱惩罚激励结构下频繁进行农业产业调整，导致农业产业陷入"重复低效的怪圈"[③]。上述二者都主张通过资本组织农业，不否认农业转型需要资本，然而资本下乡发挥作用的前提是小农户组织起来。资本组织小农户的成本过大，而且往往会把小农户排挤出农业生产领域，容易产生社会风险。[④]

小农户是农村主要的经营主体，是我国农村稳定和发展的社会基础，党的十九大提出，推进小农户和现代农业发展有机衔接，提升小农户发展现代农业能力，夯实实施乡村振兴战略的基础。在此基础上，不少学者提出要充分发挥村社集体在小农户与现代农业有机衔接过程中的统筹组织作用。也就是第三种研究进路，以村社集体带动现代农业发展。有学者认为，在当前政府推动农业现代化和发展主义话语下，以村干部为代表的村社组织有较强的动力"经营村庄"[⑤]，通过推动产业升级和要素配置促进村庄发展和农民致富。在农业型村庄，村社组织可以整合分散的关键农业生产环节，形成规模后再作为中介对接外部的农业服务主体，通过农业服务的规模化实现农业规模经营。[⑥] 相较于前面两种研究进路，村社组织尊重农民的主观意愿，侧重于村庄内生的转型动力和组织主体。从多地农业产业的发展实践中发现，村社集体在产业发展中起到核心作用。延续村社转型动力的研究进路，本章关注村社组织推动的农业转型。

---

① 参见邵科、朱守银《农民专业合作社发展的不良类型、成因与应对思路》，《农业经济与管理》2014 年第 1 期。

② 参见龚为纲、张谦《国家干预与农业转型》，《开放时代》2016 年第 5 期。

③ 刘军强、鲁宇、李振：《积极的惰性——基层政府产业结构调整的运作机制分析》，《社会学研究》2017 年第 5 期。

④ 参见朱战辉《新时期农业经营方式的再小农化》，《西北农林科技大学学报》（社会科学版）2018 年第 5 期。

⑤ 刘景琦：《论"有为集体"与"经营村庄"——乡村振兴下的村治主体角色及其实践机制》，《农业经济问题》2019 年第 2 期。

⑥ 参见孙新华《村社主导、农民组织化与农业服务规模化——基于土地托管和联耕联种实践的分析》，《南京农业大学学报》（社会科学版）2017 年第 6 期。

综上所述，学界对农业产业化发展的已有研究主要集中于内部规模经营，但是以资本为代表的外部规模经营脱嵌于农村社区，严重侵蚀农户的根本利益和村庄长远利益。① 加之，在土地资源禀赋约束的条件下，通过扩大单个生产经营单位的规模以获取内部规模经济的可能性较小，只有通过生产单位之间的横向联合来获取外部规模经济。② 因此，如何使分散的小农户实现土地社区规模化经营就变得尤为重要，其关键机制在推动农业种植结构统一为核心的农业转型过程中。③ 有学者发现村社组织在土地资源配置、组织动员、公共品供给等方面发挥积极作用，在稳定家庭承包经营基础上通过集体统筹促进农业产业集群。④ 相较于市场组织，村社组织是植根村庄内部的兼具政治性和社会性、经济性的治理单位，不仅能够保障小农户经营自主权和农业利益的完整性，还能在根源上激活农村基本经营制度的内在活力。⑤ 而且，在乡村振兴战略背景下，充分发挥农民的主体性不等于发挥单个或少数农户的主体性，真正的乡村振兴主体应该是在党组织领导下的村社组织。⑥

本章所指的村社组织也就是通常所说的村两委。基于此，本章通过一个村社组织推动农业产业发展的案例，分析村社组织在农村农业产业化发展过程中发挥作用的过程机制和功能。本章主要回答两个问题，其一，村社组织如何在统分结合的原则下调整农业产业结构；其二，在乡村振兴背景下，村社组织如何在促进农业产业化发展的同时保障小农户的经济利益，并且反思村社组织发挥统筹功能有何必要性。

---

① 参见孙新华《农业规模经营的去社区化及其动力——以皖南河镇为例》，《农业经济问题》2016 年第 9 期。
② 参见李谷成《论农户家庭经营在乡村振兴中的基础性地位》，《华中农业大学学报》（社会科学版）2021 年第 1 期。
③ 参见冯小、席莹《现代农业发展中的农业治理体系建构——"小农户"本位的探索》，《云南行政学院学报》2019 年第 6 期。
④ 参见陈靖、冯小《农业转型的社区动力及村社治理机制——基于陕西 D 县河滩村冬枣产业规模化的考察》，《中国农村观察》2019 年第 1 期。
⑤ 参见韩庆龄《村社统筹：小农户与现代农业有机衔接的组织机制》，《南京农业大学学报》（社会科学版）2020 年第 3 期。
⑥ 参见贺雪峰《如何再造村社集体》，《南京农业大学学报》（社会科学版）2019 年第 3 期。

第二节 村庄产业组织模式与结构变迁

本章所分析的经验资料来源于西北贫困地区的田村，该村有513户，2219人，3个自然村，7个村民小组，3675亩耕地，其中3600亩种植猕猴桃。人均1.6亩土地，户均7亩土地，以小农户家庭经营为主要农业经营模式。2017年，田村人均收入超过19000元/年，村庄整体经济水平高于普通农业型村庄。田村的农业产业结构经历了从分散到统一的历史，可大致分为三个阶段（见表6-1）。

第一阶段是1980—1990年，农户种植小麦、玉米等粮食作物，其中玉米作为猪饲料使用，是典型的种养结合小农经济模式。当地农户养猪主要是面向市场以此获得经济收入，每年仅留下10斤/人的猪肉份额供家庭食用。因此，养猪受市场影响较大，当农户发现种植经济作物能获得较高经济收入时，便不再种植玉米喂猪，养殖业就自然淘汰了。此阶段农民收入较低，生活条件较差，家庭发展能力不足，但同时人口外流较少，村庄内部的社会支持体系相对完整，基本满足农民的生老病死等需求，家庭发展动力不足。第二阶段是1990—2008年，交通条件改善后农户与外界交流增多，农户开始探索种植经济作物，但为了保障基本生存需求，仍种植粮食作物。农户尝试种植辣椒、苹果等经济作物，零星种植梨、油桃、西瓜等杂果，但规模较小、品种较多，一般就近运到县城零售。此阶段农户多次调整种植结构，尝试各类经济作物，但是经济收入并未实现大幅度增长。

农户自发调整种植结构，难以通过组织化的方式形成市场优势，面临一定的农业困境。第一，未形成规模化种植，没有对农业产业种植结构进行规范性、组织化调整。农户为了获取较高的经济利益，根据市场走向自发调整种植结构，但是经济作物的市场价格波动较大，产业调整往往滞后于市场变化，不易形成规模，因此难以获得相对稳定的销售渠道，导致农户频繁更换种植的作物种类。第二，本地化销售，但地方市场容量有限。该村村党支部书记表示："没目标，百姓什么都种过，南方种的、北方种的只要赚钱都种。"农户之间的跟风现象严重，"你种啥我就种啥"，担心其他人收入超过自己家，互相不交流种植经验和管理技术，导致村庄内部出现恶性竞争。

第三阶段是2008年以来，田村开展猕猴桃种植"整村推进"行动。2015年，基本形成3600亩的猕猴桃产业规模。截至2020年，全村90%的耕地种植猕猴桃。该村早在1998年开始探索猕猴桃种植，少数农户学习农业技术花费一定的时间成本，本该三年挂果最终第五年才开始挂果。2003年挂果后，市场反响较好。2007年猕猴桃树达到盛果期，根据田间管理的效果，每亩产值4000—8000元。2010年，全村30%的农户家庭收入达到8万—9万元/年，2015年，全村50%的农户家庭收入达到15万元/年。

表6–1　　　　　　　　　　　农业产业结构变迁

农业变迁阶段	时间	产业结构	组织模式	面临困境
第一阶段	1980—1990年	用于自给自足的粮食作物	历史惯性	农业收益低
第二阶段	1990—2008年	粮食作物与多种经济作物	农户自发	内部恶性竞争，规模小
第三阶段	2008年以来	以猕猴桃为主的经济作物	村社统筹	市场饱和的风险

在大多数地区，农村分田到户后村社组织发挥的作用越来越少，以小农户分散经营为主。但是小农户的个人偏好、从众心理会导致在品种选择上盲目跟风，这种农户自发进行的种植结构调整是短期行为，是单个的市场主体行为，难以促进农业产业发展，形成规模效应。分散的小农户难以自发形成统一的产业发展规划，需要有小农户以外的主体引导他们调整产业结构。在村社统筹农业发展的模式中，强调在小农户分散经营的基础上统一农业产业结构，实现外部规模经营，小农户仍然是实际的经营者，村社组织在农业产业发展过程中积极发挥"统"的功能，规划产业发展、调整产业结构，提供必要的公共服务等，以小农户家庭经营为基础，增加农户收益、提高农业生产效率，以实现农业的长远发展和村庄整体利益最大化为主要目标。[①]

[①] 参见张欢《集体统筹型农业经营模式的现实基础与实践机制——基于中山市Y村的实地考察》，《中共宁波市委党校学报》2018年第5期。

第三节 村社统筹产业发展路径与机制

一 调整结构与规模扩散

村社组织通过集体统筹、积极分子示范、农户效仿的过程统一农业种植规模，将原本分散的小规模经营转变为具有产业集聚规模效应的外部规模经营。

第一，村社组织确定集体发展猕猴桃产业的思路。李某退伍后在全国各地跑运输，经济收入高，见多识广，1998年回村当选1组组长。在研判市场行情后，带领村干部和积极分子去周边的咸阳、西安、宝鸡、郑州等地的批发市场考察，发现西部地区种植猕猴桃较少，而东部地区消费的市场空间较大，开始推广猕猴桃种植。2008年，通过村两委会议商讨决定整村推进猕猴桃种植，希望统一种植结构形成外部规模效益，增强市场竞争力，让小农户增收致富。为实现农业产业化发展和规模化经营的目标，村社组织对农户进行分类动员。在村庄中推广当时并不多见的猕猴桃，农户的态度不一，其中有积极分子、中间分子和消极分子。村社组织因人施策，将积极分子挑选出来，组织积极分子去周边农业产业发展较好的村庄参观学习。另外，因时制宜调整产业结构，1998年村庄中大多数人在村务农，农业是主要的收入来源，农民对猕猴桃不太认可，所以从1组开始尝试。2008年，外出务工的农民增多，农户的发展动力增强，于是在全村推广猕猴桃种植，统一产业结构。

第二，积极分子响应村社组织动员，产生示范效应。积极分子调整种植结构既是对村社组织工作的配合，也是在市场激励下主动做出的理性选择。他们主要是经济能人或技术能人，愿意为较高的农业利润冒一定的市场风险，具备承担风险的能力和心理条件。积极分子最早也并非"一刀切"地将承包地改种猕猴桃，而是尝试性地种植1—2亩，先学习了解猕猴桃的生长特性、种植技术、市场反应等，获得比其他经济作物更高的收入后再逐步调整种植结构，尽量降低农业经营的自然风险和市场风险。对普通农户而言，积极分子的示范将风险具体化，并且形成较强的经济激励。一方面，猕猴桃推广初期，农户完全不了解猕猴桃的管理技术和市场风险，而且改种猕猴桃的前期投资较大，每亩 800—1000 元，猕猴桃的生长周期较长，3 年内不挂果，导致大多数农户的种植意愿不高。精英农民的示范使得产业发展过程和风险具象化，普通农户通过观察积极分子的种植示范过程，对猕猴桃的自然风险和市场风险有初步了解，降低盲目调整种植结构的风险。另一方面，积极分子在猕猴桃市场不充分阶段尝试性种植，产量稳定的前提下有一定的市场受众，经济收益远高于常见的经济作物，他们是该村最早改善经济条件的一批人，在脱贫致富上有较强的示范作用。

第三，在村社组织引导和积极分子示范基础上，普通农户受到市场激励和社会激励，效仿积极分子调整种植结构。在积极分子种植猕猴桃产生收益后，以村民小组和自然村为单位的地缘关系内部开始普及猕猴桃种植。大多数小农户是风险厌恶型农业经营模式，农业生产服务于家庭发展目标，当家庭发展动力不足时生产动力也就不足。示范户带头种植猕猴桃后，确定经营风险较小经济收益较高，引来越来越多的农户效仿。2015 年后村庄中大多数农户种植猕猴桃，全村一共近 3000 亩规模，只有极少数农户因为缺乏技术、担心风险而迟迟不改种猕猴桃。其原因在于，当农户的家庭收入主要依靠农业却不种植经济收入较高的猕猴桃时，就会成为村庄内部经济条件较差的群体，因此会受到较为负面的社会评价，为了避免这种情况发生，农户纷纷改种猕猴桃。

二 统筹生产与农技推广

行政村是连接自上而下资源的节点，村社组织充分利用体制性资源和社会性资源服务于农业生产，提高农业生产效率。

第一，投资建设生产性基础设施。1998 年，1 组组长李某组织村民义务修路，将土路改为砂石路，方便农民外出和农业生产。2006 年，村社组织在上级政府牵头下与西北农林科技大学对接，除了进行技术指导，该大学在该村捐资修建了两条水泥生产路用于农户运输猕猴桃。2020 年，村社组织争取到两项共 200 万的基础设施升级改造项目，一个是水肥一体化项目，目的是提高灌溉和施肥的机械化水平，节约劳动力和劳动时间；另一个是猕猴桃园的架面改造项目，有利于农户实现标准化作业。

第二，推广农业技术与农业机械。2011 年，田村以村集体名义注册机械合作社服务农户，主要业务是推广农技、农机，联系专家进行病虫害防治和会诊。而且在村社组织的争取下，县果业局在该村设立农民培训学校，每年举办8—10次以猕猴桃为核心的农技知识、农业机械普及讲座。通过常规性的农业技术推广，田村的普通农户基本掌握了猕猴桃种植、管理技术，较少发生大规模病虫害引起的减产问题。最早尝试种植猕猴桃的积极分子中有两人成为当地知名土专家，时任村党支部书记的李某学习经验后在群众会上宣讲，村社组织也多次邀请他们在特殊的农时安排农技培训，在田间地头的生产情境中直接演示给农户，农户的学习、农技的传播效果较好，显著提高农户的农技水平，间接提高全村的农业生产总量和品质。

第三，监督和规范农户投入品使用情况。村社组织主要监督和规范农户的投入品使用情况，给农户讲清违规使用假冒伪劣农药和膨大剂的利弊得失。比如村党支部书记发现有个别农户购买粉状植物调节剂，但是粉状的植物调节剂严重影响猕猴桃的口感，一旦销售到市场上就会对全村的口碑和经济利益造成负面影响。所以，对于不听劝诫的农户，村党支部书记代表村社组织表态不对其提供公共服务，通过自治的方式对此类农户进行监督和约束，其目的是保障村庄整体的农产品质量与口碑。

三　建设品牌与市场对接

在村社统筹下，农业实现产业化和规模化生产，村社组织积极建设品牌、帮助农户与市场对接，并且维护市场秩序，有利于形成产地优势。

第一，建设地域性的农业品牌。村社组织积极在村庄内建设品牌，维护地域性的农产品口碑，使农户获取相对周边区域较高的经济收益。一方面，村社组织在推广有机肥和改良土壤上做工作，让农户认识到使用有机肥、油渣可以提高土壤的有机质与猕猴桃的糖分，最终切实提高猕猴桃的品质。另一方面，村社组织反复宣传疏果的重要性，让农户控制猕猴桃产量，不要只追求数量而忽视质量。因为严格疏果后猕猴桃的品质普遍提升，通过前期的市场反馈直接反映到后期的收购价格上，收购商也很清楚该村的猕猴桃品质比周边地区高，不会无理压价。同期相比，田村的猕猴桃收购价格整体比周边村高0.5元/斤，这是农户可以获得的最直接和最实际的收益。

第二，帮助贫困农户对接市场，保护农户的经济利益。在猕猴桃成熟后的上市期，这个时期大约持续一个月时间，以村党支部书记为代表的村社组织会主动关注、关心农户的猕猴桃销售问题。其一，村干部主动争取在媒体上宣传猕猴桃的机会和资源,并且与地方龙头企业接洽建立稳定的供货渠道。目前该村生产的三分之一的猕猴桃是由龙头企业收购,该企业正是村党支部书记引进的。而且,村党支部书记计划与另一家龙头企业合作,建立生产基地以直销模式降低农户销售的市场风险。其二,村社组织动员、激励村庄能人拓展销路,主要是合作社负责人、水果经纪人和其他有客户渠道的农户。并且村社组织每年公开奖励积极联络收购商且出货量最大的几位村庄能人,通过具有荣誉性的表彰对他们产生社会激励。其三,村干部每天下村了解农户的销售情况和当天收购价格,重点关注迟迟未销售的农户,并向其了解原因。如果农户缺乏销售渠道,村干部则会利用私人关系积极联络收购商,帮助这些市场能力较弱的农户销售猕猴桃。

第三,规范本村收购市场秩序。当猕猴桃产业形成规模后,村庄内部出现水果经纪人承担中介功能帮助农户对接收购商。但农户、收购商与经纪人之间存在信息不对等的问题,经纪人可能从中收取过高的代办费,导致收购商不愿意到该村收购,最终影响整体销售。因此需要村社组织规范村庄内部的收购秩序,遏制村庄内部发展出垄断或黑恶势力的趋势。而且,村社组织帮农户把关,避免收购商压价引起农户恐慌导致内部恶性竞争。小农户担心市场风险,害怕收购价格走低可能压低价格出售猕猴桃。但是在农产品的品质达到市场要求的情况下,随意压低价格销售会扰乱正常价格,导致农户收益普遍下滑。对于此类情况,村党支部书记通过微信群或开群众会通知农户不要低于成本价出售,并对有压价意向的农户做思想工作。

第四节 村社统筹产业发展的溢出效应

为改变收益较低、内部恶性竞争等农业困境,村社组织通过引导、示范、效仿的群众动员工作调整小农户的种植结构,形成统一的农业产业结构形态,实现农业的外部规模经营。并且,在农业生产过程中提供农业技术、品质监管、市场销售等公共服务,提高小农户的生产品质和标准化水平,提升市场竞争力。① 这种村社统筹农业发展的模式有利于促进农业产业化和产业振兴，并且在村庄中产生较好的经济效应、社会效应和政治效应。

一 产业振兴的经济效应

在市场导向下，农户经营的动力与对风险承担的能力成为影响其调整种植结构的主要因素，积极分子和普通农户出现不同的行为选择。村社组织通过把握方向、分类引导的过程调整农业产业结构，对积极分子和普通农户分类动员，在集体统筹产业结构的同时尊重农户自主意愿。对农户自身而言，他们认为自己是在经济激励和社会激励下做出的自主选择。农民的生计是全部生活资料来源，其经营风险直接影响家庭生活质量，因此，农户面对不了解的新品种态度比较谨慎，偏向于通过各种可能策略降低风险。而且村社组织利用其体制性资源、社会性资源为小农户提供公共服务，在"统分结合、宜统则统、宜分则分"的原则下促进农业产业健康发展，充分体现了农村统分结合双层经营体制的内涵。与内部规模化要求土地产权整合、高资本投入等门槛不同，集体统筹下的农业规模化经营是外部规模，小农户仍然是独立的经营者，置身于保护性的生产网络中，而非竞争性和强制性的生产体系中。这种集体统筹的经营模式能够最大化保护小农户的利益，在产业规模效应下他们从农业生产中获得较高的经济收入。而且在农业产业化发展过程中产业链延长、分工细化，出现水果经纪人、运输队、摘桃队等市场主体，参与到产业环节中的大多数农户能够共享经济效益。

二 产业振兴的社会效应

在村社统筹农业产业发展的模式中，村社组织统一农户的种植结构实现农业产业化发展，村庄内部有较为充分的经济机会，使农民留得下来。这一发展模式对于贫困地区巩固脱贫成果、衔接乡村振兴大有裨益。一方面，本地产业吸纳农民就业，提高农民家庭收入，农民能够在本地实现完整的家庭生活，使得农民在发展和积累的同时可以照顾家庭，并且完成赡养老人、抚育子代的家庭目标。在缺乏经济机会的贫困地区，大多数农民外出务工，与

---

① 参见周娟《农村集体经济组织在乡村产业振兴中的作用机制研究——以"企业+农村集体经济组织+农户"模式为例》，《农业经济问题》2020年第11期。

家人团聚机会较少，除了要忍受家人分离之苦，还会出现留守老人、留守妇女、留守儿童等社会现象，产生社会问题。另一方面，村庄以整体形态参与市场经济形成共同的产业利益，增强村庄共同体的凝聚力。这一模式区别于人口外流的农村，农民以个体或家庭参与市场，村庄共同体被消解了。集体统筹的产业发展模式使得原有的生产生活共同体在不间断的就地化农业产业发展过程中延续下来，社会关系被保留和再生产，村庄中的社会规则和社会评价依然在发挥作用，最终村庄共同体得以维持。这种以小农户为主体的农业产业化，符合我国以农户收入增加、农村社会稳定为目标的农业产业化政策。①

三 产业振兴的政治效应

村社组织在统筹农业产业发展过程中，提高基层组织能力，实现产业振兴与组织振兴的相互促进作用，产生积极的政治效应。第一，产业发展过程中，村社组织通过做实事积累威信，让农户得到切切实实的经济利益，增加农户对基层党组织和村干部的信任度、认可度，极大改善了干群关系。第二，产业的良性发展使得农户与村社组织形成共同的产业利益，农户与村庄发展紧密相关，有利于调动农户参与村庄公共事务的积极性②，促进村民自治的实质发展。而且村庄共同体的维持意味着村庄公共性的存在，不仅传统的人情面子仍能作为治理资源发挥作用，而且农民有较强的集体行动能力，能够在基础设施等公共品建设过程中起到关键作用。第三，村社组织为促进产业健康发展，积极争取自上而下的资源，包括基础设施建设项目、农业技术推广资源等，增加治理资源和提高治理能力，有益于村社组织在巩固拓展脱贫攻坚成果同乡村振兴有效衔接的工作中继续发挥积极作用。

---

① 参见夏柱智《中国特色农业产业化的村庄基础分析——以专业村为研究对象》，《贵州社会科学》2020年第10期。

② 参见张世勇《村级组织的农地调整实践——对成都市 ZQ 村建设用地增减挂钩项目实施过程的考察》，《贵州社会科学》2013年第4期。

小　结

2021年，我国脱贫攻坚战取得了全面胜利。在此之后，中西部脱贫地区的重点工作转移到巩固拓展脱贫攻坚成果、衔接乡村振兴战略上来，主要实现路径是产业振兴，组织主体是村社组织。在基层党组织领导下的村社组织发挥经济功能既是其本质性功能实现，也是新的时代背景下的政治要求和行政任务，村社统筹农业产业化发展的行动具有必要性。展开来讲，在农村土地集体所有的制度背景下，村社组织是农村三资的产权所有者，通过配置资源增加集体经济收入、增加农民收益是其组织要求。而且，在资源下乡和乡村振兴背景下，村社组织不仅是承接自上而下的项目、资源对接点，还是带动乡村振兴的重要主体。加之，在产业扶贫和壮大集体经济的政治要求下，对于村社组织而言，发挥经济功能、带动产业发展是政治性任务。在村庄内部，村庄经济能人和种田大户发挥了一定的带动村庄致富的积极作用，但是个体性的行动具有不确定性，其效果有限，而且出于个人私利的目的最终会导致其行动偏航。相比之下，村社组织作为政经合一的正式组织具有基层治理意识和大局观，发挥集体统筹功能与村庄整体性利益不谋而合。另外，党领导下的村社组织与龙头企业、合作社等市场主体不同，在较强的发展面向下能够实现效益与公平的均衡，以促进农民收益增长为主要目的，这也正是产业振兴的最终目的。而且，只有发挥集体统筹作用，充分尊重和保障小农户参与农业经营的基础性地位，促进农业经营规模化和产业化发展，才能有助于促进可持续的产业振兴、人才振兴、组织振兴，有利于真正实现立农为农兴农的综合性乡村振兴。

第七章
农业转型背景下的资本下乡与村庄自主性[*]

在乡村振兴背景下,国家惠农政策力度加强,引导社会资本向农村聚集。2021年4月22日,农业农村部办公厅、国家乡村振兴局综合司联合印发《社会资本投资农业农村指引(2021年)》的通知,指出全面实施乡村振兴战略的深度、广度、难度都不亚于脱贫攻坚,必须以更有力的举措、汇聚更强大的力量来推进,社会资本是全面推进乡村振兴、加快农业农村现代化的重要支撑力量。要创新投融资机制,营造良好营商环境,激发社会资本投资活力。要遵循尊重农民主体地位的基本原则,支持社会资本依法依规拓展业务,多办农民"办不了、办不好、办了不合算"的产业,把收益更多地留在乡村。要建立紧密合作的利益共赢机制,与农民建立稳定合作关系、形成稳定利益共同体,让社会资本和农民共享发展成果。政策文件为资本下乡指引方向,同时,当前乡村面临的农业转型和社会基础变迁也为资本下乡释放空间。推动乡村全面振兴,有必要整合社会资源助力乡村建设,发挥好社会资本投资农业农村、服务乡村振兴的作用。不过,其前提是进一步厘清社会资本和村级组织、农民的关系。本章的案例生动展现了在农业转型背景下,社会资本下乡与村级组织积极作为形成合作共赢的过程与逻辑。

---

[*] 本章以《农业转型背景下的资本下乡与村庄自主性——基于城郊村的个案分析》为题,发表于《山西农业大学学报》(社会科学版) 2020 年第 5 期。

第一节 资本下乡与村庄自主性

在乡村振兴背景下，国家惠农政策力度加强，资本向农村聚集。2020 年，在全面建成小康社会的目标下，为实现新型工业化、信息化、城镇化、农业现代化同步发展，国家加快补齐短板，积极推动农业现代化，对农业的资源投入和政策扶持的力度加大。同时，工业化、城镇化发展导致城市资本过剩，因此资本迅速流向农村，短时间内在农业领域投入大量资金。资本下乡大规模流转土地，改变了农村以小农经济为主体的生产格局，同时也对地域范围内的农业产业本身造成极大影响。学界对资本下乡的研究重点围绕资本下乡过程中地方政府行为、资本扎根等主题。对于资本下乡过程中政府行为的研究，主要集中在政府的行为逻辑及其后果两方面。农村土地资源归集体所有，不是市场自由配置的资源，资本流转土地必然要与地方政府或基层组织打交道。在落实农业现代化政策过程中，地方政府受到双重压力，一方面受到"压力型体制"[①]下工作任务被层层发包、层层加码的行政压力；另一方面在"锦标赛体制"[②]下渴望通过突出的政绩以获得政治地位的晋升。因此，地方政府有积极性引进资本下乡，并且在资本下乡过程中给予诸多支持，利用行政力量对资本与农民进行双重动员。[③] 地方政府在政治逻辑与治理逻辑的驱动下[④]，与资本产生诸多共同利益，导致权力与资本共谋，对乡村治理的公共性产生负面影响，使得治理资源利用内卷化，违背农民的公共利益。[⑤] 相关研究注意到资本下乡的过程中政策环境的独特性对工商资本的吸引力，但是当前研究较少涉及资本基于市场的敏感性采取的积极市场行为。

对于资本扎根的研究涉及资本与农业的关系、资本与村庄的关系等方面，

[①] 荣敬本：《变"零和博弈"为"双赢机制"——如何改变压力型体制》，《人民论坛》2009 年第 2 期。

[②] 陈潭、刘兴云：《锦标赛体制、晋升博弈与地方剧场政治》，《公共管理学报》2011 年第 2 期。

[③] 参见曾红萍《地方政府行为与农地集中流转——兼论资本下乡的后果》，《北京社会科学》2015 年第 3 期。

[④] 参见王海娟《资本下乡的政治逻辑与治理逻辑》，《西南大学学报》（社会科学版）2015 年第 4 期。

[⑤] 参见张良《"资本下乡"背景下的乡村治理公共性建构》，《中国农村观察》2016 年第 3 期。

侧重于资本下乡产生的负面影响。从资本与农业的关系来看，工商资本对于农业现代化的贡献不在于种植环节。"高风险、低收益"种植环节本身的低利润特征、层级化管理和劳动力增加交易成本，倒逼资本逃离种植环节。[1] 从资本与村庄的关系来看，资本的"外来性"[2] 对内部经营造成监督困难的问题，与乡土社会互动不畅会产生经营之外无法解决的难题。一方面，资本下乡通过土地流转推动"农民上楼"[3]，深刻地改变了农民的生产、生活方式，改变了村庄的治理结构。另一方面，资本对村庄公司化的经营方式使得"村级组织公司化"[4]，乡村治理的社会基础从村庄—农民变成公司—资本，公司成为横亘在国家与农民之间的政治经济实体。[5] 针对以上困境，部分学者探讨了资本下乡过程中村庄不被资本吸纳的可能性。陈靖认为基于"村社理性"，村级组织发挥"保护型经纪"的角色，整合国家项目资金、有限度地招商引资，构成发展的资本有机结构，可以实现村庄整体性发展。[6] 陆文荣等人认为资本下乡的前提是要实现农户的组织化，才能建构村庄发展的自主性。[7]

既有研究立足农民公共利益，充分反思资本下乡的负面后果。但只是将资本、村庄作为一个笼统的概念，对于资本的动力、阶段性特征的分析较少，忽视乡村的类型特征及其发展面向。资本下乡作为客观现实，在乡村振兴背景下，探寻资本下乡带动乡村发展的核心动力机制及其可行路径具有现实意义。现阶段城镇化快速发展，农村劳动力逐渐脱离土地生产，"离农"趋势明显，造成大量土地闲置。本章意在探讨，在何种条件下资本得以顺利扎根村庄，提高土地利用率，带动村庄整体发展。本章通过对中部某省城郊村个案，分析在村级组织主导下的农业转型有何特征，及其对资本下乡有何意义，并

---

[1] 参见陈靖《进入与退出："资本下乡"为何逃离种植环节——基于皖北黄村的考察》，《华中农业大学学报》（社会科学版）2013年第2期。

[2] 徐宗阳：《资本下乡的社会基础——基于华北地区一个公司型农场的经验研究》，《社会学研究》2016年第5期。

[3] 周飞舟、王绍琛：《农民上楼与资本下乡：城镇化的社会学研究》，《中国社会科学》2015年第1期。

[4] 卢青青：《资本下乡与乡村治理重构》，《华南农业大学学报》（社会科学版）2019年第5期。

[5] 参见焦长权、周飞舟《"资本下乡"与村庄的再造》，《中国社会科学》2016年第1期。

[6] 参见陈靖《村社理性：资本下乡与村庄发展——基于皖北T镇两个村庄的对比》，《中国农业大学学报》（社会科学版）2013年第3期。

[7] 参见陆文荣、卢汉龙《部门下乡、资本下乡与农户再合作——基于村社自主性的视角》，《中国农村观察》2013年第2期。

进一步讨论，在城镇化快速发展背景下，城郊地区利益复杂性增加，资本如何与村级组织、地方政府共同推动村庄发展。

第二节 资本下乡与村庄农业转型

一 村级组织主导下的农业转型方向

本章的田野研究对象牛村，位于湖北省中西部。牛村所在的D区正在进行大规模城镇化建设，城郊村土地征用和拆迁比较普遍，牛村为该区指定发展生态旅游两个村庄之一。该村面积11.26平方公里，耕地1172亩，加上自留地后总土地面积约1500亩，共1853人，609户。人均7分地，每户土地分散细碎，喀斯特地貌使得土层较薄存不住水、地下水缺乏，导致灌溉条件差。受到自然条件的限制，当地不具备种植大田作物的优势，对农业生产社会化服务依赖程度较高。

1982年，村集体统筹农业生产，引进柑橘品种、技术员，为小农和商贩提供社会化服务，村干部围绕柑橘产业开展农业治理。1981年村级组织从柑橘专业村引进品种，引进技术员教农民栽培、剪枝等技术。首批种植的柑橘到1985年开始产出，农民见到效益后，村级组织选派年轻人外出学习柑橘技术并回村传播。1995年，柑橘产业进入稳定发展期，农民基本掌握柑橘的农技知识，村级组织取消专门的农技员。在产业发展过程中，村集体组织农民生产、销售，开办农资店卖农资产品、提供农技指导，在通信不发达的时期，只有村委会有电话，以柑橘为主要产业时期村干部每天24小时值班，以方便农户和商贩联络。村级组织为商贩营造比较好的收购条件，协调商贩与村民的经济纠纷。从1981年到2000年，近20年里小农以种植柑橘为主要收入来源。人均7分地土地面积较小，因此农户开荒积极性很高，离居住区比较远的山坡被开荒种植柑橘。小农家庭户种植2—6亩，每亩地45棵柑橘，产量1万—2万斤。柑橘树第六年进入丰产期，第十年至第十五年是高产期，柑橘树的管理主要在施肥和病虫害防治，通过肥料的量适当调节柑橘下一年的产量。

20世纪90年代柑橘每亩收入约3000元，以夫妻为主要劳动力的小农家庭，种植柑橘每年可收入1万—2万元。2015年后，因病虫害，柑橘产业损失惨重，绝大部分农民退出柑橘产业。农业生产社会化服务体系弱化和农产品价格、产量下降是柑橘产业衰败的内在推力，而城市中比较发达的务工市场、稳定的务工收入是外在拉力。表面上看，严重的病虫害是导致柑橘产业衰败的直接原因。病虫害传染性极强，防治比较复杂，要求区域内统防统治。每年7—8月要连续打4次药，次年3—4月要在土壤里撒药，10—11月摘果子后将掉落在地上的病果收集起来打农药封闭处理，要经历3—5年时间才能根治。病虫害防治比较复杂，如果让农民自发治虫，统防统治的集体行动成本太高，导致防治不到位。这一点与基层政府对柑橘产业的支持减弱紧密相关，当前政府重点打造亮点工程，因此柑橘的病虫害防治等问题得不到政府的重视。加之，产量锐减、价格长时间维持在低水平，较低的经济效益直接打消农民种植柑橘的积极性，相比之下农民更愿意外出务工。

2016年村组干部到成都等地学习参观，确定从农业向旅游业转型的发展定位。同时，以村集体名义成立旅游发展有限公司，陆续引进5位社会投资人下乡创业，与3位村庄能人，分别创建以特色农业为主的八大生产基地。2017年，村两委邀请某高校规划设计院的团队，结合八大基地的特色农业为村庄做整体乡村规划。至此，在村级组织的统筹下，引进社会资本，开始了从常规农业向农旅融合发展的乡村振兴之路。

二 农业转型下的小农生产转型

小农生产转型是实现从自主经营到流转土地的转变过程，最核心的变化是农民与土地的关系，包括以下三个方面。

（一）小农生产与土地分离，导致土地大量闲置

2010年，传统的柑橘产业衰败，农民从土地上获得的经济收入越来越不能匹配他们付出的劳动，也不能满足生活需要。小农家庭的家计来源从土地劳作转移到村庄之外，农民的生产不再与土地紧密结合，大多数农民更倾向收入稳定、自然风险较小的务工收入。而且城郊务工成本较低，就近务工得以早出晚归，家庭剩余劳动力仍可从事种菜、养殖等简单劳作，以较低的生活成本，保证了农民完整的家庭生活。农民家庭经济来源从务农转为务工，农民的生产与生活分离，生产与土地脱离关系，生活来源不依靠土地，对土地的依赖程度降低，为资本下乡流转土地提供了客观条件。

（二）农民的土地意识转型，土地流转意愿增强

农民的家计来源对土地的依赖程度低，原本作为生产资料的土地成为农民的生活资料与固定资产。以农业生产为家庭主要收入来源时，土地是最重要的生产资料，农民固然不愿流转土地经营权。村庄里40岁以下的年轻人基本不种地，而50岁以上的人，因年龄上升逐渐面临无力耕种的状况，土地难以产生较高的经济价值，在村庄中逐渐出现"土地迟早有一天没人种"的普遍性共识。同时，周边村庄征地或一次性流转土地的价格约为每0.067公顷5万元，对农民来说吸引力较高。因此，对农民来说土地的生产价值降低，同时预期的征地赔偿和流转价格偏高，农民有较高的征地预期和流转意愿。

（三）村庄剩余劳动力，成为潜在的可雇用劳动力

随着城镇化发展，城市及周边务工机会增多。但是受到城市发展水平的限制，务工机会仍然有限。因此，教育水平普遍不高、劳动能力减弱的60岁以上的老年人，在劳动力市场上竞争力较差，绝大多数老年人作为剩余劳动力留在村庄。但是在务农阶段，以家庭经营为主要特征的劳动力配置，使得家庭成员无一例外都被充分动员起来，老年人可从事对体力要求不高的劳动。若资本下乡进入农业环节，需要雇用劳动力。出于交通成本和时间成本考虑，雇用本地劳动力是比较方便的选择。一方面，农业环节中诸多简单劳动，老年人的体力基本可以胜任。另一方面，老年人的劳动需求和对工资水平的期待，与资本雇工、成本控制的需求相匹配。

三 农业转型下的农业治理转型

农业治理转型过程中，地方政府和村级组织的目标从维持小农生产向更高的地方发展迈进，最典型的发展形式是争取项目资源和项目开发。

（一）农业治理的重心转向项目开发

在柑橘产业发展过程中，小农家庭是最主要的经营主体，小农家庭的经营模式深刻影响村庄社会和村庄治理。在农业税费改革前，柑橘产业的特产税是地方政府主要财政收入来源，因此，地方政府和村级组织与农民的关系紧密。村级组织的工作主要围绕柑橘产业的生产、管理、销售等环节，村庄治理基本等同于农业治理。税费改革后，基层财政来源依靠上级拨付，与农民生产脱节，对农业生产重视程度下降。农民普遍外出务工，土地大量闲置。地方政府为提高土地利用率，发展集体经济，积极引进社会资本，希望带动

村庄发展。对地方政府和村级组织来说，对农业生产的治理让位于对村庄的项目开发。

（二）集中资源优先发展基础条件好的村庄

当地方财政能力较弱时，难以给各村分配普惠型的项目，因此只能选择基础条件较好的村庄重点打造。牛村正是基层政府重点打造的对象，是全区指定发展生态旅游的两个村庄之一。从2016年开始，牛村基础建设项目经费约2000万元，也是乡镇唯一村级主干道为7米宽的双车道。在牛村修建村庄主干道时，因征地工作没做到位，部分路段无法施工，项目发包方计划暂停项目，区领导到村里开现场办公会后解决该问题。村集体经济薄弱，为解决道路两边绿化征地赔偿款的问题，乡镇借款200万元给牛村用于发放征地赔偿，200万元几乎是乡镇一年除预算外的可支配资金。为树立典型、打造牛村，区政府和乡镇在基础设施建设、项目分配上，积极为村级组织提供正式资源支持和财政支持，使得村庄在引进资本时具备更强的议价能力和自主性。

第三节 资本下乡的动力与特征

一 资本下乡的经营现状

1. 资本下乡与土地流转。从2016年至2019年，牛村引进社会资本、鼓励本村能人以专业合作社名义建设特色水果生产基地，形成四季小杂水果生产的八大基地，达到"四季观花、三季摘果"的效应。八大基地包括枇杷基地、小杂水果基地、草莓基地、猕桑基地、瓜果蔬菜基地、玫瑰园基地、蓝莓基地和冬枣基地，主要发展水果采摘为主的休闲观光生态农业。每个基地面积在50亩以上，八大基地一共流转500亩土地，占全村耕地和自留地面积的三分之一。牛村的土地流转分别有两种形式，一种是一次性给付农民每亩土地5万元左右的流转费，农民不再干涉土地经营，不再与资本产生土地相关的利益关联；另一种是每年给付农民每亩土地500元租金，农民不愿续约可以收回土地经营权。流转的500亩土地中，约80亩土地是一次性买断，其余流转土地为按年给付租金。

2. 经营现状与发展规划。大部分基地从2017年开始建设，流转农民的土地，雇用农民务工，注册专业合作社开展经营特色农业。截至2019年，有7个基地仍未完成基础设施建设，未开始盈利。但经营特色农业并不在于从种植环节获利，而是发展高附加值农业或配套加工业，以商业营销的逻辑包装农业。例如枇杷基地面积约100亩，2017年至2019年投入约300万元，截至2019年，产出面积30亩，主要依靠现场采摘和私人定制的渠道销售，其中私人定制依靠推广营销，利润较高，占销售量的70%。农业收入相对较低而投资成本较高，尤其是人工成本高。因此，资本下乡进入农业生产环节难以通过种植、销售农产品盈利，八大生产基地的农产品的经济价值在于注册高山有机农产品的品牌产生的附加值。基地的预期利润点是以特色农产品为包装对象，发展农业观光旅游的配套服务，包括餐饮、民宿、采摘等。该村的生产基地下一步发展规划中，农业不再是主要产业，而是将农业作为基础，目标是形成规模，发展旅游业为主导产业。

二 资本下乡的动力

1. 乡村旅游发展前景所带来的商业利润，是驱动资本下乡的核心动力。在牛村投资的社会资本中，5个投资人是因为面临产业转型或个人因素放弃原来的工作，看好特色农业与旅游业的发展前景，选择下乡创业。可以说，资本下乡的个人因素主要是面临行业转型，即原本所在的行业经济效益下降，转向投资他们认为有前景的特色农业与旅游业。资本选择的是具有高附加值和旅游前景的特色农业，种植高价值水果，诸如枇杷、蓝莓、红心猕猴桃等。特殊水果种类的市场价格较高，包装为生态有机高端水果。高额的土地流转费用极大提高生产成本，单纯从种植环节难以获得利润。资本以每亩5万元的价格一次性流转土地，相当于100年土地租金。买断土地并不是完全从事农业生产，而是看中牛村发展旅游业的前景。资本对基地投资，土地价值不是以农业生产成本计算，而是开发旅游业的前期投入。因此，资本有动力以政府征地的价格流转土地，进入有利可图的农业领域，特别是乡村旅游领域。在乡村转型中，乡村出现新的利益增长点与资本谋利动机相契合，对于缺乏资金的村庄来说，资本不失为一种带动乡村振兴的动力机制。

2. 投资环境的吸引与投机心理结合。从国家层面来看，政府大力支持农村发展，实施乡村振兴战略，出台诸多惠农政策和项目，背后的经济利益对资本有一定的吸引力。从村庄层面来看，村级组织基础设施建设的成绩、村党支部书记争取项目的能力，增强资本投资的信心与决心。一方面，村庄基础设施建设较好，在建设过程中能降低资本投资的成本。另一方面，村党支部书记对社会资本的引进与支持的态度，有力地吸引资本下乡投资。村级组织对村庄的发展规划是将其作为旅游景点打造，资本投资农业，但发展方向也是旅游业。在村级组织和资本眼中，村庄发展等同于旅游项目开发，资本加入项目开发中，并且一次性流转土地，具有投机心理。基于政策利好和村级组织的工作能力，资本对成本投入和利益预期的计算，增强投资积极性。

三 资本下乡的地方特征

1. 资本下乡创业初期，经济风险和政治风险较小。牛村的八大基地的投资主体均为个人性的社会资本，以家庭积蓄为主要投资来源，所以投资有上限，目前投资量在50万—500万元不等。在自身承受能力范围，不激进建设，同时没有负债问题，投资者的经济压力较小。投资者及其家人本身参与基地的日常运营，甚至长期居住在村里。投资农业对他们而言是一次创业尝试，即便失败对个人和家庭也不会造成严重打击。加之，资本流转土地，一次性给付的流转费是在前期签订合同时发到农民手中，而每年一付的租金是过年前发给村民，不会出现资本逃离村庄后欠村集体和农民流转费的问题，因此产生政治风险的可能性较小。

2. 创业初期投入的资金量有限，与适度规模经营匹配。为长久稳定地经营，资本更倾向一次性流转土地经营权。但是大规模流转土地，需要投入大量的时间、人力进行协商，最关键的是对资金量有门槛要求。工商资本下乡大规模流转土地，而牛村的资本在创业初期流转土地规模有限，每个基地至少50亩的规模，如果全部一次性流转土地经营权则需要约250万元的资金。大部分外来资本一次性流转20—30亩土地，成本在100万—150万元，少数持观望态度、资金量比较少的能人前期以每年给付租金的方式流转土地，如果市场反馈比较好，再加大投资力度。而且特色农业比传统种植业对市场风险的敏感程度要高，适度规模经营有利于控制经营风险。如果市场风险较大，适度规模经营直接大面积流转土地的亏损较小，而且具有"船小好掉头"的优势，能以更低的成本更换种植品种，甚至退出农业领域。

3. 资本以个体和小微企业为主，与权力合谋的能力有限。

工商资本有雄厚的经济资本和地方社会关系，在地方政府的支持下流转土地，资源匮乏的村庄难以与资本形成平等对话。牛村的资本基本是村级组织引进的社会资本，以个体和小微企业为主，村级组织在资本下乡的过程中有较强的自主性。因此，当地的资本不具备重构乡村治理秩序的能力，不会形成具有压倒性优势的"权力—利益"网络[①]。以个体为主的资本是单独的市场主体，分散的市场主体难以达成一致形成与村级组织对抗的力量，相反，村级组织为投资主体建立微信群。村级组织在统筹各生产基地发展的过程中，结合各生产基地的发展需求制订村庄规划，加强资本投资信心。在向上争取项目建设时，村级组织充当资本与地方政府之间的沟通媒介。在资本扎根村庄的过程中，包括流转土地、雇用劳动力，甚至处理纠纷时，村级组织是资本与村民之间的协调者。

第四节 村庄自主性下的合作共赢

一 地方政府、村集体搭建投资平台

牛村具有发展旅游业的特殊资源和区位优势，有最靠近市区的山，属于高山丘陵平原的过渡地带，地形的高度差形成了峡谷风景，人文、自然、历史古迹、山水融于一体的田园风景。在村级组织的规划和实践中，以特色农业为基础，走农旅融合的发展道路。并且在地方政府的支持下，全面升级打造村庄基础设施。2014 年，实施提水工程实现全村通自来水，海拔最高处的农户也用上了自来水。2016—2019 年，在土路基础上对村庄主干道拓宽、硬化、刷黑 10 公里，安装太阳能路灯，极大改善村庄交通路况，到市区约 20 分钟车程，极大缩短了时间成本。村庄的项目资源，特别是基础设施极大改善了村庄面貌，加强了资本在当地投资的信心和决心。

对于村级组织来说，搭建投资平台，为投资主体做好前期铺垫，"筑巢引凤"引来的凤正是资本。村党支部书记是上级政府引进的能人回乡，是省人

[①] 卢青青：《资本下乡与乡村治理重构》，《华南农业大学学报》（社会科学版）2019 年第 5 期。

大代表，也是当地有名的企业家，人脉关系较广，能接触到市区两级的政府领导。在申请项目、申报村一级发展规划时，获知政策消息比较便利，有利于争取更多正式资源支持。在村党支部书记的带领下，村级组织对村庄发展有明确方向和具体规划，引进社会资本发展特色农业，以点带面带动村庄经济。村委会连续三年在春节举办乡情恳谈会，邀请回乡创业青年、乡镇领导等人讨论村庄发展，让他们为村庄建言献策。村级组织近几年沿江修建游步道和观景台，串联自然景观、历史遗迹和农业产业基地，力图发展市内近郊游，以上基础设施的建设为农旅融合发展奠定了较好的投资基础。

二 特色农业整合促进农旅融合

1. 特色农业的双重整合产生品牌效益。特色农业的双重整合是指基地内部的收益整合以及所有基地整合到一起产生的品牌效益。生产基地内部为增加经济效益，积极发展林下经济和采摘、餐饮、住宿一条龙服务，延长种植环节的收益期，拓展产业链条。特色水果品种如果比较单一，一年中上市季节比较短，难以盈利。但是在水果中间套种新品种，错峰销售，增加盈利时间，分摊市场风险。同时，各生产基地发展出自己的特色，采摘与餐饮、住宿能相互促进，实现农旅融合。近两年，地方政府在该村多次举办大型文体活动，例如枫叶旅游节、山地越野比赛等，村级组织多次举办采摘节等大型活动，形成整体品牌效应，通过客流量转化成实实在在的经济效益。

2. 农旅融合的发展定位及其市场机会。实现农旅融合的发展目标，需要资金、时间等建设成本。但是特色农业产业发展的关键在于市场，在于是否存在规模城市消费群体。特色农业和乡村旅游面向的是城市消费群体，虽然高附加值的特色农业很难成为大众消费产品，但是高价值农产品与消费群体的双向选择，最终与有能力且有意愿的消费群体实现平衡。比如牛村的特色水果中已经形成品牌效益的是黄色西瓜，售价可达6元/斤，同期市场上普通西瓜只要1元/斤，西瓜的市场需求量比较大，甚至不需要零售，完全通过采摘销售出去。随着城镇化发展，城市人口增加，消费能力提高，越来越多的人愿意消费高价值水果，而且特色水果采摘及近郊游符合城市居民的消费需求。因此，以特色农业为基础，发展农旅融合的定位能够对接城市消费群体的消费需求。

三 农旅融合的经济社会效益

1. 增加集体经济收入，带动村民小组发展。特色农业生产基地通过资金配套进行项目建设，向村委会交设施使用费，增加集体资产和收入。村级组织向上级政府申请产业扶贫项目，为鼓励特色农业发展，产业扶贫项目主要用于基地的基础设施和生产设施建设。结合基地的生产需要、村级组织的规划考虑，申请到的产业扶贫项目在各基地之间分配。除了国家项目资金支持一部分以外，其余由资本配套投资。例如，2019年产业扶贫资金中有40万元用于在猕猴桃基地建设冷库，占地面积约1000平方米，基地配套30多万元。项目建设后，设施的所有权归村集体，使用权和管理权归特色农业生产基地，要每年给村级组织交设施使用费。2019年4家基地向村委会缴纳4万元左右的设施使用费，约占村集体经济收入的一半。村级组织在统筹规划时考虑到各村民小组均衡发展，将生产基地的选址尽量分散在不同小组，以带动各小组的道路、环境等基础设施建设。

2. 土地流转和务工机会，增加小农经济收入。资本下乡流转农民的土地，直接增加农民家庭经济收入，尤其是每0.067公顷5万元的一次性流转费对于农民经济条件有明显改善。相比之下，务工收入每月2000—3000元，两夫妻一年务工收入5万—6万元。另外，生产基地为农民尤其是老年人提供务工机会，对于劳动竞争力比较差的老年人来说至关重要。除了土地流转和务工机会外，基地也会给周边农民发放果苗，使其通过种植果树获得一定经济收益。在水果成熟的季节，各个基地吸引的客流量还能促进村民开办的农家乐生意。从以上几个方面来看，资本下乡产生的经济效益对小农家庭产生一定的正外部效益。

小 结

村庄从常规农业到特色农业转型，其中最显著的变化在于农民的生产与生活分离，农民的生产脱离土地，对土地的依赖性降低。小农家庭的生产逻辑转型使得农民与土地关系松散，为资本流转土地提供客观前提和合理性。而且，地方政府与村级组织在农业转型过程中，有较强的地方发展需求，积极引进能人回乡、资本下乡。资本自身面临发展瓶颈,具备转向新产业的主观动力。城郊村的资源基础和区位优势,使得地方政府、村级组织与资本形成发展特色农业和旅游业的共识,走农旅融合发展道路。关键在于资本创业初期投入有限,与适度规模经营相匹配;以个体或小微企业为主的资本议价权较小,村庄能保持较高的自主性;而且特色农业与城镇化发展所培育的市场需求相匹配。因此,资本下乡具有获取经济效益的现实可能,能同时增加村集体经济收入和小农家庭经济收入。

一般而言,资本具有极强的谋利动力,所以当农村出现比较多的经济机会时资本大量涌向农村,但是资本能否获利以及获利的来源具有不确定性。地方政府为促进经济民生发展来打造亮点工程,要尊重当地农民的生活实际,在农业收入占主要家计来源的地方,不能强制征地使农民生计脱离土地,土地集体所有制是农民最重要的保障性收入的制度保障。资本下乡实现多方共赢,是在主客观条件、政策支持相互配合的情况下自然发生的,选择适合当地发展的产业,才能带动村庄转型。而且,产业发展的效果最终要接受市场考验,如果一味地依靠政策支持,资本下乡的获利的来源就从市场经营转变为政策资源,失去了支持资本下乡的政策合法性。

第八章

基层自主性视域下的项目
治村困境及其化解[*]

在《中华人民共和国国民经济和社会发展第十四个五年规划和2035年远景目标纲要》中，强调坚持农业农村优先发展，全面推进乡村振兴，实施乡村建设行动，把乡村建设摆在社会主义现代化建设的重要位置，优化生产生活生态空间，持续改善村容村貌和人居环境，建设美丽宜居乡村。该规划提到要提升乡村基础设施和公共服务水平，开展农村人居环境整治提升行动，支持因地制宜推进农村厕所革命。从农村发展现实来看，现代化建设过程中城乡差距拉大，为了改变不平衡的城乡格局，缩小城乡发展差距，国家对农村输入大量资源。并且，为了保障资金的有效使用，以项目制的形式推动资源落地，配套项目形成相应的程序、监督要求。国家对基层治理能力的期望和治理目标的要求越来越高，对基层治理的规范程度也越来越高，监督也越来越多。其结果是基层治理的规范化程度提高了，但同时基层治理的自主空间就被压缩了。然而基层治理具有特殊性，面对的复杂、烦琐的基层社会难以完全通过高度流程化、程序化、标准化的方式解决问题。当项目越来越多，就意味着随之而来的规则和要求越来越多，对于基层而言，会形成什么样的挑战呢？

---

[*] 本章以《基层治理项目化转型的困境及其化解——基于皖南S县改厕实践的考察》为题，发表于《汉江大学学报》（社会科学版）2024年第4期。

第一节 文献回顾：项目如何影响基层治理

党的二十大报告提出，积极发展基层民主，健全基层党组织领导的基层群众自治机制，增强城乡社区群众自我管理、自我服务、自我教育、自我监督的实效。发展基层民主的关键在于增强基层自主性，提高基层治理效能，建设共建共治共享的社会治理新格局。基层治理是国家治理在乡村社会的延伸，中华人民共和国成立以来，国家治理与基层治理的关系经过多次变迁，人民公社制度解体后，恢复乡镇建制，国家权力收缩，在农村实施村民自治制度，形成"乡政村治"①的基层治理格局。在农业税费时期，为完成国家自上而下的农业税费任务，乡镇与村干部结成乡村利益共同体，产生"三农"危机，导致"基层治理不可持续"②的问题。为减轻农民负担，国家进行农业税费改革，依靠收入农业税费维持运作的基层政府转变为依靠上级转移支付，产生"悬浮型政权"③。而后，为解决乡村发展问题，国家资源大量下乡，项目制成为主要的自上而下资金配置机制与渠道④，对国家治理和基层治理的关系产生深远影响。在"十四五"规划中，提出要实施乡村建设行动，国家对基层治理能力的期望和治理目标的要求越来越高。为了推动乡村建设，自上而下的国家资源向农村输入。那么，在以项目制为主要国家资源输入方式的背景下，当前基层治理体制能否回应新时期国家对乡村的治理目标？

项目制缘起于20世纪90年代，为应对分税制改革导致地方财政资源不足的问题，国家将项目作为"中央对地方的财政转移支付的运作和管理方式"⑤。学界对项目制的经典研究主要有两种进路，一种是在宏观层面探讨国家治理与项目制的关系，大多是从政治学、财政学等专业视角将项目制作为

---

① 张厚安：《乡政村治——中国特色的农村政治模式》，《政策》1996年第8期。
② 贺雪峰：《论乡村治理内卷化——以河南省K镇调查为例》，《开放时代》2011年第2期。
③ 周飞舟：《从汲取型政权到"悬浮型"政权——税费改革对国家与农民关系之影响》，《社会学研究》2006年第3期。
④ 参见周雪光《项目制：一个"控制权"理论视角》，《开放时代》2015年第2期。
⑤ 杜春林、张新文：《从制度安排到实际运行：项目制的生存逻辑与两难处境》，《南京农业大学学报》（社会科学版）2015年第1期。

一种制度进行研究。渠敬东认为项目制成为一种新的国家治理体制，形成中央与地方之间的"分级治理机制"[①]。周飞舟认为项目制中财政资金的专项化特征集中体现上级部门意志，增强了中央到地方的职能部门力量，产生了与项目运作目标相悖的后果。[②] 另一种是在实践层面探讨项目制运行过程中基层的应对及其影响，主要是在基层治理视域中将项目制作为资源配置渠道或治理机制进行研究。张兴等人发现项目制是乡村振兴战略背景下的重要治理模式，但是项目的"去科层化"改革导致控制权失序。[③] 李祖佩认为基层组织的自利性和庇护结构绑架国家依托项目实现的公共福利，导致项目制基层实践陷入困境。[④] 金江峰认为在乡村治理场域中，项目下乡因委托方和代理方及多元代理主体间的资源差异，带来控制权博弈和乡村委托—代理关系异化，导致产生新的乡村利益共同体。[⑤]

既有研究较为充分地讨论了项目制对国家治理体制的影响以及项目运行的治理后果。前一种研究进路有助于认识项目制产生的宏观结构和项目制的一般特性，但缺乏自下而上的视角分析制度运行过程及其目标实现情况。后一种研究进路较为关注项目下乡现象，以上研究表明基层组织具有较强的自利性和能动性，从而削弱了自上而下的控制权和项目实施意图。其背后蕴含的制度前提是项目作为不确定和偶然性的体制资源是"选择性供给"，对于缺乏治理资源的基层有较强的动员力和竞争性。但是笔者在湖北、安徽等地调研中发现，在集体经济发展、人居环境整治、改厕运动等基层实践中出现了村级组织从主动抢项目到消极接受项目的转变，项目正在从政策红利变为政策负担。这一转变的原因在于，其一，在政府从治理向服务转型的过程中，自上而下项目资金规模扩大，公共服务正在变为"以项目管理为核心的治理

[①] 渠敬东：《项目制：一种新的国家治理体制》，《中国社会科学》2012 年第 5 期。
[②] 参见周飞舟《财政资金的专项化及其问题 兼论"项目治国"》，《社会》2012 年第 1 期。
[③] 参见张兴、刘畅、傅萍婷《乡村振兴项目"去科层化"改革的实践逻辑与影响机制——以 H 省农业产业园项目为例》，《中国行政管理》2023 年第 7 期。
[④] 参见李祖佩《项目制基层实践困境及其解释——国家自主性的视角》，《政治学研究》2015 年第 5 期。
[⑤] 参见金江峰《分散控制权：理解项目下乡实践困境的一个视角》，《西南大学学报》（社会科学版）2022 年第 1 期。

体制"①，包含改厕运动在内的人居环境整治行动也是以项目方式实施。其二，项目制作为向基层转移财政资金的资源配置机制，通过技术治理全方位地向基层治理渗透，标准化的技术与非标准化的私人生活之间存在张力，压缩原有的"乡政村治"基层治理体制的灵活空间。

基于此，本章通过对一个县域改厕实践的考察，从基层治理转型视角研究乡村振兴背景下人居环境整治中的项目制运作，以"项目治村"概括越来越多的国家资源和治理目标通过项目输入村庄这一现象，探讨项目治村的实践逻辑及其对基层治理的影响。本章的分析基于对皖南 S 县改厕实践的考察，其中以 P 镇为重点考察对象。S 县靠近长三角地区，财政实力较强，是该地区示范改革的先行者。该县共有 28 万人，下辖 6 个乡镇。P 镇位于近郊，常住人口约 2 万人，以农业为主要产业，村庄空心化程度较高，以老年人为主要在村群体。该镇下辖 8 个行政村，各村按照人口比例配备 5—7 名村干部。该镇村干部职业化程度较高，村干部主要收入来源为工资收入。

第二节　地方政府改厕实践的项目制运作

P 镇经历过两次改厕实践，改厕模式从财政奖补转变为项目制（见表 8 - 1）。项目制引入改厕运用的实践过程中，地方政府为项目配套财政资源和技术支持，将改厕的行政任务指标化并向下分解，最后对企业完成的改厕工程进行验收，对基层完成的改厕指标进行考核。项目改厕是自上而下的行政任务。分析改厕项目制实践过程中利益主体及其行为，有助于理解改厕项目制的实践逻辑。

一　改厕实践与项目制引入

2007 年，第一次改厕实践是由县团委和爱国卫生运动委员会推广卫生厕所，通过财政奖补的方式激励农民报名改厕，让农民自己出工、出资改造旱厕，由团委入户验收，验收合格后按照相应的标准给农民发放几百元经济补

---

①　渠敬东、周飞舟、应星：《从总体支配到技术治理——基于中国 30 年改革经验的社会学分析》，《中国社会科学》2009 年第 6 期。

贴。改厕的要求是将传统旱厕改为三格式化粪池，但不对化粪池和厕房作统一要求。农民为自己家改造厕所不需要花费额外的人工成本，P镇大约60%的农户参与了此次改厕实践。2017年，第二次改厕实践是从中央到地方实施的厕所革命，政府通过项目制方式进行改厕。改厕分为两个部分，地窖部分和设备由多级政府共同出资，将旱厕和不达标的厕所改造为全密封的标准化三格式化粪池，厕房部分由农民出资。改厕项目具体是由县级政府统一采购，乡镇政府统一招标，村级组织负责协调，正规企业进场施工，农民负责提供场地。

表 8–1　　　　　　　　　　S县改厕模式的两种类型

模式	行政推动力量	财政补贴力度	改厕主体	农民动员情况
财政奖补	县团委推广卫生厕所	300—600元/户	农户	大多数农户主动参与
项目制	中央—地方"厕所革命"	2300元/户	招标企业	需村干部逐户上门动员

在基层治理现代化背景下，通过项目制落实改厕工程有其必然性和合理性。但是，通过财政奖补方式改厕存在改造效果不明显、财务监督不到位等问题。其一，由农民自行施工的改厕工程无法统一标准，大多只是对化粪池进行三格式改造，对化粪池的规格和密封性的要求不严，难以彻底实现旱厕的无害化改造。其二，因牵头的主管单位是县团委，财政资金有限，对农户的奖补有限，农户为节约成本大多只改造了化粪池，并未对厕房进行升级改造，其卫生条件改善不明显。其三，改厕工程未统一标准，主管单位验收标准不严格，而且为了尽快推动改厕实践，存在未完全改造但领到奖补资金的现象。

二　项目过程与目标替代

（一）地方政府：配置资源与考核验收

在推动厕所革命的过程中，地方政府为了落实自上而下的行政任务实现提高效率、办事留痕、考核排名的目标，对信息采集、项目建设、成果验收等程序进行标准化要求。县、乡两级政府作为科层体系的一环，主要是督促下级政府完成行政任务，不直接与农民打交道。第一，制定目标与配套资源。省政府要求该县三年达到90%改厕率，但为了突出地方政府的工作能力，该县将改厕率的考核目标加码到100%，实施"消灭旱厕三年行动"。同时，县、乡两级政府在省、市财政资金的基础上配套改厕的财政资金，共2300元，为基层改厕配置较为充足的资源。第二，项目发包与技术指导。县政府统一采购设备、制定技术标准，乡镇通过内部招标的方式选择施工企业，确定施工企业后乡镇按照上级要求的标准，派专人为施工方提供技术指导和化粪池设备。第三，下派指标与考核验收。为了达到100%的改厕率，县、乡两级政府通过分指标和考核等体制性动员方式激励村干部落实工作，按照人口比例对行政村分派改厕指标并且每月进行考核。2020年，县、乡两级政府通过反复检查确保改厕的数量和质量，半年内检查6次。在整体工作百分制考核中，改厕考核占比40%，其中包括任务完成情况、改厕质量、旱厕填埋和加分项，加分项涉及超额完成任务部分、承担年度检查和参观任务等情况。考核与工资直接挂钩，排名靠前会有奖励，排名倒数会扣工资。

（二）基层组织：群众动员与协调服务

基层组织主要指行政村，虽然该镇基层治理行政化程度较高，但是村级组织难以充分调动自上而下的行政资源完成行政任务，只能利用村庄内部的人情、面子等非体制性资源，通过做群众工作完成上级分配的指标化行政任务，以及做好施工企业与农户的协调服务工作。第一，摸排情况与群众动员。2017年，地方政府分解任务和下派指标后，村干部要入户摸排基本情况，了解农户需求，统计、登记未改厕户的基本信息，动员未改厕户申请改厕，建立一户一册的电子信息和文字档案。第二，联络施工队与协调服务。施工企业下村后，村干部协调企业施工进度以及施工过程中与农户的矛盾。改厕项目要求农户自愿提出申请，清理粪坑、清除地表施工障碍，施工队需要占用场地、用水用电等，如果农户不配合而影响施工进度，村干部需要上门调解。第三，监督工程进度与质量。村干部在施工过程中及时跟进施工进度，提高施工效率与保障施工质量。第四，为完成考核任务进行策略性变通。其一在乡镇支持下改变改厕工程的施工方式，将乡镇统一招标改为由行政村自行组织本村泥瓦匠施工，通过更为灵活、本地化的方式提高施工效率，减少正规项目的程序成本、治理成本。其二是村干部多报不纳入考核范围的常年不在家农户，在合理范围内降低考核任务量。

（三）施工企业：承接项目与进场施工

在项目制的运作过程中，一般通过项目招标的方式将工程外包给专业的有资质的正规企业，政府通过预算、审计、验收等环节对项目的资金使用、工程质量等方面进行严格把关。第一，参与招标与承接项目。在财政预算有限的情况下，改厕类小微工程的利润较低，P镇通过摇标的方式捆绑项目，通过筛选后具有施工资质的正规企业进入乡镇的数据库，乡镇需要招标时在数据库中通过摇号的方式选择中标企业。摇标的方式能够将政府的工程项目打包，避免利润高的项目竞争大，而利润低的项目无人接手。第二，组建施工队与村干部对接。当地以乡镇为单位组织施工，施工队与各行政村的村干部对接，为提高施工效率，施工队要求村干部动员至少3户农户后再安排统一施工。第三，到农户家指定场地施工。村干部确定好改厕农户后要求农户清理场地、清空化粪池，施工队安排至少3个施工人员施工。一批化粪池的施工时间不等，需要请挖掘机挖坑、统一制作井盖，短则一周，长则一两个月。第四，验收结款。施工完成并验收后，由政府统一结款，但是保留20%的工程尾款等到第二年二次验收合格后再拨款。施工企业为减少麻烦，可能选择不要20%的尾款，因此降低工程的实际预算，会对工程质量产生一定的负面影响。

（四）意外后果：项目目标替代

为了在验收节点之前为达到100%的改厕率，乡镇通过策略变通确保完成任务。该镇的策略包括以下几类，第一类是乡镇追加财政补贴，将装置式化粪池改为砖砌三格式化粪池，提高改厕质量，增加农民的接受度。但财政能力是客观条件，大多数中西部农村的乡镇财政能力较弱，难以通过追加财政补贴的方式推动改厕。第二类是改变改厕工程的施工方式，将乡镇统一招标的正规企业施工改为由行政村自行组织本村泥瓦匠施工，通过更为灵活、本地化的方式提高施工效率，减少正规项目的程序成本、治理成本。这种变通策略具有特殊性，是乡镇在考核倒逼下采取策略性变通的方式，其目的仍然是达到上级考核要求。第三类是村干部多报不纳入考核范围的常年不在家农户，在合理范围内降低考核任务量。第四类是降低对农民自建厕所的验收标准，将"通水、通电、有门"的标准降低为"有水、有灯、有遮挡"，通过降低考核难度提高改厕验收率。但是通过"数字改厕"和降低验收标准直接改变了项目的实际目的,在考核压力下导致项目的意外后果。项目成为完成行政任务和考核的载体,最终项目过程发生目标替代,资源下乡没有实现预期目标。

第三节 项目治村:基层治理转型及其特征

在国家治理现代化和全面实施乡村振兴战略的背景下,越来越多的国家资源以项目形式自上而下地进入乡村,在治理实践中发生从项目进村到项目治村的转型。项目进村强调的是项目作为外在于村庄的资源下沉,具有不确定性。但是当项目成为治理任务下沉的主要方式,项目就变成了基层治理本身及其治理机制,具有稳定性。从国家层面来看,项目制作为国家单向输入资源的方式转变为国家全面治理的方式,项目成为自上而下输入资源的方式和渠道,补充地方政府财政,通过项目进村解决农村公共品供给不足的难题。项目逐渐成为政府实现治理目标、基层完成治理任务的主要方式,被更广泛地应用到中央和地方政府贯彻行政意图的方方面面,成为一种国家全面治理的方式。对于基层而言,项目制作为乡村获取治理资源的主要渠道变为乡村治理的运转机制。折晓叶等认为在"项目进村"的分级运作中包括国家"发包"、地方政府"打包"、村庄"抓包"的机制,同时存在国家自上而下的控制逻辑和地方自下而上的反制逻辑,而且"示范村"通过争取使得项目向其集中。[①] 在项目进村过程中,乡村具有一定的自主空间,通过"争资跑项"获得治理资源。但是当大量行政任务以项目制方式分配到基层,导致项目运作成为基层治理本身,即基层治理项目化。

一 治理领域的全域化

国家与农民的关系经历了多个阶段的演变,在后税费时代为促进农村发展,伴随着一系列制度、规则,国家资源大量下乡,自上而下的权力也逐渐深入基层,并呈现出治理领域全域化的特征。特别是在乡村建设和美好生活

[①] 参见折晓叶、陈婴婴《项目制的分级运作机制和治理逻辑——对"项目进村"案例的社会学分析》,《中国社会科学》2011年第4期。

愿景兴起的背景下，乡村建设的内容不再是为农民提供标准化的基础设施建设，国家介入乡村的领域从户外村内的建设深入农民个体生活方式的改造，从移风易俗到人居环境整治。基层治理目标从单一的为政治性目标服务向满足农民美好生活需要迈进，强调对日常生活本身的治理。[①] 而且正式权力介入的方式从引导变为强制，最典型的是在改厕实践过程中，并非逐步引导农民转变卫生观念，而是要求基层政府在一定的时间限度内"消灭旱厕"。

农民生活领域的事务被纳入国家治理范畴，其实质是国家治理领域向私人生活领域扩张，导致行政吸纳村庄内生性事务。但是在基层治理能力无法满足国家治理全域化目标的情况下，使得所有农民被动卷入治理过程，倒逼农民与国家和村集体产生关系，增加农民与基层发生矛盾的可能性。特别是在乡村建设过程中涉及征地、占地等问题，国家频繁与农民发生利益博弈的实践导致基层组织与农民关系高度政治化，基层政府对农民变成无限责任。一旦农民发现基层政府越是积极主动解决问题反而和政府博弈的空间越大，塑造出农民的超额需求和利益预期，但是基层组织缺乏满足农民多样化需求的能力，导致大多数农民对其不满，消解基层组织治理的合法性基础和基层政府的社会认可度。

二 治理技术的标准化

在推动基层治理现代化过程中，代表先进、效率、信息化的治理技术被越来越多地应用到乡村社会中，这一转变被学界概括为技术治理，其中以项目制最为典型。在资源下乡背景下，基层治理的工作重点从汲取资源向社会保障和项目建设转变，强调精细化治理需求，与技术治理的兴起不谋而合。[②] 通常上级部门为完成治理目标，利用项目制聚集资源、加快程序，对基层行政资源进行再分配并形成有效动员，但是在路径依赖的作用下出现"项目制的自我扩张效应"[③]。由此，项目制本身的特征正在向基层治理渗透继而重塑

[①] 参见陈靖、刘明《上楼之后："涉农社区"的生活秩序及其治理探索》，《中国行政管理》2020年第11期。

[②] 参见朱政《技术治理嵌入"干部国家"：基层社会治理的二元结构》，《学习与探索》2020年第9期。

[③] 陈家建：《项目制与基层政府动员——对社会管理项目化运作的社会学考察》，《中国社会科学》2013年第2期。

基层治理,其典型特征使得基层治理技术标准化。

在改厕实践推进过程中,上级政府对信息采集、项目建设、成果验收等程序进行标准化要求,是为了实现提高效率、办事留痕、考核排名的目标。例如在明确需求和改厕对象的摸排与登记工作中,要求村干部对改厕户进行标准化一户一档的记录。在项目建设过程中,招标、施工、验收都是根据标准化的技术要求推进工作,通过对过程进行标准化监控以期达到最终治理目标。但是在基层治理能力不足的情况下,原本服务于治理目标实现的标准化要求在具体实践过程中可能取代治理目标,使得"数字悬浮于基层治理过程和村庄社会生活"[①]。而且,治理技术的标准化并不一定在时间跨度上实现统一,例如该镇2018年的改厕标准与2020年的改厕标准不一致,为达到2020年的验收要求需要整改2018年的改厕工程。

三 治理对象的客体化

在项目制下,资源供给模式是自上而下的体制内决策模式,但自上而下的治理目标不一定契合自下而上的农民需求,农民是被动接受者。[②] 例如改厕虽然是为了改善农村人居环境、提高农民生活质量,但是改厕工程的主要目的不是满足有改厕意愿农户的需求,而是在基层的动员下完成改厕工程和指标,以此达到上级政府考核要求。在此过程中,农民是被动接受治理过程和治理目标的客体。而且,在改厕工程的落实过程中,乡镇干部、村干部、施工队参与最多,反而改厕的农民参与最少。究其原因,在治理领域全域化和治理技术标准化的背景下,基层政府为了完成越来越多的治理任务,只能"大包大揽",强化了治理对象客体化特征。

在基层治理实践过程中,治理对象客体化直接引起农民动员不足的问题。究其原因,一方面在于当前基层治理能力不足,税费改革后,基层组织治理能力弱化,基层治理责任消解,在资源下乡阶段,基层治理权力上收,乡政村治与村民自治的原有体制被行政体制吸纳,基层内部治理被行政体制管理和项目制的技术治理所消解。另一方面在于对农民的动员不足,税费改革后

[①] 王雨磊:《数字下乡:农村精准扶贫中的技术治理》,《社会学研究》2016年第6期。
[②] 参见桂华《项目制与农村公共品供给体制分析——以农地整治为例》,《政治学研究》2014年第4期。

为减轻农民负担，当前的乡村建设中农民几乎很少承担筹资筹劳，农民参与公共建设的空间压缩。但是对农民的动员，比如让他们少量出资的目的并不是增加农民负担，而是让农民参与到建设过程中，让他们形成主体意识，避免其在乡村建设过程中成为客体，产生"等靠要"思想。以此减少在建设过程中出现国家为农民出资建设，却因建设产生的成本问题导致农民与国家出现利益冲突的情况。更重要的是，农民少量出资意味着同意的态度，在建设过程中需要矛盾化解时能够发挥润滑的治理功能，建设完成后对公共品产生后期维护意识，避免后续产生"公地悲剧"。

第四节 困境解析：项目管理消解基层治理

项目改厕是依托项目制的方式对旱厕进行无害化改造的基层实践，地方政府通过项目外包与考核指标的方式落实改厕要求，然而项目制的落地方式导致在改厕项目中出现落实主体权责分离、标准化项目与实际脱嵌、项目管理消解基层治理等问题，容易出现项目消解治理的基层治理困境。

一 项目落实主体权责分离

基层治理项目化的本质是通过项目实现基层治理目标，但是项目制本身是通过项目外包的方式让市场主体完成行政任务，甚至是政治性较强的任务，市场主体只对项目负责，而不对治理目标负责，因此行政责任由基层组织承担，导致改厕项目落地过程中权责分离。

第一，以项目制的方式完成政治任务，中标的市场主体以经济效益为导向，可能造成实际的负面影响。一方面，在财政预算有限的情况下，例如改厕此类小微工程的利润较低，P镇通过摇标的方式捆绑项目，通过筛选后具有施工资质的正规企业进入乡镇的数据库，乡镇需要招标时在数据库中通过摇号的方式选择中标企业。摇标的方式能够将政府的工程项目打包，避免利润高的项目竞争大，而利润低的项目无人接手，但是通过摇标中标的企业施工积极性不高。另一方面，即便在财政预算充足的情况下，市场主体中标的积极性较高，其核心动力是获取项目中的超额利润，可能存在偷工减料、不负责维修等情况，但是农民认为施工单位的完成情况代表政府的工作完成情况，导致施工造成的负面影响最终由政府承担。

第二，以项目制方式实现乡村治理目标，导致基层干部的权责不匹配。实际上在项目实施中，上级政府强化了对基层组织的责任管控，但并未增加基层组织的治理权力，形塑出基层组织"权小责大"的失衡权责配置格局。[①] 例如，在改厕项目推动过程中，村干部主要做信息收集、协调工作，上级政府是招标、采购、支付、验收的主体，因此，施工单位与村级组织之间并不存在直接的利益关联，村干部缺乏监督施工单位的合法性依据，难以对施工进度和施工质量进行督促与监督。但是，上级政府的考核对象是基层干部，考核与他们的工资挂钩，导致基层干部比较被动，在工作中面临较大压力。

二 标准化项目与实际脱嵌

通过项目进行大规模乡村建设的背景下，存在项目实施的标准化要求与基层实际的差异性难以匹配的困境。面对地域差异和分化的农民，治理必须因地制宜，但是因地制宜的治理过程就无法被考核与评估，导致出现形式主义等不精准的治理后果。

第一，标准化、指标化的项目难以满足农民多样化需求。为了提高项目执行的效率、便于统一考核评估，项目制渠道供给的资源一般是标准化、指标化的。但是农民是千差万别的，特别是改厕实践的对象是农民的私人厕所，政府投放的资源是进行指标化的配额，难以与千家万户的需求进行匹配。该镇改厕的考核要求并不是根据实际的改厕需求设定的，而是根据上级要求的任务量设定的，可能农户按照实际需求自行改造后，却不符合标准化的验收标准。而且在改厕项目实施过程中，改厕所需要的基本设备是由上级政府统一招标采购，但是装置式化粪池、洁具和冲水桶的质量较差，经济条件较好的农民希望购买质量更好的设备，经济条件较差的农民无所谓，统一的标准难以满足农民多样化、差异性的需求。

第二，标准化、程序化的项目建设与基层差异性的实际脱嵌。通常项目下乡伴随着配套的监管制度，为了满足可追溯要求，正规企业会进行标准化建设，施工成本也是标准化的。一方面，施工面对的是差异性较大的情况，

[①] 参见杜姣《重塑治理责任：理解乡村技术治理的一个新视角——基于12345政府服务热线乡村实践的考察与反思》，《探索》2021年第1期。

例如改厕工程中帮农民改造旱厕，农民的厕所选在地理条件不好的地方，交通不便，提高人工搬运的成本，如果地形不利于施工，还要提高请机械和增加工时的成本。另一方面，程序化的项目建设更适宜大型项目，但是不适用于改厕的小微工程、美丽乡村等分散且多样的建设。如果农民自行改厕大约一周时间可以完工，正规企业为降低成本，需要集中且按照程序施工，反而导致工期跨度较长，甚至要花几个月时间。

三 项目管理消解基层治理

上级政府为了监督资金使用情况，为项目进村配置了配套的制度，但是从改厕等基层实践来看，政府对资金使用的监督转向对结果的考核。而且，并非只注重最终结果的完成，而是通过对执行过程的程序化和可追溯管理，进一步提高完成治理任务的确定性。

第一，项目的程序化过程消解基层治理的总体性。乡土熟人社会中，村干部或村庄中的权威可以综合调动他们的治理资源，有针对性地、灵活地解决问题。但是项目是程序化管理的，村干部必须按照上级政府对项目的要求推进工作，否则不符合项目规定，还会影响其他主体的行事逻辑。在改厕实践中，村干部接到上级政府通知后下村摸排情况，并向上反馈信息，上级政府统计后为各村分配指标，村干部再入户登记、建档，乡镇组织招标后施工队下村，村干部与其对接并带其入户，施工队施工过程中村干部负责协调，上级部门考察验收时村干部介绍情况。而且，在改厕实践中要求填埋旱厕，同时为了避免与农户产生矛盾可以保留厕房，不纳入考核，但是人居环境整治工作要求拆除填埋后成为无功能建筑的厕房。这种以单项事件为中心的项目难以整合治理任务，导致村干部重复工作。项目管理遵循的是"去治理化的事本主义逻辑"[1]，村干部的工作是被分解的，而不是具有自主性调配资源的总体治理过程。

第二，项目的可追溯管理消解基层治理的模糊性。可追溯的管理也就是倒查基层干部的执行过程，与基层治理本身的模糊性具有内在张力。严格的项目管理制度和复杂的项目实施过程改造基层治理过程，基层干部原有的协

---

[1] 张雪霖：《涉农资金项目供给模式及其内卷化治理》，《湖南农业大学学报》（社会科学版）2015年第1期。

调、变通的模糊空间被消解了，基层治理的模糊性空间被管理过程挤压。由此，导致两方面的问题。第一，为了达到可追溯的目的，项目实施过程中每一环节都要配备相应的材料，导致基层干部所做的形式化工作增多，工作缺乏意义感和价值感。第二，项目的可追溯特征使得出现任何问题后都要进行倒查，特别是对项目资金的使用进行严格监管。为了避免在倒查过程中出现缺乏正规发票的资金支出情况，产生套取国家资金的嫌疑，基层干部不敢作为，否则"多做就是多错"，最终导致基层组织体制性空转。

第五节 困境化解：村组主导下的民办公助

2020年，P镇为解决政府主导的改厕项目中出现的问题，探索出集体主导的改厕新方案，充分发挥村干部的能动性，放弃大型工程建设应用的项目制，实行"民办公助"的新模式。具体而言，由多级政府拼盘配置改厕资金，乡镇一级指导改厕技术、对村干部进行考核与监督，由村干部在村内组织"泥瓦匠"，形成3—8人的施工班组实施改厕工程，村集体监督改厕质量的同时，做好施工班组与农户之间的协调组织者。2020年5—10月采用政府主导的项目制改厕模式，由正规企业统一施工共改厕250多座，11月改用集体主导的改厕新模式，由各村自行组织本村"泥瓦匠"，当月就改造240多座厕所。可见，由集体主导的改厕工程实施模式破解了政府主导的改厕项目中存在的困境。

第一，降低改厕成本。改厕工程并非复杂工程，不需要具备资质的正规建筑企业进行施工。农村人力资源丰富，留在村庄的泥瓦匠平时就形成自组织的施工班组，承接周边农房建设等小工程。在厕所革命过程中，他们可以通过市场化方式承包改厕工程。村集体组织这些泥瓦匠，优先让具有党员、村民代表身份的泥瓦匠带头承包，并由专门人员进行新技术培训，统一施工标准。而且，正规企业完全依靠雇工施工人力成本较高，同时有较高的利润预期。但是农村泥瓦匠不同于企业，他们投入劳动力赚的是"辛苦钱"，并没有从工程承包中获得超额利润的意识，也不需要缴纳税费，避免了复杂的项目运作和层层转包抬高施工成本的问题。

第二，提高改厕质量。在集体主导的改厕模式下，村集体是改厕质量的直接责任人，无须被动地通过乡镇政府向外来施工企业反映各类改厕质量问题。新的改厕方式中，村集体委托施工班组参与改厕，同时有权要求施工班组按照改厕技术标准施工，厕所要通过乡村两级和第三方验收考核之后，才能领到工钱。而且和外来企业不同，这些泥瓦匠和农民群众有感情，是熟人、亲人、朋友。他们要长期生活在村庄，有长远的村庄生活预期并且受到村庄社会舆论的影响，有内在的动力对改厕负责。因此，在集体主导的改厕模式下工程质量相对有保障，农户对改厕的评价非常好。

第三，减少改厕矛盾。农户和本村的泥瓦匠既是改厕的受益方和施工方，更是共同生活在一起的乡里乡亲。一方面，农户作为改厕的直接受益者，对本村的泥瓦匠有基础信任感，愿意为他们提供施工便利。另一方面，农户和泥瓦匠在村庄中有共同生活预期，不会因为改厕发生的事情轻易产生矛盾纠纷，地缘关系的远近使得农户对本村的施工班组和外来施工企业的态度完全不同。一个泥瓦匠说，"都是熟人，都很客气，热情邀请我们留家里吃饭，派一包香烟"。

总体而言，外包给正规企业改厕与由本村施工班组改厕是两种完全不同的逻辑，前者是政府主导下的项目外包模式，后者是集体主导下的民办公助模式，从悬浮于村庄的服务供给逻辑转变为嵌入村庄的服务下沉逻辑。这一转变充分调动了村庄自主性和村庄社会资源，在降低成本、提高质量、减少矛盾的同时还能提升效率。动员"家门口的建筑队"参与改厕，可以避免施工企业在全镇范围内统一施工导致进度不统一、时间跨度长等问题，而且他们很清楚各家的位置，不需要村干部全程陪同。本村的施工班组参与改厕后，一个月的改厕数量超过正规企业半年的改厕总量。在集体主导的改厕模式中，熟人社会的内生资源被激活，信息对称、充分熟悉保障了施工效率，人情、面子和共同生活预期对农户和施工班组都形成激励和约束。这一模式对于新阶段资源下乡和乡村治理有一定启示，在乡村建设背景下，为了满足农民对美好生活的需求，原本集中在公共空间的治理越来越深入农民私人生活领域，集体主导与民办公助相结合的公共服务供给模式不失为一条可行路径。

小　结

在推动基层治理体系和治理能力现代化的过程中，地方政府寄希望于利用技术治理提高治理能力和治理效能。项目制正是集技术治理之大成者，被广泛用于基层治理实践。从项目进村转向项目治村，项目制不再是单一的解决基层资源供给问题的渠道，而成为基层治理制度本身，基层治理体制呈现出基层治理项目化特征。在为人民群众构建美好生活的理念下，国家治理领域从公共领域扩大到私人领域，从供给户外村内的公共品建设伸展到农民日常生活的方方面面。改厕实践是国家治理领域全域化的一个典型实践，地方政府通过项目制推动这项书记工程落地。在改厕项目实施过程中，笔者发现当前基层治理呈现出治理领域全域化、治理技术标准化和治理对象客体化的发展趋势和特征。但是基层治理体制项目化导致基层面临一定的治理困境，项目落实主体权责分离，标准化的项目与基层差异化实际脱嵌，最为关键的是项目管理消解了基层治理的总体性和模糊性，压缩了基层治理的自主空间。

基层治理体制项目化改变了"乡政村治"的基层治理体制，基层治理被行政体制吸纳。这不仅是项目制本身在基层实践逻辑的转变，更是国家治理对基层治理的定位在发生改变。在体制内，上级部门通过项目动员基层，导致乡镇政府的注意力和精力被上级部门的行政任务分散。乡镇以领导小组的方式组织所有自上而下的行政工作，在与村庄对接过程中间接提高村级组织的行政化程度。但是，国家通过项目贯彻了上级行政意志，却没有通过项目实施过程增强基层治理能力，反而项目管理过程消解了基层治理空间。项目制本身的程序化、标准化、可追溯特征与基层总体性、模糊性特征之间存在张力，往往国家资源投入基层但是利用效率不高，甚至出现目标替代或者目标偏差的结果，国家治理下沉难以有效回应基层治理实践的复杂性。[①] 在完成行政任务的目标导向下，外包给市场主体完成项目建设，村级组织缺乏积极

[①] 参见王向阳《国家治理转型、村庄社会类型差异与基层治理重构——基于国家治理转型与村庄社会基础耦合适配的分析视角》，《学习论坛》2023年第5期。

性和主体性对项目进行监管,导致项目实施与实际脱嵌,造成财政资源的浪费,最终导致国家治理内卷化。但是当转变政府主导的项目制改厕模式后,赋能基层组织,由村集体主导改厕工程,不仅降低了改厕成本、保障了改厕质量,还减少了改厕过程中的矛盾。

基于此,在国家治理现代化与全面实施乡村振兴战略背景下,还应当注意两方面的问题。第一,为提高治理效率和治理效能,以项目制为典型的技术治理在基层充分应用,但是治理技术的无差别应用并不一定能提高基层治理能力,需要考虑治理技术的使用场景。第二,在国家扩大治理领域时,应当注意国家与社会的边界问题,尊重村庄的自主性与农民的主体性,给予基层一定的自主空间。

第三篇

农民主体性何以发挥

第九章
行政激活：农村公共品治理成本内部化路径*

党的二十大报告提出，全面推进乡村振兴，统筹乡村基础设施和公共服务布局，建设宜居宜业和美乡村。该要求反映了农民对美好生活的向往，建设和美乡村离不开党的领导与乡村振兴战略部署，也离不开农民深度参与的乡村建设实践。然而，在国家资源下乡的过程中，自上而下的项目制供给方式与公共品决策制度难以与农民实际需求对接，往往在公共品建设过程中遭遇"最后一公里"困境，农民难以被有效动员。诚然，单方面依靠国家资源输入而不考虑农民积极性来供给公共品的财政成本过高，而且公共品的后续维护会成为难题。笔者在实地调研中发现，通过改变基层政府向下分配项目资源的规则，充分考虑农民的实际需求和建设意愿，发挥基层党组织的组织、动员功能，让农民直接参与公共品建设，变"客体"为"主体"，有助于化解农村公共品供给过程中的"最后一公里"问题，实现行政力量对村民自治的激活作用。

第一节 对农村公共品供给的研究回顾

基层治理是国家治理的压舱石，本质上反映了国家与农民的关系。税费

---

* 本章以《行政激活：农村公共品治理成本内部化的路径创新》为题，发表于《农村经济》2021年第7期。

改革后，国家与农民的"汲取型"关系转变为"服务型"关系。[1] 在资源下乡过程中，基层政府作为连接国家与农村的关键节点，在实践中出现两种困境。一种是基层政府缺乏与农民制度化互动机制，无法与乡村社会顺利对接，导致行政意图难以在农村贯彻实施，出现"供给式悬浮"困境[2]；另一种是税费改革及其配套改革减轻了基层政府的治理责任，基层政府选择性地对上负责，并未顺利转变为服务农村的主体。[3] 这两种基层治理困境的关键都在于政府难以有效动员农民。本章从农村公共品供给问题入手，在推进国家治理体系和治理能力现代化背景下，讨论基层政府如何配置行政资源动员农民、激活自治，从二元视角探讨行政与自治衔接的可能性。

在治理视域中，学界对农村公共品供给的研究主要包括以下两种视角。第一种是从制度—结构视角展开研究，此视角的研究大多从结构性因素分析农村公共品供给制度本身的问题及其遭遇的结构性困境。人民公社解体以后，国家在现代化进程中无力为庞大的农村社会提供足够的公共品，所以在农村实行"自上而下制度外的公共品供给决策制度"[4]。在此制度框架下，政府是农村公共品供给的决策者，农民是公共品供给的被动接受者和成本负担者。税费改革后，国家将农村公共品纳入财政支出范围，农村实行自上而下制度内的公共品供给决策制度，但是以"专项资金"形式输入的国家资源强化了自上而下的决策制度。[5] 这种决策制度导致了公共品供给效率低下的问题，无法在村庄层面与农民有效对接，出现了"最后一公里"困境。[6] 后税费时期，国家出台"一事一议"制度与财政奖补制度，因无力承担配套资金，集体经济薄弱的村庄难以承接相应的公共品建设项目，导致国家资源输入的供给目

---

[1] 参见周飞舟《从汲取型政权到"悬浮型"政权——税费改革对国家与农民关系之影响》，《社会学研究》2006年第3期。

[2] 张红阳：《国家与农村关系的演变与新型危机》，《华南农业大学学报》（社会科学版）2020年第3期。

[3] 参见杨华、王会《重塑农村基层组织的治理责任——理解税费改革后乡村治理困境的一个框架》，《南京农业大学学报》（社会科学版）2011年第2期。

[4] 叶兴庆：《论农村公共产品供给体制的改革》，《经济研究》1997年第6期。

[5] 参见桂华《项目制与农村公共品供给体制分析——以农地整治为例》，《政治学研究》2014年第4期。

[6] 王海娟：《项目制与农村公共品供给"最后一公里"难题》，《华中农业大学学报》（社会科学版）2015年第4期。

标与村庄公共品需求脱离，农村公共品供给结构失衡。①

第二种是从主体—行动视角展开研究，此视角的研究大多考察公共品供给的实践过程，着重分析国家、基层政府与村庄社会的行为逻辑与实践后果。在税费改革之前，地方政府热衷新建大型公共项目，导致农村公共品供给资源配置低效，造成农民负担加重。②在税费改革过程中，中央政府通过治理和约束基层政府使得其权威被削弱③，导致基层政府对农民的动员能力降低。后税费时期，虽然国家资源下乡解决了公共品供给的主体和资源问题，但社会依附于国家行政体系，其自治功能难以发挥。④原因在于，其一，对村级组织动员不足，村庄之间项目分配不平衡，项目本身是国家为促进基层整体改善和均衡发展的目标服务⑤，但是典型村因为更易出成绩而容易争取到项目，对普通村造成事实上的排斥。而且没有对村级组织本身实现有效动员，精英利用体制身份垄断公共资源导致"资源消解自治"⑥。其二，农民参与动力不足，农民解除向村社组织缴纳"三项提留"的义务，使得农民个体只讲权利而无视义务。而且，村社组织缺乏统筹公共事业的资源与强制力，农民特殊的公正观及其行动逻辑加剧了公共品供给的困境。⑦

以制度—结构视角对我国公共品供给制度本身的研究，主要分析农村公共品供给的结构性困境及其成因，忽视了公共品供给过程中基层政府和农民的主体性。以主体—行动视角对公共品供给过程的研究，充分论证了公共品供给过程中的主体及其行动逻辑，但是从二元视角对其行动展开论述，较少探讨行政与自治合作的可能。循此路径，本章探讨资源下乡背景下农村公共品供给何以有效。学界对公共品供给的研究，注意到公共品供给不仅是资源

---

① 参见陈锋《分利秩序与基层治理内卷化——资源输入背景下的乡村治理逻辑》，《社会》2015年第3期。

② 参见陶勇《农村公共产品供给与农民负担问题探索》，《财贸经济》2001年第10期。

③ 参见吕德文《"拿钱的办事员"和"集体化"的消解——税费改革后的乡村治理状况》，《华中科技大学学报》（社会科学版）2010年第6期。

④ 参见张国磊、张燕妮《农村基层治理：科层制抑或反科层化？——基于桂南Q市"联镇包村"制度运作的调研分析》，《理论与改革》2021年第2期。

⑤ 参见渠敬东《项目制：一种新的国家治理体制》，《中国社会科学》2012年第5期。

⑥ 李祖佩：《"资源消解自治"——项目下乡背景下的村治困境及其逻辑》，《学习与实践》2012年第11期。

⑦ 参见贺雪峰、罗兴佐《论农村公共物品供给中的均衡》，《经济学家》2006年第1期。

问题，还是治理问题，但主要集中于村庄层面如何动员农民和内生资源的讨论①，其基础在于当前公共品供给的制度条件与基层社会发生了变化。不同于以上研究，本章讨论的重点是基层政府的行动逻辑及其激活自治的可能。杜鹏认为地方政府可依托村民自治提高资源分配的效率、降低治理成本，通过"治理激活自治"扭转"权、责、利"失衡的基层治理格局。② 在该研究基础上，本章提出"行政激活自治"的概念，强调通过改变国家资源配置的方式激活村民自治，降低治理成本、提高资源利用效率。在治理现代化过程中基层治理的规范化程度提高，增强了基层行政主体的合法性与农民的认同感，这是激活自治的重要前提。本章通过恩施农村公共品供给转型的考察，分析基层政府如何以公共品供给为契机激活村民自治，意在探讨后税费时代基层治理中如何动员农民的问题。本章分析了政府行政与村民自治有效结合的可行路径，为基层政府提高治理能力、发挥治理效能提供参考。

第二节　农村公共品供给困境及其变迁

本章的分析基于湖北恩施 T 村的田野考察。2003 年，T 村由 4 个行政村合并为 1 个行政村，合并后共有 1802 户，5935 人，16 个村民小组，分为 29 个自然村湾。共有 7 个村干部，辖区面积 48 平方公里，合并后按照原行政村分布将该村分为 4 个片区治理。T 村是典型的山区，村庄规模较大，公共品供给经历了遭遇困境到成功落地的变迁，其关键在于基层政府创新项目分配秩序，使得农民参与公共品建设的主体意识被激活。

2014 年以前，该村公共品供给困境主要是资源匮乏导致公共品供给相对滞后，地方政府财政能力较弱，制度内的公共品供给能力较差，例如大集体时期农民出义务工修的砂石路无法满足农民当下的出行需求。而且，因为村庄规模太大、治理力量单薄、村集体缺乏集体收入来源、农民家庭积累能力

---

① 参见陈义媛《公共品供给与村民的动员机制》，《华南农业大学学报》（社会科学版）2019 年第 4 期。
② 杜鹏：《村民自治的转型动力与治理机制——以成都"村民议事会"为例》，《中州学刊》2016 年第 2 期。

较弱等因素，T村以集体力量和社会力量建设公共品的能力较弱。2014年以后，随着精准扶贫政策出台，T村总共获得约5000万元的政府扶贫资金，其中90%的资金是以普惠型方式用于基础设施建设，极大改善了村庄的整体面貌，提高农民生活质量。

2014年至2018年，国家资源输入解决了资源匮乏的困境，但是T村的公共品供给仍然滞后，主要是行政村之间项目分配不均衡与农民集体行动的困境所导致的。2018年以前，该乡镇80%的项目为自上而下决策的分配型项目，20%的项目依靠村干部向上反映、乡镇向上争取，因此当村干部和乡镇干部的社会资源较少时难以争取到项目，分配到项目也会因为村民内部无法达成一致而阻碍项目进展。2015年，该村为靠近马路的C湾争取到修通组路的项目，但C湾农民因占地索要高额赔偿，多次沟通后没有达成和解，导致路最终没修成。当公共品供给面临农民不合作的困境，也就意味着自上而下输入资源难以激活村民自治。

随着经济社会的发展，公共品建设滞后严重影响农民的生产生活。2018年，农民购买小汽车、三轮车的村民增多，而且家家户户种植茶叶，农业生产需要车辆运输，村民迫切需要硬化、拓宽道路。在乡镇项目分配秩序转型和村庄内部转变思想的背景下，C湾率先修好一条环形公路，极大方便村民出行，改善村湾面貌。开始在T村掀起以自然村湾为基础、以国家资源下乡为载体的基础设施建设风潮。C湾的52户农户在两年间一共捐资8次，主要用于国家公共品供给之外补充性的设施建设，包括拓宽路基、硬化沟渠、安装路灯、平摊路灯电费等，他们对改善居住环境、生产条件有现实需求。虽然村民捐资仅占公共品建设总投资的20%，但是激活村民自治极大提高了公共品供给效率。

该地的公共品供给普遍遭遇资源匮乏、项目分配不平衡与农民集体行动困境两个阶段。在地方政府改变项目分配规则后，通过动员农民、激活自治实现公共品治理成本内部化，极大降低公共品供给的治理成本。此举不仅满足了村民对基础设施等公共品的刚性需求，还保障了自上而下公共品供给的效率。

第三节 农村公共品供给行政逻辑转向

一 行政激活自治的现实要求

制度内农村公共品供给是为了满足农民生活生产中难以依靠单家独户解决的公共建设和公共服务等需求,与农民切身利益紧密相关。国家输入资源满足农民需求,理论上供给与需求相对均衡,但往往存在"最后一公里"问题。一方面在于自上而下决策的公共品与农民需求不匹配,另一方面在于公共品建设过程中农民内部获益不均,难以在利益协调上达成一致。制度内公共品供给剥离了农民在公共品建设中的义务,农民的参与度低。农民在公共品供给中不仅享受使用公共品的权利,还可能在占地等赔偿中通过与政府博弈来争取利益,导致农村公共品供给的治理成本和经济成本上升。因此,在资源下乡背景下,动员农民、激活自治有其必要性。

从治理成本来看,公共品供给是基层治理的重要部分,在村庄治理任务急剧增加、村干部人数有限的情况下,激活村民自治有其必要性。在国家治理转型背景下,村级组织承接的常规性行政任务大幅度增加,同时税费改革后为减轻地方财政负担而开展合村并组工作、精简基层干部,导致每个村干部承担的工作量剧增,而且行政村规模扩大增加了村级组织发挥自治功能的难度。[①] 此外,在公共品供给过程中村干部还需要做大量与村民面对面的群众工作。所以要提高农村公共品供给的效率,必须依靠农村内部力量。

从经济成本来看,自上而下的公共品供给成本相对较高,特别是在贫困山区修建道路等基础设施时,建设成本、人工成本等都比平原地区高。为降低公共品供给成本和提高公共品供给效率,激活村民自治具有现实必要性。修建通村、通组、入户路时动员农民、激活自治,将国家的事情转化为集体的事情,在占地赔偿等涉及经济利益的问题上节约成本,降低国家输入资源的经济成本和治理成本,将国家资源真正用于公共建设上来。而且自上而下

[①] 参见杜姣《村治主体的缺位与再造——以湖北省秭归县村落理事会为例》,《中国农村观察》2017年第5期。

的公共品供给面临后期维护成本较高的问题，动员农民参与到公共品建设过程中来，激发农民的主体意识，有利于农民通过自治方式低成本管护公共品。

二 行政激活自治的政治基础

在基层治理现代化背景下，公共品项目落地过程中的规范化和公开化程度提高，村庄在对接自上而下的公共品项目过程中的组织协调成本大大减少。在规范化程度不高的阶段，基层政府和村干部需要依靠私人关系等非体制性渠道"跑项目"，需要耗费大量人力物力①，可能存在的灰色地带使农民有了想象和解读的空间。而且项目建设要求农民配套资金，在资源支持力度不大的情况下国家出资配比低于农民承担的成本，农民对争取国家资源的积极性不高。2014年以前，T村向乡镇争取资金投资建设公共品就存在此类问题，在项目争取和落地过程中需要运用社会交往等策略性手段，产生一定的过程损耗，导致真正用于建设的项目资金减少，削弱了农民对基层组织的认可度。近两年，基层行政规范化和公开程度大大加强，重塑了基层政府公信力，重建了农民对基层干部的信任，使得农民与基层行政力量在公共品供给过程中的合作意愿增强。

基层政府公信力，是动员农民积极参与公共品建设的政治基础。基层政府通过实际行动拉近与农民的距离，获得农民的认可。税费改革后，乡镇不需要从农民手上收取农业税费，走村入户的乡镇干部转型为坐办公室的行政干部，与农民接触很少。2014年以前，T村的村干部较少入户，农民对村干部也不信任，村干部下村开群众会甚至需要请乡镇派出所的民警去维持秩序。但随着中心工作的政治性增强，对基层干部不断提高要求，特别是精准扶贫工作对村干部进行深度动员，每个月多次下村入户走访，群众会甚至开到半夜，让农民对基层干部有了全新的认识。当农民认识到基层干部是真正为地方发展做工作，就会转变对基层干部的态度，从不理解或误解转变为支持和配合，对于公共品供给等与农民利益紧密相关的事情"当作自己的事情来做"，不再做旁观者。

---

① 参见汪锦军《纵向政府权力结构与社会治理：中国"政府与社会"关系的一个分析路径》，《浙江社会科学》2014年第9期。

三 不完全竞争型公共品分配秩序

如何激活社会基础和经济基础较弱的村庄积极性,是实现公共品供给最大公共效益的关键的问题。乡镇一级创新项目分配秩序,从自上而下政府决策的公共品分配秩序向不完全竞争型分配秩序转变。T村所在乡镇的乡镇干部、村干部、村民代表、村民,共享一套被乡镇引导和实践塑造出来的公共品分配话语,即"政府只做有米的饭",通过项目的竞争性分配激发村社主体性和内生发展动力。区别于自上而下项目分配的造点逻辑,在政绩导向下地方政府倾向于集中资源打造亮点,在容易出成绩的村庄投资,将大量资源集中在一个或少数亮点村。在村庄基础条件差异较大的情况下,上述行为可能导致村庄之间差距拉大,形成资源分配的"马太效应"。而且,获得项目的村庄只能根据已有项目进行建设,农民的需求表达途径并不畅通。虽然"政府只做有米的饭"也要求村庄要有一定的基础才能获得资源,但强调的是村庄社会基础,即农民内部在公共品建设前通过协商达成一致。

虽然项目制的竞争性分配逻辑有一定的激励作用,但是可能造成更大的发展不平衡,使得普通村庄的公共建设处于被搁置状态。[1] 不完全竞争的分配秩序中的竞争性使争取项目具有不确定性,从而形成对村庄整合资源的强有力动员;而竞争的不完全状态体现在国家资源的多次分配而非一次性分配上,向普通村庄保证了公平获得资源的机会,村庄获得资助只是时间问题。在农民对公共品具有刚性需求的情况下,国家补贴对于农民来说是"占便宜",使得农民有集体争取项目资源的积极性和动力。因此,不完全竞争的项目分配方式能激活大多数村庄和农民的积极性,在公共品供给与农民对接的过程中实现有效的农民动员。基层项目分配逻辑转变是基层治理能力提高的表现,通过分配秩序的转变而保障了资源下乡的效率,进而提高农民对政府的满意度和认可度。

四 效率导向型公共品供给规则

基层政府创新公共品供给规则,以制度化方式统筹农民的公共需求,以

---

[1] 参见折晓叶、陈婴婴《项目制的分级运作机制和治理逻辑——对"项目进村"案例的社会学分析》,《中国社会科学》2011年第4期。

农民社会单元为组织单元，使得公共品供给过程高度嵌入农民生活和社会结构，有利于实现高效率的公共品供给。在农民的公共需求方面，政府以制度化方式统筹农民的公共品需求，实现公共品供给与农民需求的精准对接。地方政府统筹自下而上的需求表达并将其汇集为项目库，当农民申请公共品项目时在已有的项目库中选择并与之匹配，而非通过自上而下决策对项目进行分配，较好地实现公共品需求和供给的对接与适配。2018年以前，由乡镇召开会议商讨项目的指标分配，农民有需求表达只能向村干部反映，村干部向乡镇申请，乡镇再向上争取，是自上而下的决策逻辑，难以有针对性地解决村庄公共需求。而项目库是自下而上根据各村村民代表大会决议后形成的项目提案并通过制度化方式收集、统筹的村民诉求，村庄向上申报公共品项目就成为有农民主体性的公共需求表达。

在农民的参与单元方面，基层政府以社会单元作为组织农民自治的基础单元。公共品供给资源是以村级组织为单位进行分配，但实践中要落到村庄某个具体位置，最终与具体的农民对接。因此，在何种层级组织农民就成为影响公共品供给效率的关键问题。在乡镇政府主导下，以自然村湾为组织农民自治的基础单位，根据公共品的性质、规模等，再由村级组织将涉及的自然村湾按照自然村湾—村民小组—片区的层级统筹起来，增加自治的层级而不改变自治的基础单位，村级组织只负责牵头项目申请。对于农民来说，由聚居在一起、共同生产生活的熟人构成的自然村湾是他们最熟悉的环境，以此为单位通过群众会推选出3—5个代表成立自治协会，负责与村民沟通协商大小事项，是最基础的、治理成本最低的自治单位。而且通过群众会上公开投票产生的自治协会的成员，具有公共性的身份和私人性的社会关系，协调矛盾时既能利用公共权威又能调动私人关系。

第四节　农村公共品的治理成本内部化

一　分类动员与自我动员

公共品供给内容契合农民公共需求，构成激活自治的基础，极大节约了自上而下的动员成本。当前以道路为主要公共品供给内容契合农民的迫切需求，在乡镇干部、村干部的宣传动员下允分激发农民的积极性。村干部在群众会上将国家"以奖代补"的补贴政策转换为农民能听得懂的语言，概括为"干得越凶、补得越多、奖得越大"。通过基层干部的宣传与算经济账，可以让农民理解"以奖代补"要求"政府出一点，农民出一点"的内涵①，在政策层面使农民转变意识，即公共品供给需要农民的积极参与。但是出于收益与损失不平衡的考虑，有少部分农民可能积极性不高，因此还要分类动员。在村庄层面，村级组织会对积极性最高、群众基础最好的村湾给予有限支持，先树立典型带动其他村湾的积极性；在需要进行公共品建设的村湾内部，由积极分子带动其他人。

T村的自然村湾大多数在20—50户，农民长期聚居相互熟悉程度高，对于公共品供给过程中个人的积极性持有相对准确的判断。一般来说，中坚农民的利益在村、社会关系在村，对公共品供给最为支持，甚至可能是发起者，而且他们具有较强的动员能力和积极性。但是只有老年人留守的家庭，对于公共品的需求最低，难以动员其在外的家人。由村湾成立的自治协会负责公共品供给过程中的矛盾协调、收款、工程监督以及后期维护等工作。自治协会是非常规性的自治组织设置，围绕公共建设项目组建的临时性组织，最主要的工作形式是召开群众会对公共品建设中涉及农民利益的问题进行民主协商。当地以自治协会为载体，实现农民在公共品供给过程中的自治参与，有利于扭转农民在自上而下公共品供给过程中旁观者意识，是一种以自治组织为单位实现农民自我动员的组织方式。

二 权责明确与成本分摊

根据"以奖代补"的政策要求，公共品项目只有验收成功才能获得政府的奖补资金。农民为获得政府的奖补资金，首先要在受益主体的成本分摊规则上达成一致，在村级组织的协助下，多次召开群众会通过充分协商实现农民的民主参与。再根据公共品建设项目的规模并以村湾的自治协会为基础，让协会牵头人在更大范围进行协商。协商仍然是以村湾为基础的多层级协商，最开始广泛听取农民的意见，将协商单位与基础社会单元紧密联系在一起。以道路为例的公共品供给，政府出资只负责水泥硬化的成本，而T村的道路

---

① 参见刘岳、刘燕舞《当前农田水利的双重困境》，《探索与争鸣》2010年第5期。

普遍需要拓宽，产生新的成本，因此农民还需要筹资拓宽路基。村委会在会议开始明确成本分摊的基本规则，主要有两点，一是因公共品供给导致的占地不再进行经济补偿，二是"谁受益谁投资"，公共品覆盖哪里就由哪里的村民筹资，但是不同村湾在具体的成本分摊规则上可以不一致。

以自治组织为单位进行协商，注重自治的过程而非自治的组织形式，能够将协商成本内部化。由公共品受益的地方以村湾为单位多次召开群众会协商成本分摊的具体方案。虽然修路是惠及所有人的，但是每户人口和需求不一，因此自治协会需要通过开会商定具体的分摊标准，再根据标准明确测算每户要分摊的经济成本。每个村湾的测算标准有所不同，但都是通过多次召开群众会达成一致或少数服从多数来最终确定方案。通过成本分摊在农民中明确权利与义务的边界，由所有受益主体进行成本分摊，而且确定标准后要求农民按手印确认，形成具有可追溯的材料。另外，通过社会评价对"钉子户"和利益牺牲较大的人形成约束和激励机制。在项目建成后将各户"应交、实交、未交"刻在纪事碑上，对多次催交仍不愿意交钱的村民进行公示。在共同生活的村庄内，刻碑公示具有历时性特征，对"钉子户"产生舆论压力和负面社会评价，同时会对村庄所有人都有教育和示范作用。反之，同样通过正面的社会评价让被占地的农民得到认可，使得个人牺牲利益具有合理性，并且能够获得相应的社会激励。

三　冲突转化与内部协调

基层政府激发农民主体性，将在公共品建设中可能发生的利益冲突问题转化为农民内部的协调问题，降低矛盾冲突的风险，使调解成本内部化。在国家向村庄输入资源的背景下，修建道路等公共品成了国家的事情，农民不用出义务工，在公共品供给问题上农民的权利义务意识发生变化，只享受权利而不承担义务。特别是基础设施等公共品落地需要占地，占地则涉及赔偿等问题，导致基层政府与农户可能发生利益冲突，可能会增加维稳工作的压力。但是，通过激活村庄自治的方式，充分发挥村民自治组织作为中介治理的作用，利用其地方性的柔性和弹性，成为基层治理的缓冲地带，就可以在节约治理成本的同时保障公共品供给的效率。

作为农民内部协调问题，村庄内生的人情、面子等社会资源就能发挥作用。一方面，山区农村的地缘关系是农民重要的社会支持系统，而且村湾仍是部分农民共同生活生产的空间，有较长的生活预期，为维持公共生活会逐步形成对农民有一定约束作用的内部公共规则。另一方面，冲突涉及的利益体量较小，农民卷入程度较低。因为山区土地不规则，修路时路线穿过的地块较多但每户所占地块较小。而且当地土地的生产价值和流转价格较低，农民对土地的经济利益不敏感。如果农民因为想种地而不愿意被占地，还可以换地。对于不配合的村民，则动之以情晓之以理，如对于占地想要补偿的村民，会劝其考虑阻止地方公共建设的后果，不仅会遭遇负面评价还会影响后代的发展。一般是由自治协会的成员或与被占土地者有亲戚朋友关系的人去做工作，内部协调使农民树立修路是自己的事情的意识，由村委会去做工作，则会使农民强化其与公共品供给的二元对立意识。

小　结

　　国家与农民之间的资源流动代表着国家与农民的关系，其关键在于资源流动造成何种治理效果。尤其是对于地方财政紧张的贫困地区而言，资源配置的效率对治理的影响深远。因此，在资源下乡背景下，国家向农村输入的资源要激发农民参与公共事务管理的积极性，提高资源配置的效率，真正让农民从中受惠，并且增加对基层组织的信任、强化对国家合法性基础的认可。以公共品供给为切入点，恩施的基层政府提供了一种行政激活自治的新路径。在基层治理现代化背景下，行政的规范化与公开化程度提高，乡镇干部与村干部通过做群众工作重新获得农民认可，重塑基层政府公信力，形成农民配合政府工作的政治基础和群众基础。进而，基层政府通过不完全竞争型公共品分配秩序与效率导向的公共品供给规则激发农民的积极性，构成激活村级自治的动力。因而，农民以组织化方式低成本地进行内部动员、成本分摊、矛盾协商，实现公共品供给内部化。

　　农村公共品供给是资源下乡的主要形式之一，与农民切身利益紧密相关，但是在国家资源输入过程中，存在无限放大政府责任且同时缩小个人责任的现象。基层政府应该以公共品供给为契机，动员农民、激活自治，在保障公共品供给效率的基础上发挥治理效能，实现基层善治。在政府治理向服务转型的过程中，应当注意两方面的问题。其一，基层政府应该尊重农民主体性，通过细致的群众工作重新塑造农民的权利义务意识，激活农民的主体性意识和内生发展动力，培育与基层治理现代化相匹配的基层组织[1]，村庄才能实现可持续的发展。其二，出于资源配置的效率考虑，资源输入只有建立在村庄社会基础与农民需求表达基础之上，才能有针对性地进行公共品供给，才是相对精准且满足农民需求的资源下乡方式。唯其如此，农民才可以形成较强的集体行动能力，降低公共品供给过程中的治理成本，保障公共品供给的效率。在资源输入或发展建设的过程中，通过走群众路线多与农民沟通交流，了解农民最关切的问题和最迫切的需求。但是在城镇化背景下，农民的流动性增强，共同生产生活的社会支持对农民的作用削弱，村庄共同体式微。因此，基层政府面对的村庄社会基础正在急剧变化，在基层治理中如何才能有效激活农民，未来面临的挑战加大。

---

[1] 参见王向阳《新时代传统农区基层治理现代化的组织形态选择——基于黔北、鲁西农村的考察》，《理论与改革》2021 年第 2 期。

第十章

农村老年群体的自组织与社会治理参与[*]

随着医疗保健水平提升，我国人口寿命增长，已经迈入"老龄社会"，人口老龄化成为社会发展趋势。尤其是在农村地区，青年人口外流提高老龄人口比例和老龄化水平。以上构成乡村振兴、基层治理现代化和农业农村现代化的背景，因此如何挖掘老年群体潜能、激发村庄社会活力，成为当前乡村建设和社会治理共同体建设的重要议题。在农村地区，老年群体既是享受养老服务的被动群体，也是参与社会治理的主动群体。笔者在实地调研过程中发现部分农村老年群体的组织化程度比较高，并且组建了如老年人协会等老年组织，这些农村老年组织成为重要的内生型社会治理力量。农村老年人高度嵌入村庄社会，对村庄情况熟悉，可以说，他们构成乡村振兴的人才振兴、组织振兴的重要补充队伍。当老年群体具有较强的自组织能力，可以被赋权、动员、吸纳进基层治理体系，参与基层社会治理，在基层党组织领导的基层治理体系建设中发挥积极作用。本章是笔者围绕这一现象展开思考的相关论述，重点关注如何基于村庄现实释放社会治理活力，发挥老年群体的积极性。

---

[*] 本章以《社会治理视域下的农村老年组织：治理资源与参与机制》为题，发表于《云南民族大学学报》（哲学社会科学版）2021年第6期。

第一节　社会治理视域下的国家与社会关系

在基层治理现代化的背景下，基层政府与社会主体共建多元共治格局，提升社会治理水平，是推进国家治理体系和治理能力现代化的重要内容。从实践中发现，税费改革后乡村基层政权财力大大削弱，社会组织作为参与基层社会治理的重要力量，协助基层政权组织实现有效的社会治理。[1] 在老龄化和乡村振兴双重背景下，调动农村内生资源，充分发挥老年社会组织在社会治理中的积极作用，不仅有助于实现积极老龄化，还能通过组织振兴促进乡村振兴。因此，关注如何在政府引导下发挥农村老年组织的治理功能，具有重要现实意义。

随着改革开放经济迅速发展，社会的复杂性增加，在社会治理视域下，围绕国家与社会的关系，学界的研究大体可分为三种进路。第一种进路是传统的政府管理视角，强调政府是管理主体，社会组织是被管理对象。康晓光等人认为在市场化改革背景下，国家依靠分类控制体系作为控制公共领域的基本策略和组织系统。[2] 在此基础上，刘鹏根据政府的监管意愿与监管能力，提出"嵌入型监管"[3] 来解释地方政府对社会组织管理的制度创新。第二种进路是多元主体共治视角，强调政府"从管理向治理转型"[4]，认为社会组织不再是被动的对象。在此视角下，"协同治理"理论[5]认为协同治理实现政府与社会组织良性互动、分工协作，实现对公共事务的共管共治。通过协同治理实现管制型政府向服务型政府转型，可以最大限度维护和增进公共利益。[6] 但有学者认为在强国家弱社会的格局下，政府扶持的支持型社会组织属于

---

[1] 参见徐勇、朱国云《农村社区治理主体及其权力关系分析》，《理论月刊》2013 年第 1 期。
[2] 参见康晓光、韩恒《分类控制：当前中国大陆国家与社会关系研究》，《社会学研究》2005 年第 6 期。
[3] 刘鹏：《从分类控制走向嵌入型监管：地方政府社会组织管理政策创新》，《中国人民大学学报》2011 年第 5 期。
[4] 麻宝斌、任晓春：《从社会管理到社会治理：挑战与变革》，《学习与探索》2011 年第 3 期。
[5] 燕继荣：《协同治理：社会管理创新之道——基于国家与社会关系的理论思考》，《中国行政管理》2013 年第 2 期。
[6] 参见郑巧、肖文涛《协同治理：服务型政府的治道逻辑》，《中国行政管理》2008 年第 7 期。

"行政吸纳式协同治理"①。第三种进路是国家与社会一体化视角,跳出国家与社会切割的二分形态。该视角认为社会组织的发展带来政府组织的扩张,但行政命令的扩张方式被基于利益表达的有组织的服务所取代。② 前两种进路基于政府本位论述政府对社会组织的管理策略与治理态度,后一种进路将国家纳入更为宏观的社会中。从根源上来说,社会组织是资本主义发展过程中出现的市民组织形态,因此学界展开相关研究时,大多将关注点投放在经济发展较快、社会组织发育较早的城市,并参照西方市民社会的发育及社会自治等问题,忽略了作为中国基本盘的农村。

在社会快速发展的背景下,市场经济不断影响着农村的社会经济关系,使得农村场域中的国家与社会关系复杂化,原来以政府为中心的"单中心"治理模式转变为农村基层党组织、村民自治组织和农村社会组织协作的"多中心治理"③ 关系。乡村本质上仍然是熟人社会,有丰富的非正式的内生性治理资源。阮星云等人将内源性组织资源称为"村级内部次级组织"④,认为此类组织培育是村民自治的重要生长点。王春光等人认为社会舆论、村庄精英和社会组织形成的公共空间,为乡村社会实现自我管理、自我服务和自我发展的自治提供了社会和文化基础。⑤ 然而,我国社会组织普遍存在合法性困境,不仅在登记注册上不规范,在内部管理上也存在合法性问题。⑥ 为促进社会组织的发展,政府对其进行资源支持,但是不平等的依赖关系消解了社会组织的自主性。⑦ 以上研究肯定了社会组织参与社会治理的制度背景与社会基础,发现了社会组织在运行中存在的困境,但是没有将社会组织纳入制度化的治理体系,较少从基层党组织引导乡村社会组织参与治理的角度进行

---

① 张丙宣:《支持型社会组织:社会协同与地方治理》,《浙江社会科学》2012 年第 10 期。

② 参见郁建兴、吴宇《中国民间组织的兴起与国家—社会关系理论的转型》,《人文杂志》2003 年第 4 期。

③ 蔡斯敏:《乡村治理变迁下的农村社会组织功能研究——基于甘肃省 Z 县 X 村扶贫互助合作组织的个案》,《华中农业大学学报》(社会科学版) 2012 年第 3 期。

④ 阮云星、张婧:《村民自治的内源性组织资源何以可能?——浙东"刘老会"个案的政治人类学研究》,《社会学研究》2009 年第 3 期。

⑤ 参见王春光、孙兆霞、罗布龙、罗霞、袁葵、张定贵《村民自治的社会基础和文化网络——对贵州省安顺市 J 村农村公共空间的社会学研究》,《浙江学刊》2004 年第 1 期。

⑥ 参见谢海定《中国民间组织的合法性困境》,《法学研究》2004 年第 2 期。

⑦ 参见崔月琴、王嘉渊、袁泉《社会治理创新背景下社会组织的资源困局》,《学术研究》2015 年第 11 期。

分析。

在老龄化背景下，我国乡村面临两个基本事实，一是全国性人口老龄化的客观事实，二是区域性的劳动力外流的客观事实。两者叠加使得实际中乡村老年人口比重更高，动员老年人参与社会治理具有一定的人口结构基础。在宗族型地区，以老年协会为典型的社会组织是参与社会治理的重要载体。基于此，本章以福建晋江C镇老年协会参与社会治理的实践为例，探讨老年组织嵌入社会治理的社会基础与"过程—机制"。本章意在讨论老年组织行动能力来自何处，并进一步探讨基层政府如何充分调动老年组织并保持其自主性，对基层治理现代化和乡村振兴有何现实意义。

第二节　老有所为：老年组织嵌入社会治理的功能

本章的经验来源于福建晋江C镇，该镇下辖26个社区和行政村，常住人口约10.2万人，其中户籍人口约5万人，外来人口约5万人。C镇为陶瓷专业镇，当地农民经济状况普遍较好。C镇所辖D村的辖区面积1.2平方公里，1130人，其中60岁以上老年人口117人，截至2015年村民人均收入超过3.5万元。

C镇为典型的宗族型地区，单一宗族形成的自然村较多。1976年，该镇有村庄成立制度化的老人会或老友会，20世纪90年代各村逐步在老人会的基础上成立老年协会。C镇大部分行政村以宗族为单位形成的单个自然村或多个自然村，老人会是以自然村为单位成立的。对于单个自然村形成的行政村，以次级社会结构为单位成立老人会，并在老人会基础上成立老年协会；对于多个自然村组成的行政村，老年协会则是按人口比例由各自然村老人会的会长和代表组成的。行政村的老年协会负责协调、安排自上而下要求的活动，自然村的老人会则负责落实、组织管理自然村内部的活动。2012年，在自然村的老人会基础之上，晋江市统一成立以行政村为单位的老年协会，并且实现村和社区全覆盖。老年协会一般设立理事会组织负责日常管理，会长负全责，并按自然村人口比例设置若干副会长、秘书长或常委。

需要强调的是，行政村的老年协会脱胎于自然村的老人会，主要人员大致重合。因此，在本章中社会组织主要指内生于宗族型村庄的老年协会。老年协会在村庄内部具有权威来源、治理惯习和治理资源。老年协会是参与社会治理的中坚力量，是实质地根植于村庄内部的社会组织。老年协会的工作主要在于协助村级组织回应老年人为主的治理需求，包括以下三个方面。

其一，协助村级组织进行社会治理。老年协会主要在移风易俗、殡葬改革和民事调解等方面发挥治理作用。在移风易俗上，主要由老年协会落实动员、讲解、执行等工作。2018年，C镇开始严格限制婚丧喜宴、迷信活动等，由乡镇、村两委和老人协会协商修订各村新版村规民约，并作出具体的宴请规模和范围等详细规定。在村民办酒席之前，老人协会入户讲解村规民约的具体要求，宣传移风易俗的必要性和重要性，让村民理解和接受移风易俗。对违反村规民约者，按照相应的条约进行处罚。D村的做法是，超过酒席上限者给老年协会交5000元或1万元罚款。对于主动简办酒席并捐款的村民，以老年协会和村委会的名义张贴感谢信，鼓励村民简办酒席。在殡葬改革上，老年协会负责动员迁坟和管理殡葬活动，老年协会会长以身作则、树立典型，为村民带头示范。老年协会还负责管理安放骨灰的安息堂，包括新增灵位的收费与安息堂日常维护。为重复利用资源，老年协会出资购买孝服，村民办丧事时免费使用，老年协会负责孝服的清洗消毒和管理。在日常的民事调解中，老年协会充当和事佬，不仅调解家庭纠纷、邻里纠纷，还参与调解村干部与村民的矛盾等。

其二，自主组织和管理村庄民俗活动。老年协会的前身为老人会或老友会，负责组织和管理村庄内宗族活动与宗教活动。宗族活动是以宗族为组织单位，在单个自然村组成的同一宗族的大型村庄，由老年协会或房头代表组织集体祭祖活动，房头代表基本上是比较有经济实力和社会威信的老年人。对于多个自然村组成的村庄，一般由自然村的老人会负责组织宗族祭祀活动。宗教活动是以家庭为参与单位，以自然村为范围，具有一定的公共性。C镇大多数自然村建有保佑一方平安的村庙，由老人会负责管理村庙并组织宗教活动。D村每年有两次主要的宗教活动，一是每月阴历十九拜观音，老人会负责请和尚来诵经、组织义工做饭，登记村民捐赠的善款并张榜。二是阴历三月十二由老人会组织村民去漳州保生大帝的老家敬香，回村后请戏班子连唱三晚高甲戏为保生大帝庆生。村庙获得的善款和捐资由老人会统一管理，不仅用于建设、修缮寺庙，还包括其他以自然村为单位的公共支出。

其三，为老年人提供文化服务与福利。老年协会的中心任务是为村庄内部的老年人服务，在上级管理部门要求下，老年协会要为老年人提供文体活动、开展学习教育、发放福利等。该镇有23个行政村建有老年活动中心，约三分之一的村庄建有村级养老院，为老年人提供充足的活动空间。老年活动中心和村级养老院的场地基本在一起，由老年协会负责日常管理。该镇要求各行政村的老年协会每月定期举办针对老年人的学习宣讲活动，包括时事热点、国家政策、养生知识等内容。乡镇和市级主管单位定期对行政村的老年协会负责人进行培训，制定统一的宣讲教材。行政村的老年协会也会根据各村实际情况举办唱歌、跳舞、太极拳等文体活动，丰富老年人娱乐生活的同时达到强身健体的目的。D村老年协会组织老年人跳广场舞，在中秋节、端午节、重阳节为全村所有60岁以上老年人发放福利，比如粽子、月饼等应季食品。

第三节 组织吸纳：老年组织参与社会治理的机制

基层政府通过组织化吸纳实现对农村老年组织的制度化管理，在老年组织嵌入社会治理体系的基础上发挥其积极功能。组织化吸纳重点包括三个方面，组织建设制度化、组织目标公共化与组织管理弹性化。总体来看，在制度上通过组织化吸纳的方式将老年协会与村庄治理进行常态化衔接，又从具体运作上保证老年协会的自主性和灵活性。

一 组织建设制度化

地方政府通过对社会组织进行正式化改造，从制度上将社会组织吸纳为管理对象，将其纳入治理体系。

第一，对社会组织登记注册和规范组织机构审批。福建晋江现有的村级老年协会是在原来老友会基础上，经过村或社区党支部、乡镇或街道老龄工作委员会（以下简称老龄委）同意，经市民政部门批准成立的社会组织。老人会作为村庄内生性的社会组织，制定正式的组织架构和组织章程，遵循正规组织机构审批程序，在制度上确立其合法地位。[①] 老年协会在城乡社区广泛

[①] 参见常敏《农村民间组织发展与公共产品供给》，《农村经济》2007年第6期。

存在，但更多是作为文化组织存在，而本地的老年协会不仅是文化组织、社会组织，更重要的是具有治理属性。地方政府结合社会结构特征，注意到老年人是重要的治理力量，积极改造、规范老年协会，将社会组织纳入管理对象，并引导他们通过正规渠道参与村庄治理，成为重要的辅助治理力量。

第二，社会组织以组织化方式常态化参与村庄治理。C 镇普遍做法是为老年协会专门设立固定的村民代表席位，一般由老年协会的会长担任村民代表，开村民代表大会时，老年协会会长行使村民决策权。当会长人选更换时，由下一任会长接替担任村民代表。老年人作为村庄一员，具有民主参与村庄决策的权利，但是老年协会会长作为常设村民代表与选举老年人作为村民代表，在制度表达上意义不同。老年协会会长作为常设村民代表，是将老年协会整体纳入治理体系，其代表老年群体利益的社会组织，但是选举具体的老年人作为村民代表仅仅是对个人能力的信任和认可。在此意义上，此举可以视为地方政府通过制度化的方式将老年协会纳入基层治理体系，使得老年协会在村庄治理中具有正式话语权，提高老年人利益表达的组织化程度。[1]

二 组织目标公共化

基层政府通过吸纳精英，引导社会组织设立具有公共性的组织目标，比如解决社会问题、回应治理需求[2]，充分发挥社会组织的治理作用，同时避免社会组织精英的私人权威对村级组织的权威替代。

第一，通过限制性和鼓励性的双重举措吸纳精英。老年协会作为内生性社会组织，组织结构具有一定的权威不对等性，吸纳精英对于组织目标的公共化建设非常关键，吸纳精英可以一定程度上实现对社会组织的整体吸纳。限制性的举措主要是对老年协会会长严格政审。2018 年，在市委统一部署下，由乡镇党委介入老年协会班子成员的政审，考察其有无犯罪记录，有无违反村规民约记录。同时，乡镇党委给予村党支部充分的自主空间，掌握老年协会会长的去留裁定权，如果老年协会会长不配合工作，村党支部可以上报乡镇。鼓励性的举措主要是乡、村两级积极动员该村成功的民营企业家或退休

---

[1] 参见束锦《农村民间组织与村民自治的共生与互动——基于市民社会语境下的探讨》，《江海学刊》2010 年第 4 期。

[2] 参见郁建兴《社会治理共同体及其建设路径》，《公共管理评论》2019 年第 3 期。

干部回村担任老年协会会长，希望利用他们的个人资源促进村庄发展。2018年换届后，该镇 26 个行政村的老年协会中，约 60% 的会长是私营业主或民营企业家，40% 的会长是退休干部或退休教师。私营业主或民营企业家担任会长经济资本雄厚，有比较强的社会威望，能使村庄大部分人信服，带头示范效应好。另一部分会长是退休干部和退休教师，他们的文化水平比较高，能够比较好地组织文体活动，有时间上门给村民做工作或调解纠纷。

第二，引导社会组织设立回应治理需求的目标。2018 年以前，对老年协会的组织吸纳程度不高，在村干部能力不强的情况下，会长比村干部的威望高，使得村干部难以落实自上而下的行政任务。部分老年协会的资金高于集体收入，当村庄进行公共建设时，村干部向老年协会协调资金甚至借款，对村庄政治造成负面影响。为加强对老年协会的目标引领，2019 年 1 月 15 日，福建省民政厅发文称，要更好地发挥城乡社区老年协会在创新社会治理、促进社会和谐稳定等工作中的作用，激发老年人参与社会治理的"正能量"。乡镇召集老年协会开会、组织培训，通过宣传教育的方式提高老年协会的认识水平。村两委召开有关村务会议，邀请老年协会在场讨论、协商，使得老年协会的目标在落实工作之前与村干部达成一致。地方政府出台相关政策文件，鼓励老年协会参与社会治理，还应加强普法教育与宣传，对其进行法律规制。[1] 村级组织明确其发挥作用的方向，老年协会才能在参与村庄治理实践中达到建设性目标。

三　组织管理弹性化

地方政府通过对社会组织实现弹性化管理，保留社会组织的自主性与灵活性，使其能积极调动内生社会资源。

第一，宽松的财务监管制度。老年协会实际的主管单位是乡镇的老龄委，老龄委代表乡镇政府对老年协会进行业务指导和管理。市政府每年给登记注册的老年协会发放财政补贴，但未要求老年协会统一建立对公账户，截至 2019 年，约 50% 的老年协会建有对公账户，乡镇每年对其进行年检和审计，没有建立对公账户的老年协会的经费统一挂在行政村账户下。老龄委对老年协会财务的监管目的，是使其达到对经费使用的最低限度要求，让老年人身

---

[1] 参见梁艳霞《农村民间组织的状况、功能与发展》，《中国集体经济》2009 年第 16 期。

体运动起来,并且资金用于老年人身上,为村庄的老年人供给文化类公共品。实际上,财政补贴在老年协会资金来源中占比不高,更多来源于筹资和经营性收入,但是村内的资金来源具有一定的模糊性,难以规范监管。

第二,弹性的工作考核制度。在行政体制内,行政效率的考核通过量化打分来衡量。在乡镇老龄委管理下的老年协会,同样要进行考核评级,但与行政系统内部考核不同,老年协会的工作考核并不针对具体工作进行单项打分。老龄委和村委会根据上一年度老年协会的工作效果进行打分,分三个等级,对应三个等级的现金奖励,评为一等老年协会发放 3000 元奖金,二等老年协会发放 1500 元奖金,三等老年协会发放 1000 元奖金。比较模糊的分等级考核方式与村庄治理事务的模糊性相匹配,否则详尽的考核细则中会限定工作内容,消解社会组织参与村庄治理的自主性与积极性。

第四节　自组织能力:老年组织参与社会治理的基础

一　精英老人的多元权威

宗族型村庄的精英老人具有多元权威,是参与村庄社会治理的主要力量之一。在家庭内,老年人掌握家庭决策权,能以家庭为单位在村庄实现"连带性吸纳"[1]。在家庭之上最基础的社会单元是房头,每个房头都有房头长,房头长是自然产生的、公认的房头内具有社会权威的人。房头长负责组织修建祖厝、祭祀等宗族活动,需要通过实践积累地方性社会知识和组织能力,所以房头长大多是 60 岁以上的老年人。与传统的宗族长老有所区别,并不是辈分越高、年龄越大的人就是房头长,还要求市场经济能力比较强,愿意积极帮助大家。这些老年人不仅是社会权威、文化权威,也是经济权威,是村庄中的精英。

在村庄社会中,具有生产老人权威的社会基础,老年人具有天然的道德优势和传统权威,不仅是家庭中的决策者,还是宗族活动的组织者。被推选

---

[1] 参见邓燕华、阮横俯《农村银色力量何以可能?——以浙江老年协会为例》,《社会学研究》2008 年第 6 期。

为老年协会理事的老年人，均匀散布在宗族内的房头、角落等不同层次的单元，具有比较强的代表性。老年协会的会长人选要综合考虑整个行政村的情况，只有精英老人才能使得村民信服，主要是退休的老干部或民营企业家等。例如C村老年协会的会长，60多岁，在外地从事房地产开发，2018年为村庄建设捐资200万元，具有较高的威信。地方政府积极倡导乡贤文化，引导经济能力较强、个人能力较强的低龄老人担任老年协会会长。因此，在宗族社会结构中，精英老人具有参与村庄公共事务的热情、能力与权威，精英老人的多元权威嵌入老年协会的组织结构，产生具备自组织能力的社会组织。

二　经济资源的内部正循环

大多数社会组织没有制度化的财政补贴，缺少经济来源负担专职人员的工资开支，以极低的经济成本维持组织运转，所以难以发挥较大的实际功能。因此，充足的经济资源是维持社会组织高效运转的基础。C镇老年协会的经济来源主要包括财政补贴、筹资和经营性收入，各村老年协会的经济资源差异较大。第一种财政补贴，是市级、乡镇按照各村老年人口每人10元的标准发放，人口低于300人的一律补贴3000元，主要用于文体活动、订阅报纸等办公费用。第二种是经营性收入，但只有少部分村庄将部分经营性收入交给老年协会收取和管理，比如市场管理费、物业出租收入等。

大多数老年协会的经济资源以村庄内筹资为主，因此与村民经济状况关系紧密，村民普遍经济条件较好的老年协会的资金量超过100万元。筹资包括两类，一类是村民给老年协会的直接捐款。宗族的绵长使得村民对于村庄生活的预期很长，具有很强的"落叶归根"价值认同。也正因如此，外出的富人与村庄形成强关联，愿意通过捐款形式回馈家乡。村庄内部有很强的价值生产能力，村级组织与老年协会将面子竞争与回馈家乡相结合，引导村民"低调发财，高调捐款"。另一类是管理村庙收入的善款，供奉给村庙的香火钱基本由老年协会管理。闽南文化中宗教信仰融入日常生活，村民捐资积极性比较高。普通家庭一年香火钱花费1000元以上，部分经济资本雄厚的村民捐给寺庙上万元，甚至几十万元。通过给老年协会捐款或给寺庙供奉香火钱，使得"民富"转化为老年协会的经济资源。

老年协会以自然村为单位管理经营性收入和筹款，将其用于自然村的公共建设或给老年人发放福利，把富人的经济剩余转化为村庄建设的经济基础。

此举将民间资源引入村庄公益建设中来，在较小的社会单元内"取之于民，用之于民"，实现经济资源的内部正循环，极大地减轻了国家在村庄公共品供给上的财政负担。

三 社会单元与治理单元的耦合

在传统时期，宗族内单元的精英老人以自然村为单位成立老人会，老人会不仅组织宗族祭祀活动、负责村庙管理，还发挥纠纷调解作用，是宗族结构中长老制的延续。老年协会在形式上是以行政村为单位注册的正式组织，实现更高程度的组织化，但并非脱离原有基础的新组织，其实质仍是自下而上地植根于村庄社会的内生型社会组织，老年协会中参与治理的具有权威的精英老人，他们所在的社会单元与其面对的治理单元相耦合，正式组织力量与宗族治理力量的异质性与同质性共存，实现"政—族"合作[①]。

在宗族社会中，权威者是自下而上通过社会结构的次级单元推选出来的，而且每一层级的社会单元都有其被公认的权威者，他们的社会威望通过频繁的社会交往和集体活动，得以重复确认和强化。宗族社会中社会基础保持得比较好，在房头、角落这类较小的社会单元中利益比较容易达成一致。所以，老年协会代表的人选与村庄内的社会单元对应。而且宗族型村庄中人们的交往预期较长、交往频率较高，在日常交往中注重为人处世，村民要通过"做人"来赢得并维持个人和家庭在村庄中的好名声。村民面对同一个自然村的老年人，基本不会发生对抗性冲突。老年协会的代表有各自归属的自然村和房头、角落，他们与村民在日常生活中充分接触。在对接村民做工作时，仍然以宗族内部较小的社会单元为治理单元，老年协会的代表直接参与他们所属自然村的社会治理。因此，老年协会的代表通过自身的社会权威，并且动员村庄内部的人情关系，实现低成本的有效治理。

整体来看，精英老人具有调动村庄内部的权威、人情等资源的能力，老年协会以组织化的方式将村庄的人、财整合到一起，以宗族认同为基础的社会单元与老年协会所面对的治理单元相耦合，共同塑造了老年协会较强的自组织能力。

[①] 傅熠华：《乡村共治格局下的"政—族"合作——基于广东省蕉岭县客家村民理事会的实践》，《西北农林科技大学学报》（社会科学版）2019 年第 5 期。

小　结

　　基层政府向社会组织倾斜一定的资源，制度上要求老年协会登记注册为正式组织，赋予老年协会参与村庄治理的制度合法性。并将老年协会会长人选的裁决权下放给村级党组织，将老年协会定位为在村党支部的领导下的社会组织。通过组织形式正式化将老年协会整合进基层治理体系，从而扩大村级组织的治理能力，帮助村级组织整合治理资源，引导老年协会发挥社会治理的积极作用。但老年协会的作用没有停留在组织要求的表面形式上，在村庄治理中发挥积极作用，其关键在于村级组织对老年协会实行弹性化管理，使其保留了社会性的一面。老年协会没有被作为科层体系的一环僵硬地执行政策，仍然是地方社会中具有较强的自组织能力的内生型社会组织。而且老年协会的机构成员没有工资，义务工性质使其具有发挥村民自治的根本性质。总之，基层政府通过制度化的治理实践，调动村庄内生性的治理资源，激发社会组织的主体性、保留社会性和灵活性，建构具有回应治理需求的社会治理共同体。

　　在乡村振兴和基层治理现代化背景下，实现组织振兴和构建基层治理新格局必须创新基层治理体系，在基层治理中找到抓手。本章提供的将农村社会组织吸纳到治理体系的案例，其核心在于宗族型地区的村庄具有较强的内生社会秩序，社会组织具有较强的自组织能力。但是行政村作为国家的一级建制，在自然村之上，缺乏内生的整合性社会权威与集体经济基础，治理资源相对缺乏。将内生性社会秩序吸纳到制度性治理体系后，乡镇党委、村级党组织和社会组织得以整合，完善基层治理体系，提高基层治理能力。同时，社会组织提供了政府供应不足的公共品，弥补了政府和市场缺位，对农村社会秩序的稳定作出了贡献。[①] 基层治理现代化不等于技术化、数据化、科层化，更重要的是完善基层治理体系，提升治理能力现代化水平。对于不同地区，要充分了解地方社会结构的特征，从中挖掘可发挥建设性功能的治理资

---

　　① 参见关兴《当前我国农村民间组织的政治功能探析：治理的视角》，《四川行政学院学报》2007年第5期。

源，动员有影响力的组织积极发挥治理功能。老年组织是参与社会治理的力量之一，但是不同地区的社会基础存在差异，国家与社会的关系在实践中也并非完全相同，因此识别出基层治理的抓手是提升社会治理能力的第一步。在此基础上，充分尊重农民的智慧和主体地位，进一步激发乡村社会自组织的活力[1]，才能实现有农民主体性的组织振兴，促进基层治理体系和治理能力现代化。

---

[1] 参见韩鹏云《乡村治理现代化的实践检视与理论反思》，《西北农林科技大学学报》（社会科学版）2020年第1期。

第十一章
与老偕老：农村社区互助养老的自组织模式研究*

  人口老龄化是社会发展的趋势，随着我国老龄化程度加深，养老问题成为社会关注的热点。城乡老年人因经济水平、社会保障水平等方面差异面临的处境不同，农村因人口分散、经济发展水平存在差距、社会服务供给相对有限等原因，为农村老年人养老探索适宜方式成为迫切的现实社会问题。2021年12月30日，国务院印发的《"十四五"国家老龄事业发展和养老服务体系规划》提出，要加快补齐养老服务短板，以村级邻里互助点、农村幸福院等为依托，构建农村互助式养老服务网络。笔者在实地调研中看到以农村老年组织为载体实现社区互助式养老的实践，这一实践与我国积极应对人口老龄化国家战略的观念契合，把积极老龄观融入村庄治理过程，充分实现老有所为，增强老年群体的获得感与幸福感。本章围绕如何以农村老年组织为依托实现农村社区互助养老展开思考，题目中的"与老偕老"化用《诗经》中的"执子之手，与子偕老"，主要表达老年人携手互助养老的意思。

第一节 互助养老与积极老龄化研究回顾

  我国进入老龄化快速发展阶段，探索应对老龄化社会的积极方案具有现实紧迫性。2020年第七次全国人口普查人口年龄构成数据显示，60岁及以上

---

  * 本章以《积极老龄化背景下农村互助养老的自组织模式研究》为题，发表于《咨询与决策》2024年第3期。

人口占比 18.7%，65 岁及以上人口占比 13.5%，与第六次全国人口普查数据相比，分别上升 5.44% 和 4.63%。在城镇化背景下，农村劳动力普遍外流，我国农村老龄化现象更加突出，"未富先老"[①]"城乡倒置"[②] 的特征突出。与城市相比，农村面临家庭养老功能弱化、社会组织支持不足、市场服务供给有限、制度化保障匮乏等困境。[③] 而且，农村人口老龄化严重与"三农"危机的交汇加剧了应对农村养老问题的难度。在全面步入老龄化社会背景下，国务院制定《"十四五"国家老龄事业发展和养老服务体系规划》，提出实施积极应对人口老龄化国家战略，要求健全基本养老服务体系，加快补齐农村养老服务短板，构建农村互助式养老服务网络。在此背景下，充分把握农村老龄化现象的复杂性，探索一种制度外养老服务供给的补充模式，对低成本应对农村老龄化具有重要现实意义。

　　社会转型期传统家庭养老模式弱化，农村面临多重养老劣势环境[④]，为了缓解农村养老压力，政府大力推广"互助养老"[⑤]。学界也普遍认可互助养老是一种嵌入村庄社区的低成本养老模式，并且对互助养老政策实践展开充分讨论。[⑥][⑦][⑧] 我国具有互助养老的历史渊源，古代的农社、义庄、太监庙等形式作为互助养老的雏形为当前养老模式探索提供了借鉴。[⑨] 在当前政策指导下，农村社区互助养老以村庄为单位，采用"社区主办、互助服务、群众参与和政府支持"[⑩] 的方式，其目的在于整合村庄养老资源，让老年人实现自

---

① 钟水映、赵雨、任静儒：《我国地区间"未富先老"现象研究》，《人口研究》2015 年第 1 期。

② 刘成坤：《中国人口老龄化城乡倒置的时空演变趋势及影响因素研究》，《经济问题探索》2021 年第 12 期。

③ 参见唐健、彭钢《从模糊失衡到多元均衡：福利多元主义视域下农村社会化养老主体责任反思与重构》，《农村经济》2020 年第 8 期。

④ 参见刘妮娜《欠发达地区农村互助型社会养老服务的发展》，《人口与经济》2017 年第 1 期。

⑤ 刘晓梅、乌晓琳：《农村互助养老的实践经验与政策指向》，《江汉论坛》2018 年第 1 期。

⑥ 参见杨静慧《互助养老模式：特质、价值与建构路径》，《中州学刊》2016 年第 3 期。

⑦ 参见金华宝《社区互助养老：解决我国城乡养老问题的理性选择》，《东岳论丛》2014 年第 11 期。

⑧ 参见杨康、李放《自主治理：农村互助养老发展的模式选择》，《华南农业大学学报》（社会科学版）2021 年第 6 期。

⑨ 参见李俏、刘亚琪《农村互助养老的历史演进、实践模式与发展走向》，《西北农林科技大学学报》（社会科学版）2018 年第 5 期。

⑩ 金华宝：《农村社区互助养老的发展瓶颈与完善路径》，《探索》2014 年第 6 期。

助、互助的养老方式。但是，集中居住的互助养老模式在实践中面临一定的现实困境。社会文化层面，在孝道文化下互助养老认同低导致参与度不高，起步发展阶段制度设计不完善引发责任风险[1]，对资金支持的依赖性高存在可持续问题[2]。政府服务供给层面，在压力型体制下，以幸福院建设为载体的互助养老成为地方政府的政策执行任务，与农民的养老需求脱嵌。[3] 针对当前互助养老的实践困境，学界逐渐丰富对互助养老内涵与外延的探讨。有学者认为，"老年人之间的互助即为积极老龄化的形式之一，因为它标志着具有主动性的社会参与和社会网络建构。因此，对互助养老的探讨，将老年人的社会价值以及老年人的主体性和能动性纳入我们对养老问题的学术反思"[4]。当前学界对互助养老的关注应当纳入老年人能动性的分析，从老年人的互助精神和互助行为出发在社区内构建一种辅助型养老机制。这种建立在熟人社会和家庭养老的基础上的互助养老，关键不在于互助技术而在于村庄文化建设，将互助养老放置于村庄社会之中，通过村庄环境和社会氛围建设，才能建设良性、可持续和高质量的互助养老。[5]

对互助养老的研究经历了从消极老龄观到积极老龄观的转向。消极老龄观背后蕴含着对老龄化的负面价值判断，认为随着身体机能老化、生产价值能力下降，老年人逐渐成为社会负担。在老龄化的问题化导向下，需要通过完善养老保障制度、建设养老服务体系等举措为老年人打造幸福晚年。虽然集中居住的互助养老模式强调老年人互助理念，但是老年人仍然是被供养的对象，处于社会边缘位置，并且有意构建以幸福院为形式的相对封闭区隔空间。然而我国农村老龄化程度严重，现阶段难以建设高成本的养老服务供给体系，而且现有政策导向下的社区互助养老模式悬浮于村庄，忽视了老年群

---

[1] 参见纪春艳《新型城镇化视角下农村互助养老模式的发展困境及优化策略》，《农村经济》2018年第1期。

[2] 参见周娟、张玲玲《幸福院是中国农村养老模式好的选择吗？——基于陕西省榆林市R区实地调查的分析》，《中国农村观察》2016年第5期。

[3] 参见赵志强《农村互助养老模式的发展困境与策略》，《河北大学学报》（哲学社会科学版）2015年第1期。

[4] 方静文：《从互助行为到互助养老》，《中南民族大学学报》（人文社会科学版）2016年第5期。

[5] 参见贺雪峰《互助养老：中国农村养老的出路》，《南京农业大学学报》（社会科学版）2020年第5期。

体内部分化的现实。相较而言，积极老龄观认为老龄化是经济社会进步的表现，老年人口是重要的社会资源，强调老年人的社会参与。[1] 在积极老龄化视角下，重新理解农村互助养老，尊重老年人的主体性，动员村庄内生资源，有助于建设适应性的低成本、高质量养老模式。[2] 已有学者关注农村老年组织与农村养老保障的关系[3][4]，但是既有研究对农村老年组织如何促进农村社区互助养老及其发挥作用的具体机制的分析不足。

在实地调研中发现，不同类型的农村社区老年组织能够满足老年人村庄生活的多元化需求，形成适应性的内生互助养老实践。基于此，本章通过考察和对比两种类型的农村老年组织建设情况，分析农村内生型老年组织的功能与特征，深入剖析农村老年组织实现社区互助养老的社会基础与实践路径，以上工作有助于构建农村社区互助养老的组织化模式。在农村老龄化程度日益加深的背景下，总结老年组织在构建低成本、高质量的养老模式中的实践经验，对于探讨农村社区互助养老何以可能、何以可行具有重要借鉴价值。

第二节 农村社区互助养老的自组织类型

本章的分析资料来源于在福建晋江和湖北宜昌两地对农村老年组织的实地调查，对比依托不同类型农村老年组织形成的不同强度的社区互助养老的自组织模式，有利于厘清农村老年组织在社区互助养老中发挥作用的关键因素。

一 农村社区互助养老的强组织模式

第一种是社区互助养老的强组织模式，该模式是依托半正式老年组织实

---

[1] 参见郭爱妹、石盈《"积极老龄化"：一种社会建构论观点》，《江海学刊》2006年第5期。
[2] 参见陈义媛《农村社区互助养老的组织基础研究》，《北京工业大学学报》（社会科学版）2023年第3期。
[3] 参见胡宜、魏芬《复兴孝道：老年组织与农村养老保障——以洪湖渔村老年协会为例》，《中国农业大学学报》（社会科学版）2011年第4期。
[4] 参见王辉《村庄结构、赋权模式与老年组织连带福利比较研究》，《中国农村观察》2020年第4期。

现互助养老,以福建晋江 D 村的老年人协会为例。D 村辖区面积 1.2 平方公里。全村人口 1200 人,60 岁以上人口 145 人,占比约 12%。该村农户以销售瓷砖为业,农民家庭的经济基础较好,但经营活动繁忙,平时缺乏时间照料高龄老人。不过充足的村集体经济收入能保障村级老年公寓运转,为老年人提供了低门槛的养老服务。而且老年人在熟悉的村庄中生活,由老年公寓聘请本村低龄老人照料,嵌入村庄的养老服务质量得以保障。加之,处于发达地区的宗族型村庄的老年人协会因其经济资源丰富、老人权威保持较好,能够发挥老年人参与社会治理、村庄公共事务的功能。

当地农村老年人协会经历了从民间自组织向正式备案的社会组织的转型过程,但老年人协会的自组织程度较高,视为半正式组织。福建晋江位于闽南文化圈,宗族文化氛围浓厚,农村老年人的传统权威维持较好。早在 20 世纪 70 年代就在民间成立了老友会,主要由精英老人自发组成,负责组织村庄民俗和宗教活动。2012 年,在市政府要求下,在老友会基础上各村在行政村一级成立正式备案的老年人协会,村庄内年满 60 周岁老年人自动成为老年人协会的会员,不需要缴纳会费。老年人协会设立理事会组织负责日常管理,会长负全责,并按自然村人口比例设置若干副会长、秘书长或常委,协助会长完成老年协会日常工作。根据活动性质,老年人协会的主要功能分为三类。第一,组织和管理村庄民俗活动。晋江农村以自然村为单位,村庄会组织集体祭祖活动,而且当地大部分村庄建有村庙,在特定时节会举办面向全村的民俗活动,具有一定的公共性。第二,参与社会治理,例如调解矛盾纠纷、推广移风易俗等。宗族型村庄具有生产老人权威的社会基础,老年人协会的主要成员是精英老人,具有道德优势、传统权威、组织能力和经济能力等多元权威,他们是参与村庄社会治理的重要力量。[①] 第三,为该村老年人提供养老服务等。该镇有 23 个行政村建有老年活动中心,约三分之一的村庄建有村级养老院,为老年人提供充足的活动空间。根据老年人实际需求,老年人协会举办唱歌、跳舞、太极拳等文体活动。老年人协会还负责管理老年公寓,根据各村实际情况为老年人提供福利,例如 D 村老年人协会在中秋节、端午节、重阳节为全村 60 岁以上老年人发放粽子、月饼等应季食品。

[①] 参见黄思《社会治理视域下的农村老年组织:治理资源与参与机制》,《云南民族大学学报》(哲学社会科学版) 2021 年第 6 期。

二 农村社区互助养老的弱组织模式

第二种类型是社区互助养老的弱组织模式，依托非正式老年组织实现互助养老，以湖北宜昌Y村的老年志愿队为例。Y村辖区面积11.3平方公里，地形为山地，居住分散。全村人口1853人，其中60岁以上人口300多人，占比约16%。该村距离城区车程约20分钟，村庄主干道和通组路已建好。青年群体大多在外务工，平时只有老年人在村。老年人以自养为主，温饱不成问题，但生活比较孤独。而且村庄中缺乏老年人活动场所，他们普遍缺乏社会交往和消遣方式。村干部通过引导老年人成立老年志愿队，以志愿活动的形式将老年人动员起来，为他们提供相互陪伴的组织平台，为老年人再造社会关联与社会参与机会，通过老年人互助部分满足老年人的养老需求。

老年志愿队是在村级组织倡议下由老干部牵头成立，主要任务是发挥老年人的能动性，鼓励老年人社会参与。2016年5月，村民委员会主任邀请75岁的老妇女主任牵头组织老年志愿队。老妇女主任16岁时开始参加工作，大集体时期担任过村妇联主任、大队会计等职务，跟村里的老年人基本互相认识，在该村老年人中具有较强的号召力。开村民代表大会时，老妇女主任号召老年积极分子加入老年志愿队，很快就组建起20人的老年志愿队，经过几年发展后，2019年扩大到68人。老年志愿队的队员平均年龄63岁，其中年龄最大的85岁，年龄最小的58岁。老年志愿队以固定队员组建巡逻队，以村内巡逻为固定服务形式，其间穿插监督清理垃圾和协助村委会宣传。按照村民小组的地理位置将巡逻队分为四个小组，每组设一个组长。一般周一到周五巡逻，考虑到老年人的身体和安全因素，夏天气温38摄氏度以上和下雨天时不巡逻。巡逻当天，老年志愿者沿着巡逻路线去看望村里生病的老年人，中午聚餐。其他闲暇时间老年志愿队组织跳广场舞、聚餐、旅游等活动，教不会使用智能手机的老年人使用手机功能，当子女没有时间陪老年人去医院时，老年人还会结伴去医院看病。老年志愿队组建微信群，线上线下老年人都有了交流沟通的渠道，并且他们将微信群取名为"开心欢乐群"，在微信群中分享照片和有趣的事情，有位老年人说"聚在一起讲开心事，人的心情愉快些"。对子女不在家的老年人而言，老年志愿队对他们日常生活具有较强的精神慰藉功能。老年志愿队的巡逻活动对平时在外打零工的老年人有较强吸引力，部分人甚至宁愿不要当天的务工收入也要请假参加，其目的是与村庄中的老年人相伴交流。

表 11-1　　　　　　　农村社区互助养老的自组织模式

互助模式 组织概况	强组织社区互助养老	弱组织社区互助养老
组织名称	老年人协会	老年志愿队
组织性质	半正式组织	非正式组织
组织领导	多元权威	个人威望
资源支持	多元渠道、资源丰富	单一渠道、资源有限
村庄基础	经济发达的宗族型村庄	欠发达的原子化村庄
组织目标	发挥协会治理功能	开展老年志愿活动
组织成效	老有所养、老有所乐、老有所为	老有所乐、老有所为

对比表 11-1 社区互助养老的两种类型，发现村庄社会基础与经济资源基础影响村庄内生型老年组织发挥作用的空间，从而影响依托老年组织实现的社区互助养老自组织程度的强弱。老年人协会与老年志愿队作为两种类型的农村老年组织，具有完全不同的组织性质、组织领导、资源支持、村庄基础，发挥的具体功能相差较大，但两者均在不同程度上实现了适应村庄实际条件的互助养老目标。农村老年组织能够实现组织功能、发挥组织成效，关键在于作为嵌入村庄的内生型组织发挥自组织功能，它们具有相当的适应性和灵活性，扎根熟人社会，契合村庄社会基础，满足当地老年人的养老需求，尊重老年人的主体性。因而能够充分调动老年人积极性，培育老年人的自组织能力，实现老年人自我服务与互助养老。

第三节　农村老年组织的自组织基础

农村老年组织立足村庄，通过搭建组织平台为老年人建构老年生活实践情境，满足老年人的养老需求，增加老年人社会参与，有助于实现低成本、高质量的积极老龄化。农村老年组织展现了实现农村社区互助养老的自组织模式，本村老年人对社区基本情况非常熟悉，而且通过组织建设为老年人提供满足其需求的适应性功能。同时，农村老年组织的领袖人物与积极分子具有较强的组织能力，构成了老年组织本身的自组织能力，实现低成本的自我管理、自我服务。

一 农村老年组织的社区嵌入性

农村老年组织的社区嵌入性是实现社区互助养老的村庄基础。以村庄为单位组建的老年组织具有很强的在地化性属性，是与村庄社会紧密结合的内生型社会组织。老年组织的成员都是同村庄的老年人，彼此熟悉，而且经历过大集体时期的老年人有共同生产生活的经历。一方面，以老年组织为单位建设了良好的社区互助养老载体，将村庄中的老年人聚集起来，并且以老年组织为载体展开老年生活的具体实践，老年组织根据村庄基础形成适应性的组织功能。另一方面，嵌入熟人社会的老年组织营造了良好的社区养老环境，老年人仍然生活在他们所熟悉的村庄环境和社会关系之中，构成了家庭养老的延伸。而且传统邻里守望相助的精神得以保持，老年人之间具有很强的互助性。

Y村老年志愿队中的一位60岁的老年女性，在市区做临时工。儿子31岁未婚，还没有买房，丈夫感觉到经济压力很大，因此希望她多打工赚钱，休息时会被说。经常为此与丈夫产生矛盾，所以她更愿意在外务工。但工作时接触的都是村庄外的陌生人，难以满足她的社交需求，而村里的老姐妹都是熟人，可以聊天谈笑。甚至为参加村内的志愿服务活动多次请假，她说参与志愿巡逻是"想开开心心玩一天"。

案例中的老年人仍然参与社会劳动，但是在村庄之外难以建立稳定的社会交往关系，而村庄中的老年志愿队为她提供了嵌入熟悉关系的交往渠道。而且老年志愿队是以村民小组为单位分小组巡逻，对他们而言，巡逻是将彼此熟悉的老年人组织在一起的活动，实质上他们就是在村里散步、聊天、聚餐等，他们的精神慰藉需求得到满足。

二 农村老年组织的功能耦合性

农村老年组织的功能耦合性是实现社区互助养老的功能基础。高度嵌入村庄社会的老年组织熟悉老年群体的情况和需求，促进组织功能与养老需求的耦合，实现社区互助养老。村庄基础差异决定了农村老年组织的功能分化的层次，因而不同的老年组织的功能有所差异，但是所形成的社会效果相似。一般而言，农村老年组织的功能包括三个层次。

第一，提供日常生活服务。农村老年组织作为内生型的社会组织，根据村庄经济和社会基础不同老年组织的功能存在较大分化。经济基础较好的村庄比如晋江C镇的老年人协会，不仅有村办老年公寓为老年人提供社区养老服务，还通过购买服务的方式每周定期为老年人测量血压、血糖，在节假日为老年人提供福利物资。在经济基础较差的村庄则由家庭满足老年人的日常生活服务需求。

第二，满足村庄社会交往。社会转型期家庭交流弱化和社区交往萎缩，在缺乏文化服务供给的情况下，农村老年人的精神孤独感强烈。[1] 农村老年组织为分散的老年人重建交往平台，将老年人吸纳到社会公共生活中。Y村老年志愿队的一位老年人平时住在村里，周末女儿接她到城里住，她感到"（跟子女）吃也吃不到一起去，玩也玩不到一起去，聊也聊不到一起去"。而志愿服务作为一种社交方式和生活调剂的载体，吸纳了老年人生活中的空闲时间，满足了他们的社交需求，对老年人有较大吸引力。

第三，促进自我价值实现。农村老年组织通过组织行动强化老年人的社会参与，为老年人的自我实现提供实践情境，在活动中建立与村庄的联结感，在行动中形成自我效能感。在老年人传统权威维持较好的宗族型村庄，老年人的自我效能感本身比较强，但是老年人协会作为半正式组织参与社会治理有助于为老年人提供制度化的社会参与渠道。更为显著的是宜昌的Y村，原子化村庄的老年人逐渐边缘化，老年志愿队为老年人参与村庄公共生活提供了组织化的渠道，而且老年人在为村庄做力所能及的事情过程中形成了积极的自我认同感。

---

[1] 参见毛一敬《重建社会交往：农村老年人精神慰藉的组织化实践路径》，《东北大学学报》（社会科学版）2021年第5期。

三 农村老年组织的自组织能力

农村老年组织的自组织能力是实现社区互助养老的互助基础。农村老年组织的领袖人物一般是精英老人，他们的权威和能力内嵌于组织，是形成自组织能力的关键。而且，老年组织的社区嵌入性使得老年组织本身可以利用熟人社会的资源，具备形成自组织能力的社会基础。

第一，农村老年组织的自组织能力始于精英老人，植根于村庄社会。他们作为村庄中老年群体的代表，不仅具备组织能力，还能对老年人的实际处境与需求感同身受。在晋江 C 镇的老年人协会中，会长大多是老年企业家或退休干部、教师，他们具有参与村庄公共事务的热情与能力，能够整合运用人情、面子等熟人社会资源建设老年人协会。宜昌 Y 村的老年志愿队的队长是群众工作经验丰富的老村干部，是经历了大集体时期的大队干部，具有广泛的群众基础和号召力，以积极分子为核心成员组建起老年志愿队。并且通过组织建设让其他老年人看到实际成效，逐渐扩大老年志愿队的规模，组织规模增殖是自组织能力强化的体现。

第二，农村老年组织的自组织能力是互助养老的驱动力。老年组织的组织建设过程、组织活动过程都贯彻老年人的互助精神和互助行为。一方面，精英老人在对老年组织的管理过程中回应老年群体的需求，促进自我价值实现，是社区互助养老的核心体现；另一方面，在组织活动过程中，老年人进行多种形式的互帮互助，可以是老年公寓中低成本雇用低龄老人照顾高龄老人，提供实质性的照料，也可以是老年志愿队的老年人互相陪伴，提供精神慰藉。农村老年组织的自组织能力构成实现社区互助养老可持续发展的保障，而且自组织能力较弱的情况下通过自我组织、自我管理有助于培育自我服务的意识与能力。

第四节 农村社区互助养老的自组织路径

以老年人为主体，以老年人需求为本位，是实现农村社区互助养老的根本所在。半正式组织或非正式组织能够高度嵌入熟人社会，老年人的参与积极性较高，核心在于组织化赋能与弹性化管理。农村老年组织为老年人提供了自我组织的载体,并且根据实际的村庄基础进行适应性调整,具有较大的发展弹性。引导和鼓励老年人以社会组织为载体,不失为一种实现农村社区互助养老的可行路径。

一 识别与匹配老年人需求

识别与匹配老年人需求是制定适应性社区互助养老目标的基础。一般而言,老年人的养老需求包括日常照料、经济支持和精神慰藉。随着我国经济社会发展,不断完善社会保障制度,农民收入水平整体提高,温饱问题不再是导致农村老年人养老危机的主要原因。而且,"中国农村的老年人问题不宜还原为养老问题,富有中国特色的家庭制度和土地制度塑造了农村应对老龄化的独特路径"[1],老人农业很大程度上消解了农村养老的经济支持问题,村庄中的老年人根据劳动能力和自理能力的差异分化为供养对象和生活主体。对照料有迫切需求的主要是生病或高龄的失能老人,从整体来看这部分是少数群体。对大部分老年人而言,他们日常生活中普遍面临空巢问题,最核心的需求是精神慰藉。

在城镇化背景下,中西部地区因缺乏充分的县域就业机会,农村劳动力外流导致村庄空心化现象,在现实层面加剧农村老龄化的发展程度。在异地务工的就业选择下,农民家庭成员分散在多地,留守老人面临空巢问题。而且,农村普遍缺乏多样化的文化生活和休闲场所,因而,老年人对精神慰藉的养老需求比经济支持、生病照料更为凸显。另外,即便是在经济发达地区的农村或者城郊村,年轻人在本地就业,和老年人居住在一起或者居住距离较近,但是代际生活方式、思想观念等差异让他们之间的情感交流产生区隔,老年人同样会感受到边缘感和孤独感,成为精神上的空巢老人。孤独感直接影响老年人的养老生活的幸福感和生活质量,但是精神需求的满足需要载体。加之,老年人不再作为家庭主要劳动力之后难以从劳动中获得全部的价值感,而且在家庭中作为消费者,也可能使老年人与子女产生矛盾,他们更需要调适心情的渠道。农村老年组织为填补老年人的精神世界提供载体,能让他们从孤独的生活中放松精神,实现老有所乐、老有所为。

---

[1] 李永萍:《养老抑或"做老":中国农村老龄化问题再认识》,《学习与实践》2019年第11期。

二 组织化赋能老年人群体

组织化赋能老年群体是形成社区互助养老实践载体的核心。农村老年组织的组织建设为老年人群体增能和赋能，在社会结构紧密的宗族型村庄中，老年组织强化了老年人群体的自组织能力，实现组织化增能。在社会结构松散的原子化村庄中，老年组织培育和强化老年人的主体性，发展老年人群体的自组织能力，实现了组织化赋能。第一，为老年人提供参与社会的平台和机会。逐渐退出村庄公共生活的老年人缺乏社会参与机会，甚至缺乏社会参与动力，但是在外力的引导和鼓励下建立的老年组织让他们认识到参与公共生活的可能性和可及性。第二，为老年人提供建构社会资本提供平台和渠道。对于社会交往萎缩的老年人而言，老年组织将他们聚集在一起，并且在参与村庄公共事件的过程中有助于建构社会资本，形成社会支持体系。第三，为老年人提供自我组织、自我管理、自我服务的平台，在组织建设过程中培育自组织能力，为老年群体赋能，形成赋能与服务的循环。

如果由第三方机构为老年人提供社区养老服务，不仅存在嵌入性问题还产生额外的组织成本问题。通过组织老年人并赋能农村老年组织，不仅解决外来组织的成本问题，还能通过老年组织激活老年人的主体性与积极性。农村老年组织在实现具体功能的同时，为老年人建构了社会交往的空间和自我实现的舞台。而且，农村老年组织是老年群体发展自组织能力的重要形式，在组织建设的实践过程中以具体的互助行为培育、强化了老年群体的自组织能力，为老年组织增能，在可持续发展过程中实现良性循环。例如原子化村庄的社会结构比较松散，老年人的组织性较差，但是老年志愿队为老年人提供了发展自组织能力的平台和契机，并且在组织建设过程中实现多元化发展，老年人以老年志愿队为起点，组建各类文化活动群体，建构多种社会联结方式。

三 弹性化管理老年人组织

弹性化管理老年组织是实现社区互助养老可持续发展的保障。在弹性化管理的保障下，农村老年组织能够在获得资源支持的同时保留其自主性与灵活性，从而充分整合村庄内生资源以促进老年组织的发展。弹性化管理主要表现在以下两方面。第一，宽松的工作目标考核。老年组织作为民间社会组织具有非正规性，对其制定严格和标准化的目标考核标准会严重打击老年人的积极性。宽松的考核标准有助于对老年人形成正向激励，在实践中培育老年人的自组织能力与积极性。半正式的老年人协会因其正规性较高面临相应的考核，但是考核仅分为三个等级并进行相应奖励，而不对其工作事项进行细化打分。非正式的老年志愿队不制定具体的工作目标，村级组织在其需要时提供有限支持，并对老年人的志愿服务充分肯定，极大地激发了老年人的积极性。第二，宽松的财务监管制度。组织运转会产生成本，不论是资源丰富的老年人协会还是资源有限的老年志愿队，都需要对其财务进行监管。但是不同于对正式组织的制度化监管，对老年组织采取的都是模糊化的监管和审计，达到基本的不浪费资源且资金用于组织运转和老年人身上的要求即可。

弹性化管理老年人组织是在组织化赋能老年人群体后进一步激活老年人能动性、积极性和主体性的必要举措。随着经济能力下降、社会关系萎缩，老年人参与公共生活的能力与积极性被削弱。在上级政府要求或村级组织引导下，将老年人组织起来并给予制度支持，是对老年群体的组织化赋能。但是在外力的推动下建设的老年组织的自组织能力才是其实现可持续互助养老的内在驱动力，否则与悬浮于村庄的第三方组织的实质性区别不大。激活老年人主体性与积极性的关键在于形成自组织能力，而培育和强化老年组织的自组织能力的关键在于对其进行弹性化管理。在为老年人搭建组织框架后应当将组织建设和组织发展的自主权交给老年人，对老年组织而言，政府与村级组织更重要的作用是为其提供支持并且进行监督。

小　结

在农村老龄化程度日益加深的背景下，内生型农村老年组织是实现农村社区互助养老自组织模式的重要载体。老年人社区互助养老实践形式多样，不仅仅停留在低龄老人为高龄老人提供照料服务，还应当拓展发挥老年人能动性以实现社区内老年人自我组织、自我服务的功能。农村老年组织发挥社区互助养老功能，关键在于以村庄为单位、以老年人为主体组建老年组织，这样的老年组织高度嵌入村庄社会，有利于整合村庄资源，营造良好的敬老、养老氛围。内生型农村老年组织具有社区嵌入性、功能耦合性和自组织能力，构成实现社区互助养老的村庄基础、功能基础与互助基础，其特性与社区互助养老的核心理念不谋而合。农村老年组织的建设过程中，识别与匹配老年人需求是制定嵌入性社区互助养老目标的起点，组织化赋能老年人群体是搭建社区互助养老的实践载体，弹性化管理老年人组织是实现社区互助养老可持续发展的保障，三者结合共同构建农村社区互助养老的自组织路径。

同时，还应当注意到，对于大多数欠发达的农村地区而言，农村老年组织可整合的资源有限，必须认识到农村社区互助养老是家庭养老的延伸，对其过高的要求会瓦解老年组织的积极性与主体性。当前，中西部农村仍然以家庭养老为主要养老模式，认识老年群体的实际需求，为老年人提供补充性的服务供给模式，才是切合实际地实现积极老龄化的举措。国务院印发《"十四五"国家老龄事业发展和养老服务体系规划》提出，要践行积极老龄观，促进老年人社会参与，鼓励和引导老年人在城乡社区建立基层老年协会等基层老年组织，搭建自我服务、自我管理、自我教育平台。实践经验表明，通过激活村庄老年群体，结合老年人实际需求，引导老年人建设老年组织，培育老年群体的自组织能力，有助于实现"与老偕老"。即通过构建高度嵌入农村社区的老年组织，建设低成本、高质量且适应性强的社区互助养老自组织模式。在老龄化时代，农村社区互助养老既是在积极老龄化理论指导下提出的应对农村养老服务供给不足的举措，也是通过提高老年人生活质量实现人口高质量发展的重要内容。但是中国幅员辽阔，不同区域发展存在经济差异，老年群体也存在内部分化，不同的老年人面对的养老环境不同，存在多样化养老需求。因此，面对复杂现实与多元需求，构建让老年人"老有所养、老有所为、老有所乐"的养老服务体系还有更远的路要走。

第十二章

引导与主导：政府农业治理逻辑及其对比*

产业兴旺是乡村振兴的基础，而产业结构调整是实现产业兴旺的第一步，即通过统一产业结构初步达到农业生产的规模效应。经济发展一直都是地方政府考核的重点内容，农业产业发展也是政绩的重要体现。所以，地方政府推动农业产业发展具有合理性和必要性，这一项工作占据地方政府领导的注意力。然而，在农业产业发展过程中发挥政府的作用不等于让政府主导农业产业的发展，因为政府是公共品的建设者和公共服务的供给者，而不是市场经营主体。政府掌握公共资源直接参与市场可能会因为资源分配问题引起不公平的市场竞争，不利于产业的可持续发展与市场良性竞争。更为重要的是，政府无法包办农业产业的所有环节，当其不了解市场轻易调整产业结构时可能违背农民意愿，导致面临的产业发展风险较大。在乡村产业振兴过程中，要厘清政府与农民的关系，地方政府只能做引导者、带路人，营造良好的产业发展环境、提供产业发展条件，尊重农民的主体性和能动性，让农民利用自身才智或者依靠集体探索在市场中奋斗致富。

---

* 本章以《引导与主导：农业产业结构调整的政府逻辑及其影响》为题，发表于《重庆社会科学》2020年第4期。

第一节　农业产业结构调整中的政府行为研究

产业兴旺是乡村振兴的经济基础。对于大多数农村而言，第二、第三产业发展条件不足，实现产业兴旺的核心在于促进农业产业化与农业现代化。当前，我国大部分农业型村庄延续了自给自足、剩余出售的小农经济传统，因此要实现农业产业化发展必然面临农业产业结构调整。

我国改革开放以来经历三次农业结构调整，分别是以需求为导向的农业结构调整、农业结构的战略性调整和以国际市场为导向的农业结构调整，突破了"以粮为纲"的方针政策，农业生产结构不断优化，现阶段农业结构面临的主要问题是粮食安全与主要农产品的供给平衡。[1] 有学者认为"市场逻辑"[2] 是农业转型的初始动因，在市场力量吸引下农民种粮意愿降低，出于粮食安全考虑，国家通过项目扶持重构农业经营主体，市场逻辑与国家干预逻辑相互交织。学界对农业产业结构调整的关注重点集中在大农业的范畴，此类研究大多是从经济学角度分析生产效率问题，关注当前我国的粮食安全[3]、土地利用[4]、区域结构[5]等问题，从政治社会学角度分析政府的农业治理行为，政府行为被大而化之地归为具有政策影响力的宏观调控，对地域范围内农业产业结构调整的微观研究不足。

从农业转型的动力来看，一种研究进路认为农业转型主要依靠政府干预，在政府主导的农业产业结构调整模式下，政府更青睐扶持规模经营主体来替代与分散的、数量庞大的小农户打交道，以此降低政策执行成本。[6] 政府以经营土地的方式推动资本下乡，一方面撬动社会资金参与城乡一体化的进程，另一方面社会资金参与耕地流转，帮助地方政府推动农业经营模式实现从家

---

[1] 参见高强、孔祥智《中国农业结构调整的总体估价与趋势判断》，《改革》2014年第11期。
[2] 龚为纲、黄娜群：《农业转型过程中的政府与市场——当代中国农业转型过程的动力机制分析》，《南京农业大学学报》（社会科学版）2016年第2期。
[3] 参见赵玻、[日]辰马信男《论保护中国农民种粮积极性》，《经济学家》2005年第3期。
[4] 参见丁忠义、郝晋珉、李新波、张富刚、侯湖平《农业产业结构调整中土地利用结构及其与粮食产量关系分析——以河北省曲周为例》，《资源科学》2005年第4期。
[5] 参见李炳坤《推进农业产业结构的战略性调整》，《农业经济问题》2000年第3期。
[6] 参见龚为纲、张谦《国家干预与农业转型》，《开放时代》2016年第5期。

庭经营向规模经营的现代农业的转型。① 在经济条件较差的地区，地方政府在强政绩激励和弱惩罚的激励结构下频繁进行农业产业调整②，农业产业的发展经常以失败告终。另一种进路认为市场是影响农业转型的主要因素，黄宗智等人认为在市场机制作用下农业正在经历从种植大田作物的旧农业到高值农产品的新农业转型，在大规模非农就业、人口自然增长下降、食物消费与农业结构转型的"三大历史性变迁的交汇"③ 阶段，农业从业人口下降，农业向高值、高劳动需求产品转型，直接提高农业劳动力收入，是我国农业突破"过密化"和"内卷化"的契机。还有学者认为国家治理体制从汲取型向反哺型转型，基层政府职能从管制型向服务型转变，农民致富实践经历政府主导到农民主位的转变。④ 延续此研究进路，本章关注县级以下的地方政府在农业产业结构调整中的行为模式。

由于农业产业结构调整中地方政府的初始动力不同，本章将政府行为模式划分为两种类型即政府引导与政府主导，在实践中两种类型并非完全独立存在，为了便于分析，本章归纳出以上两种理想类型。通过比较两种模式下的地方政府在农业产业结构调整中的举措及其影响，强调农业产业的经营主体是小农家庭，产业发展最终要经受市场考验，明确地方政府在产业发展过程中统筹农业生产社会化服务的角色。本章的分析基于 2019 年 7 月和 8 月在华北平原和东部沿海两地的驻村调研。

---

① 参见周飞舟、王绍琛《农民上楼与资本下乡：城镇化的社会学研究》，《中国社会科学》2015 年第 1 期。

② 参见刘军强、鲁宇、李振《积极的惰性——基层政府产业结构调整的运作机制分析》，《社会学研究》2017 年第 5 期。

③ 黄宗智、彭玉生：《三大历史性变迁的交汇与中国小规模农业的前景》，《中国社会科学》2007 年第 4 期。

④ 参见赵晓峰、王习明《国家治理体制转型与农民致富实践的绩效评析——基于豫中 C 乡与川西 Y 乡农民致富实践的实地考察》，《古今农业》2010 年第 1 期。

第二节　两种政府行为下的农业产业结构调整

一　政府引导农业产业结构调整

(一) 政府引导农业产业结构调整的案例

华北平原B县L乡以大桃为主要产业，桃园面积约2.3万亩，果品产业是该乡镇的第一产业。L乡的大桃产业从大集体时期开始，20世纪70年代，L乡A村为提高亩产收益，村党支部书记带头引导村民改种桃树，因大桃的市场行情较好，村庄的经济水平得到整体提升。受经济利益驱动，周边村庄的农民纷纷效仿改种桃树，掀起一股自下而上的产业结构调整风潮。调研所在村庄Q村隶属L乡，临近A村，共有700亩土地。分田到户以前，Q村主要种植粮食作物，分田到户以后，受A村影响，Q村的村民开始逐步改种桃树。前两三年树苗长得不高，村民在田间套种小麦。5年达到产量高峰期后，村民完全改种桃树，最终形成600亩左右的桃树规模。鼎盛时期Q村200户中130户种植桃树，以小农家庭为经营主体。随着人口外流以及劳动力更新换代，目前有60多户农业户仍在种植桃树，主要是50岁以上的中老年人。小农家庭种植规模集中在2—6亩，种植面积最大约10亩。对于中年人来说，经营桃树的收入与他们在市场上务工的收入相当。对于老年人来说，经营桃树的收入是养老的主要经济来源。

大桃产业具有规模效应和高度产业化等特征。但是土地流转的市场化程度较低，土地流转市场不活跃，且流转价格低，仍然以村庄内亲戚邻居无偿或低价格流转为主要形式。一方面，为控制劳动力成本，经营主体的土地流转需求较低，未发育出活跃的土地流转市场。种植桃树对劳动力投入要求高，劳动环节量大、琐碎，包括掰花芽、疏花、疏果、套袋、摘桃等，难以机械化操作。且规模经营要面临高额的人工成本以及劳动监督成本，不适宜大规模经营。另一方面，外出的村民和无劳动能力的村民无法继续种植桃树，但抛荒之后土地的整理成本较高；如果将桃园抛荒，部分外出务工的村民返乡后要继续在土地上进行农业活动，就必须投入较高的土地整理成本。因而流转土地的意愿高于通过流转土地获利的意愿，村民将土地免费或低价流转给亲戚或邻居，留在村庄的村民流转土地可获得土地上的附着物产生的收益。

(二) 政府引导农业产业结构调整的行为

第一，统筹农业生产社会化服务。从粮食作物转种经济作物是顺应农民发展需求的自下而上的产业结构调整，当新产业发展到一定规模后政府介入其中，发挥引导、服务功能。在既有的产业结构调整方向下，政府顺应市场原则，对农民需求给予回应，由政府和集体统筹提供农业生产的社会化服务，主要包括水利灌溉等基础设施建设和农技服务体系建设等。

从农技服务方面来看，果树管理需要一定的农技知识，对于文化水平较低且长期种植粮食作物的农民来说，改种桃树有一定的技术门槛。为解决农技问题，1991 年县政府设立果品办公室，专门为桃农提供农技服务，降低了农民进入大桃产业的技术门槛。每月给桃农发放农技知识学习材料，定期举办讲座和培训。当桃树发生不可逆的病虫害，果品办公室给桃农发放补贴，降低桃农的经济损失。加之，树枝的疏密影响产量，但是农民修剪果树的水平和积极性参差不齐。为提高第二年产量，B 县在各村推广有偿果树修剪队，其中集体补贴 60% 的费用。从水利灌溉方面来看，在水资源较少的北方农村，修建水利设施是单家独户难以完成的事情。为解决果树灌溉问题，Q 村利用一事一议项目打了 6 眼 300 米深井，并铺设灌溉用地埋管，每 50 米一个出水口，实现智能化灌溉。在全县统一要求下，各村聘请 2 名管水员负责机井的日常管理，聘请水管维修队负责灌溉用的地埋管线路的巡查和维修。总体来看，B 县已经建立比较完善的自上而下的农业生产社会化服务体系。

第二，积极拉近小农与市场的距离。政府在产业结构调整中发挥引导和统筹农业生产社会化服务的作用，并不干涉农户与市场对接。L 乡形成比较完善的大桃市场销售链，以小农户—代办的模式与大市场对接。随着微信在农村的普及，部分桃农用微信销售。但是对于大多数市场能力较弱的桃农来说，同类产品在当地市场销售形成内部竞争。为扩大销量，拉近小农与市场的距离，提升全国市场竞争力，地方政府推动品牌建设、改善交通运输条件。

一方面，政府建设地方品牌，帮助农民开拓全国市场，增强产业整体竞争力。2006 年以县政府名义注册地方品牌、国家地理标志产品等具有影响力的商标和认证。以地方政府的公信力为农产品担保，使得桃农可以在不需要严格质检和商标认定的前提下，使用地方品牌销售大桃。此外，L 乡政府近几年围绕桃文化举办各类文化活动，举办桃花节、蟠桃会、相亲大会等，开创围绕桃文化的文创商品，进一步提高地方品牌的知名度。另一方面，政府改善交通条件，提高农产品到市场的效率。L乡距离市中心约70公里，修通高速后大大缩短农产品到市场的距离，充分发挥靠近大市场发展商品农业的天然优势。拉近市场距离有助于拉近产业链两端即农户和消费者的距离，通过减少中间环节的交易成本、运输成本等增加小农利润。交通条件改善，还有利于外地客户或商贩上门收购，进一步放大地方品牌的市场优势。

二 政府主导农业产业结构调整

（一）政府主导农业产业结构调整的案例

东部山区Y乡近年来发展猕猴桃产业，是在传统产业面临危机的背景下，地方政府主导的一次自上而下的农业产业结构调整。当地传统产业为竹产业，2010年，毛竹加工业的产值占全乡工业总产值68%。从2010年开始，国家出台生态环境保护等政策关停部分毛竹加工厂，对竹产业造成严重冲击，围绕竹产业产生的经济效益、社会效益开始减少，农民收入下降。乡政府希望调整农业产业结构，培育新的主导产业，红心猕猴桃是乡政府选定的目标产业，当地的山区气候和土质生长的红心猕猴桃品质优良，能满足有品质偏好的消费者需求。乡政府计划以现代精品农业带民致富，打造"猕猴桃之乡"的口碑，形成区域内最大的猕猴桃产业带，同时结合县政府发展全域旅游的指导理念，建设有地方特色的乡村旅游景点如猕猴桃采摘园等。

但是Y乡位于山区，海拔高而雨水多，因气候原因山坡上种植猕猴桃容易感染溃疡病，传染性强且不易根治。2015年，全乡猕猴桃树暴发溃疡病，损失近一半的树种，县政府聘请农科所等专家，专家建议更换品种，但意味着失去核心的市场优势。而且短期内调整产业结构导致经济效益负增长，部分农民迅速退出猕猴桃产业。少数种植猕猴桃的果农外出寻找土专家学习技术，发现每年嫁接一次果树能防止溃疡病，但当年无法挂果，有一定的经济损失。对于依靠土地获取收入的农民来说，种植猕猴桃的技术门槛较高且收益不稳定，留在村庄的是少部分中农和老年人，老年人不懂病虫害防治技术，而且溃疡病难以根治，种植积极性自然不高。另外，猕猴桃对于劳动力的密集需求使其面临规模化困境，中农种植最大规模约10亩，难以经营更大面积的猕猴桃园。2019年，全乡种植面积从600亩减少到200亩，Y村种植面积从300亩减少到50亩。红心猕猴桃产业没有达到预期规模和经济效益，当前的种植规模是农民自主选择、市场筛选后的适宜规模。

（二）政府主导农业产业结构调整的行为

第一，通过组织领导、村干部带动的双重动员方式，推广猕猴桃种植。以政绩打造为出发点，乡政府推动农业产业结构调整，用包装亮点的逻辑推广"现代精品农业"的话语。乡政府成立原生态精品农业工作小组，通过加强组织领导让全乡重视新的产业发展。为实现高品质的农产品的市场价值，乡政府积极推广生态种植，但几家试点种植户的最终产量和品质都不理想。动员村干部带头种植猕猴桃，组织村干部外出考察学习，聘请专家培训栽培技术，让村干部发挥模范作用并向农户推广。在各村设立猕猴桃技术员、植保员、品控员"三员合一"人员，推广猕猴桃栽培管理技术、预防病虫害、提高农产品品质，但农户认为"三员合一"人员的专业水平有限，实际中农户主要自学技术预防病虫害。

第二，乡政府大力发放种植补贴激发农民种植积极性，扩大种植规模。2011年，每棵猕猴桃苗木乡政府补贴3元，农户自付5元，果园搭建设施大棚每亩补贴1000元。在高额补贴激励下，推广种植猕猴桃的当年全乡种植面积达到600亩，动员近100户农民，其中Y乡驻地所在村Y村的种植面积全乡最大，约300亩。为发展现代精品农业，除了在全乡大面积推广种植红心猕猴桃，乡政府还重点打造新型农业经营主体，树立专业合作社为典型，2012年在全乡范围成立猕猴桃专业合作社。合作社社长为Y村村党支部书记，社员入股种植面积约580亩。第一年合作社获得乡政府30万元的项目支持经费，合作社对入股的社员生产的猕猴桃统购统销，按10元/斤的保护价收购。

第三，扶持经营主体对接市场，拓展红心猕猴桃的销售渠道。Y乡政府支持猕猴桃专业合作社参加农博会销售农产品，举办猕猴桃采摘节、组织市场考察等活动。刚开始的几年猕猴桃种植规模较大，乡政府连续举办4年采摘节，希望借此吸引周边旅游业发达乡镇的游客带动销量，但是效果不好没有将采摘节常态化。乡镇农民合作经济组织联合会组织猕猴桃专业合作社成员到周边大城市农产品批发市场考察，了解销售市场对猕猴桃的需求行情。猕猴桃专业合作社为帮助小农户对接市场，降低市场风险，对入股农户种植的猕猴桃统购统销。但合作社没有专业的销售员打开市场，销路不畅，在冷库储存的猕猴桃滞销导致亏损20万元，后依靠乡政府找企业订购保障销路以弥补亏损。从2019年不再收购散户的猕猴桃，且收购价格下跌到5元/斤，主要负责协调、农资统购和销售推广。失去合作社的销路保障，散户难以打开市场。

第三节　农业产业结构调整中的政府行为逻辑

一　农业产业结构调整中的政府逻辑

在政府引导的农业产业结构调整模式中，政府和集体投资农业生产的基础设施和农技服务体系，建设农业生产社会化服务体系，以市场为导向，拉近小农与市场的距离。在大桃产业的经验中，农业生产条件具备比较完善的地埋管灌溉系统、丰富的水资源、智能化刷卡系统以及制度化的管水员和维修队，满足桃农灌溉需求，无须小农协调公共品供给。制度化的农技服务体系为桃农提供了技术指导和农业补贴等，从县一级的果品办公室，到各村的全科农技员，甚至连农业污染废弃物都由全科农技员组织村民回收，由村集体支付劳动成本。政府和集体为小农提供具有公共品性质的农业生产社会化服务，建设地方品牌，极大降低了小农的农业生产成本，增加抗风险能力，增强市场竞争力。

在政府主导的农业产业结构调整模式中，政府的工作重点在于打造亮点和政绩，主要着手点在以专业合作社为典型的规模经营主体，以项目形式给合作社发放补贴，借助合作社的亮点向上申请项目和资金，是项目的逻辑而非发展产业的逻辑。为短时间内扩大产业规模，给农民发放经济补贴，争取吸引更多农民进入新的产业。政府主要集中关注农业生产的产前环节，忽视了产中农技服务和产后销售环节。虽然当地政府在农民欠缺对接市场的能力时，帮助搭建农民与市场对接的平台，但主要的方式是推动合作社统购统销或拉动电商平台，通过包办的思路或者寄希望于新技术解决小农户与大市场的对接问题，忽视了农户的市场能力以及农产品的市场竞争力，这恰恰是新的农业产业能否经受市场考验得以发展的关键。

政府引导和政府主导农业产业结构调整的关键区别在于产业发展的动力与逻辑，事实证明自下而上顺应市场需求的产业结构调整，在政府积极引导下得以发展壮大，政府和集体统筹具有公共品性质的农业生产社会化服务助力产业发展。相比之下，由政绩驱动，政府自上而下推动产业结构调整，新产业在发展过程中会遭遇自然和市场的双重风险。政府前期对产业投入越多，反而造成的财政损失越大。

二 农业产业结构调整中政府行为的影响

(一) 政府引导农业产业结构调整的影响

第一，以市场为导向，政府引导农业产业结构调整，有利于农业产业稳定发展，提高土地利用率，增加农民收入。自下而上的产业结构调整，不是出于政府官员主观意愿或自上而下的行政任务，而是农民出于现实需求进行种植结构调整，并产生规模效应。在产业发展到一定规模后，政府通过逐步完善、统筹农业生产的社会化服务，降低农业生产的成本；建设地方品牌，提高当地农产品的市场竞争力，适应市场优胜劣汰的竞争法则，最终实现农民增收。政府进行持续投入和积累，新产业才得以稳定发展，从一个村庄到全县发展，大桃产业已形成规模效益和品牌效应，较其他地区具有先发优势，有利于占据市场地位。对地方政府来说，选择农民认可并且自发调整的农业产业，以较低的行政成本引导、扶持产业发展，不需要从源头上投入大量财政资金发放补贴，动员农民调整种植结构。

第二，政府支持城郊地区发展商品农业，有利于促进城乡融合发展。一方面，大桃产业的发展活力使得家庭经营的模式与城镇化的家庭发展目标相契合。桃农正是通过家庭经营的模式投入家庭劳动力，获得比较充足的经济积累，并通过代际合力帮助子代实现城镇化的家庭发展目标。另一方面，留在村庄的中老年人尤其是低龄老人，虽然在劳动力市场上竞争力较弱，但他们仍然具备劳动生产能力。他们在村庄从事农业生产获得的经济收入，不仅是养老的经济来源，而且还有剩余收入积累，可以支持子代在城市的生活。加之，适当的城乡距离有利于维系两代家庭的资源互动。在城镇化快速发展以及实施乡村振兴战略的背景下，两代人在一城一乡之间实现良性互动，有利于实现城乡融合发展。

(二) 政府主导农业产业结构调整的影响

第一，以政绩为导向，政府主导农业产业结构调整，选择的新产业如果未经市场考验就大规模推广，可能导致该地产业更替频繁。在乡政府治理资源、治理能力不足的情况下，政府通过给农民发放补贴"诱民致富"会遭到农民反制，而且基层政府对农民的经济补贴是不计成本和有去无回的，最终导致"政府致负"①。乡政府有干预产业发展的动力，为推广新产业，发放补贴、找技术专家、牵头成立合作社等，不可谓不用心，但最终产业发展失败。农民对于产业的选择是基于家庭发展目标和市场风险决定的，乡政府没有充分考虑以上因素而调整产业结构极有可能面临失败的风险。农业产业发展与当地社会结构、资源条件相匹配，才能经受市场考验，真正契合农民利益。加之，乡政府扶持新型经营主体，通过专业合作社整合果农，希望在较短的时间内呈现规模、品牌效应，注重的是对政绩贡献更大的即时效应而非长远经济效益。农民在产业发展过程中的需求没有得到及时、准确的回应，考虑到产业发展过程中面临的自然风险和市场风险，退出该产业的可能性较高。因此，实现农业产业化和农业现代化的现实阻力较大。

第二，政府主导的种植结构调整加剧农民与土地的分离，使得市场竞争能力较弱的农民难以通过农业生产获取保障性收入。一方面，对于普通农户来说，进入新产业需要较大的经济投入，初次种植失败后极大影响农民的种植热情，中年人外出务工，老年人将土地流转后不再从事农业生产。进一步来说，在土地细碎化、资源有限的山区，农业收入本身难以满足当下家庭再生产的经济需求，如果新的农业产业经济效益达不到预期，将使得劳动力外流更为普遍。另一方面，由于农业产业的周期较长，在政府主导下频繁更换产业将让农民承担较高的时间、经济成本，不仅影响农民增收，还会影响地方政府的公信力。如果产业失败还会导致土地集约化使用程度降低。在政府推广新的产业之前，土地流转市场化程度较低，种植意愿低或者缺乏劳动力的家庭将土地免费或低价流转给其他人。但是发展新产业提高土地流转价格，种植意愿低的农户认为即便土地流转不出去也不再愿意免费流转给其他人了，加剧土地抛荒现象。

第四节　农业产业结构调整中的小农户与政府

农业产业结构调整都是在旧的产业衰败或市场行情较差的前提下进行的，

---

① 吴毅：《"诱民致富"与"政府致负"》，《读书》2005年第1期。

不论是自上而下还是自下而上的产业结构调整，最终政府都希望打造亮点获得政绩。相比资本少且分散的小农户，企业、专业合作社、家庭农场等新型农业经营主体都是地方政府偏好扶持的主体。现阶段以水稻和小麦为主的大田作物机械化程度高，对劳动力要求较低，可以由新型农业经营主体大规模种植。但从实际情况来看，新农业生产高经济价值农产品，是与大田作物不同的劳动密集型农业，需要农民精耕细作并投入管理时间。因此，以新农业为主导的农业产业结构调整的基本经营主体是小农家庭。农民自我剥削式的劳动力投入不存在监督成本，作为生产单位的农民家庭与新农业所需的密集、频繁、不定时的劳动投入相适应，兼具低成本与高效的特征[1]，使得高经济价值的新农业与小农家庭经营模式具有天然的亲和性。从成本收益来看，小农无法控制市场行情，只能通过控制生产成本增加利润。农产品的生产成本分为硬成本和软成本，硬成本主要是种苗、农资、农机等固定成本；软成本是可变的人工成本，由家庭劳动力数量和质量、种植规模等因素决定。在机械化操作程度低、土地规模短期变动较小的情况下，小农家庭经营的利润主要受人工成本影响，农民通过控制软成本即人工投入压缩成本，因此在家庭劳动力确定的情况下，对成本控制会限制经营规模扩大，从这一点来说新农业与小农家庭经营的规模相匹配。

政府作为非市场主体，在不了解市场的情况下，自上而下进行产业结构调整，如果新产业与地方资源、劳动力条件等等不匹配，将会面临较大的自然风险和市场风险，背离农民的根本利益。但农民可以直接参与市场，他们从事新农业的动力主要受到市场调节。小农家庭并非孤立的存在，选择从事某种当前有利可图的农业产业时不可避免要应对市场风险。虽然农作物都会受到不可控的自然风险影响，但是粮食作物与高值经济作物最大的不同就在于面临的市场风险不同，小麦、稻谷等粮食作物有国家最低保护价收购，而水果、蔬菜等高值经济作物要经受市场的考验。农产品从田间地头到消费者餐桌上，至少经历种植、销售两个大的环节，农民最熟悉的环节是种植，但是要想从生产农产品中获得收益，农产品最终要面对市场。除非政府包办销售环节，否则很难扶持缺乏市场竞争力的产业发展。在实践上，新农业产业

---

[1] 参见黄宗智《中国的隐性农业革命（1980—2010）——一个历史和比较的视野》，《开放时代》2016年第2期。

发展以市场为导向，就是与小农家庭的发展目标相适应。在市场经济体制下，小农家庭选择何种家计模式、种植何种作物都是私人性的家庭策略。区域经济发展水平塑造当地经济机会，不仅影响农村劳动力的去留和流向，还影响家计来源的每个部分在家庭收入的比重，因此只有当产业发展的经济效益满足小农家庭的发展需求，才能成为小农家庭的发展策略选择并付诸实践。

农业产业结构调整关乎农民的切身利益，一定要厘清政府和小农的角色与定位。农业产业结构调整的基础，在于新产业能够与当地的小农家庭劳动力特征相匹配，有利于小农实现家庭发展目标，才能被大多数小农选择，初步形成产业规模。但是产业的发展壮大离不开政府的支持，对地方政府来说，要积极为小农户提供农业生产社会化服务，包括自上而下的农业技术推广服务，并且要建设地方品牌，提高整体市场竞争力。对国家来说，要保证小农生产的制度基础不动摇，主要包括农村土地集体所有制和家庭联产承包责任制。不激进推动土地入市，不随意改变土地承包关系，不强迫农民流转土地，不侵犯农民的土地承包经营权，才能调动农民的生产积极性。[1]

小　结

基层政府促进农业产业结构调整的逻辑和行为差异，造成不同的产业发展后果。通过比较政府引导和政府主导两种农业产业结构调整模式，发现在政府引导模式下，产业调整以市场为导向，政府统筹农业生产社会化服务体系建立，积极拉近小农与市场的距离，调整后的产业得以健康有序地发展。在政府主导模式下，产业调整以政绩为导向，政府运用项目的逻辑发展产业，追求政绩效应而非经济社会效益，未经市场检验的产业面临失败的可能性更大。对比两种农业产业结构调整模式中的政府行为逻辑，旨在厘清政府、小农家庭在农业产业发展中的定位与关系，并为农业产业的发展提出有针对性的政策建议。

第一，明确地方政府在农业产业结构调整中的角色和地位。在市场经济体制下，发展农业产业是市场行为，产业发展要经受市场的考验。政府不能

---

[1] 参见尹成杰《关于农业产业化经营的思考》，《管理世界》2002年第4期。

替代市场主体从事经营活动，更不应该包办产业发展过程。政府在此过程中的角色应该是引导产业发展，从制度层面出台相关政策、法律，对产业的发展进行调控、规范①，在农业产业结构调整中发挥支持、服务、监督市场主体的辅助功能。

第二，基层政府要为农业产业的发展提供生产社会化服务。农业产业结构调整的最终目标是实现农业产业化和农业现代化，农业产业健康有序地发展要满足相应的内外部条件。外部条件包括农业生产社会化服务和适当距离的市场，基层政府要为小农和其他经营主体提供具有公共品性质的农业生产社会化服务，要在产业发展过程中为经营主体搭建公共平台，减少交易环节，降低交易成本，促进产业健康有序发展。

第三，基层政府要考虑农业产业发展过程中的劳动力问题。农业产业的发展不仅需要良好的外部环境，还需要满足内部条件（充足的劳动力）。在农业产业结构调整过程中，政府要将村庄主要人群特征纳入考虑范围，才能发展与村庄实际情况相匹配的产业。在乡村振兴背景下，政府还应该考虑村庄剩余劳动力的问题，留守村庄的剩余劳动力主要是老年人和妇女，产业发展要与留守劳动力特征相契合。在实践中，很多地方政府寄希望于资本下乡，政府引进大资本统筹农村资源，进行产业化升级，但是资本的逐利性对剩余劳动力有天然排斥。因此，政府为资本提供下乡的政策支持和项目资金的同时，要为小农户提供就业机会、就业培训和基本保障。

---

① 参见牛若峰《中国农业产业化经营的发展特点与方向》，《中国农村经济》2002 年第 5 期。

第四篇

乡村振兴背景下的县域青年回流

第十三章

青年后备干部：流动时代的村治主体再造*

在流动时代背景下，中西部地区农村人口外流特别是乡村精英外出，导致村庄内部难以稳定地产生村干部，人才短板成为制约乡村振兴的重大实践问题。为了解决人才短板问题，国家顶层设计上针对人才振兴和乡村治理出台相关指导意见和政策支持。2019年6月23日，中共中央办公厅、国务院办公厅印发《关于加强和改进乡村治理的指导意见》，指出要强化各项保障，加强乡村治理人才队伍建设，充实基层治理力量，聚合各类人才资源，引导他们在乡村治理中发挥积极作用。2024年的中央一号文件也针对村干部队伍建设提出具体要求，要加强村干部队伍建设，健全选育管用机制，实施村党组织带头人后备力量培育储备三年行动。该文件强调了村干部队伍建设的方向和内容，突出了村干部队伍建设的重要性。笔者在湖北、江苏、安徽等地调研时发现，县域青年群体正在进入乡村治理体系，是制度释放的空间和个人主动选择共同作用的结果。当前，乡村治理正在转型期，自上而下的行政力量推动村干部职业化转型，同时人口外流的乡村治理事务减少，事务的复杂性降低，通过制度性招考后备干部吸引到不少回流的县域青年。那么，通过何种培养机制促进这些青年后备干部融入乡村治理情境，还需要什么样的资源支持让他们能够稳定在岗位上呢？本章的思考主要围绕以上两个问题展开。

---

* 本章以《乡村振兴背景下县域青年参与乡村治理研究——以后备干部制度为例》为题，发表于《中国青年研究》2021年第5期。

第一节　流动时代与村治主体缺失

改革开放以来，中国进入城镇化、工业化高速发展的快车道，在工农收入剪刀差扩大的背景下，农民为获取更高收入离开农村进入经济机会更多的城市。近三十年间，农村人口经历了从"不离土不离乡"到"离土不离乡"，再到"离土又离乡"的阶段[①]，原本半封闭的农村被打开，中国城乡社会进入前所未有的大流动时代。但是城乡之间的人口流动并非均衡地双向互动，而是农村人口向城市聚集的过程，导致乡村出现空心村现象[②]，乡村治理处于主体成员长期缺位的状态[③]。而且，农民跃出村庄的流动高度嵌入市场，经济理性向乡村渗透，传统的权威结构趋于式微，村级组织自治功能弱化，内生性村治主体难以生成，由此产生"村治主体缺位"[④]的问题。在新的时代背景下如何在乡村内部人口流出，特别是青年群体外流的基础上实现治理责任与治理效率的统一，需要再造村治主体。在乡村振兴战略实施过程中，找到一条县域青年参与乡村治理促进组织振兴、实现治理有效的路径具有重要现实意义。

人口流动造成乡村社会基础变迁，对乡村治理产生深刻影响。在治理主体方面，青年精英群体流出导致村庄缺乏人才。为寻求更好的经济机会村庄能人普遍外出，没有足够的精英参与村庄选举和村民自治。[⑤]在治理对象方面，村庄因缺乏经济机会，青年农民大量外流，农民与村庄的经济关联、社会关联甚至心理关联容易断裂，导致村庄共同体瓦解，加剧村庄治理难度。[⑥]

[①] 徐勇：《挣脱土地束缚之后的乡村困境及应对——农村人口流动与乡村治理的一项相关性分析》，《华中师范大学学报》（人文社会科学版）2000年第2期。

[②] 参见姜绍静、罗泮《空心村问题研究进展与成果综述》，《中国人口·资源与环境》2014年第6期。

[③] 参见贺丹《新时代乡村人口流动规律与社会治理的路径选择》，《国家行政学院学报》2018年第3期。

[④] 杜姣：《村治主体的缺位与再造——以湖北省秭归县村落理事会为例》，《中国农村观察》2017年第5期。

[⑤] 参见任敏《流出精英与农村发展》，《青年研究》2003年第4期。

[⑥] 参见贺雪峰《论人口流动对村级治理的影响》，《学海》2002年第1期。

在治理效能方面，有学者认为农民及其依附资源跨越村庄边界流动，资源流出的村庄缺失治理资源，具有典型的"弱治理"特征[1]，影响村庄治理的稳定性。在基层组织治理能力弱化的背景下，面对大量自上而下的行政任务与项目资源，国家有动力为村庄输入新的治理资源，其中以"大学生村官制度"和"第一书记制度"最为典型。但是大学生村官和第一书记都是外在于乡村社会的青年群体，他们在参与治理过程中存在嵌入性问题。[2]另外，因为政策稳定性、职业发展预期等问题，大学生村官普遍存在社会认同危机，导致他们选择从农村流出。[3]携带大量资源的第一书记在基层实践中容易诱导村民将发展动力寄托于外部力量，一定程度上消解村庄内生性的发展动力和地方自治力，难以成为优化乡村治理的长效机制。[4]

以上研究详细而深入地揭示了在人口外流特别是青年群体外流的背景下乡村治理的困境及其形成机制，考察了国家自上而下向村庄输入的治理队伍的不稳定性问题。但是既有研究相对静态地看待青年群体流出村庄的后果，考量治理效能时缺乏将社会基础、治理主体与治理内容纳入分析框架的历时性视角。同时还缺乏青年视角，忽略了乡村内生的潜在治理主体，特别是对青年群体参与乡村治理可能性和可得性的研究较少。由于农村的集体土地制度、集体经济制度和特定的城镇化道路，当前农村人口流动并非单向度的绝对流出，而是呈现出"城乡两栖、代际循环"[5]的动态特征。在城乡分异的社会保障制度下，大部分农民在城市缺乏长期保障，农民外出持有回流的心理预期。[6]加之，在扶贫开发对农村经济和社会环境的优化调整背景下，农村基础设施等公共服务逐渐完善，乡村建设的效应积累为青年农民返乡创造了

---

[1] 任宝玉、杨震林：《流动中的乡村"弱治理"——对河南省林州市Y镇的调查》，《社会主义研究》2004年第5期。

[2] 参见张登国《基层治理与乡村振兴：青年第一书记的行动范式》，《中国青年研究》2019年第9期。

[3] 参见王俊、吴理财《农村青年干部为何留不住——基于社会认同视角下的实证分析》，《中国青年研究》2020年第6期。

[4] 参见谢小芹《"双轨治理"："第一书记"扶贫制度的一种分析框架——基于广西圆村的田野调查》，《南京农业大学学报》（社会科学版）2017年第3期。

[5] 仝志辉：《找回村社共同体："双过半"困局与村委会选举制度再设计》，《中国农村观察》2017年第5期。

[6] 参见石智雷、薛文玲《中国农民工的长期保障与回流决策》，《中国人口·资源与环境》2015年第3期。

条件。① 但是既有研究更多将注意力放在经济层面的青年农民返乡创业等问题上②，较少注意到青年回流的社会动机与政治动机。从实际情况来看，因为农村选举制度实践、共青团组织瘫痪等问题，普通青年的政治参与感较弱③，青年村干部遭遇"边缘化困境"④。那么，如何在既有制度基础上建立有利于青年农民参与村庄治理的长效机制，充分挖掘青年农民助力乡村振兴的可能性，解答这一问题有益于为流动时代实现治理有效提出解决思路。

本章引入青年社会学的视角，基于 2018 年在江苏、2020 年在湖北、安徽等地对后备干部的考察，分析青年后备干部群体的现状、参与治村的"过程—机制"及这一群体可持续参与村治的社会基础，意图在新的时代背景下为人口流出的乡村实现治理有效提供可能的解决方案。本章以安徽东部 L 县为主要表述对象。需要说明的是，农村青年群体是大多数县域城镇化的主要人群⑤，而且随着交通条件的改善、国家政策的介入，农村青年越来越多地在县域社会内与乡村互动，形成"中坚青年"群体⑥。L 县的城镇化率较高，农民进城买房的占比较大，调研所在的 S 镇紧邻县城，到全镇所有的行政村的车程基本在 20 分钟以内，县域社会的空间距离、心理距离较小，城乡一体化程度较高。因此，为了便于分析，本章将回流或进入县城的农村青年称为县域青年，并将其纳入研究视野。

---

① 参见梁栋、吴存玉《乡村振兴与青年农民返乡创业的现实基础、内在逻辑及其省思》，《现代经济探讨》2019 年第 5 期。
② 参见毛一敬《乡村振兴背景下青年返乡创业的基础、类型与功能》，《农林经济管理学报》2021 年第 1 期。
③ 参见彭华《农村青年政治认同研究——基于湖北五县、市（区）调查分析》，《中国青年研究》2012 年第 4 期。
④ 胡溢轩：《生存之忧与发展之惑：乡村振兴视域下青年村干部的角色重构》，《中国青年研究》2019 年第 9 期。
⑤ 参见王向阳《终点抑或中转：当前广大传统农区农村青年县域城市化稳定性审视》，《中国青年研究》2020 年第 12 期。
⑥ 夏柱智：《"中坚青年"和乡村振兴的路径选择——兼论青年研究视角的优势》，《中国青年研究》2019 年第 8 期。

第二节　青年后备干部制度实践背景与现象

一　后备干部制度化设置的背景

L县靠近长三角发达地区，县级财政能力较强，对基层治理的把控能力较强。从20世纪80年代开始，乡镇政府主导下以行政命令干预村干部的选拔，地方财政确保村干部的工资发放，村干部职业化转型较早。在此基础上，近几年基层治理具有明显的行政化转向，主要体现在治理内容政务化、治理技术信息化、考核要求系统化等方面，对村干部的工作能力和适应性提出新的要求。

其一，治理内容政务化。村庄治理包括政务和村务两部分，但是在流动时代农民大量外出，村庄中以留守人群为主，村民的交往频率减少，务工收入增加也使得他们对利益的敏感性降低，生产脱离土地后缺少因水利灌溉等农业生产合作，因此，内生性的村务工作大量减少。但是，国家自上而下的行政任务增多，村级组织的中心工作泛化，包括美丽乡村建设、集体经济发展、厕所革命、人居环境整治、扫黑除恶、秸秆禁烧等工作，行政任务占据村干部的大量工作时间。

其二，治理技术信息化。村庄治理中政务工作对执行过程的正规化、标准化要求提高，要求办事留痕，有档案及证明，充分利用拍照、签字、建档等技术应用。基层治理实践创新中通过各类手机APP和信息系统录入信息，详细记录、反馈工作过程和工作内容，完成各项工作也需要整理好相应的文字材料。以党建工作为例，当前L县正在推行党建标准化建设，每月需要上报一条党建信息，每季度报送两条党风廉政建设信息，每季度需要按照标准化要求更新上报材料。因此，要求村干部掌握文字写作能力和电子信息技术能力，对文化水平不高、不懂电脑技术的老干部来说工作难度增加、工作效率降低。

其三，考核要求系统化。对于职业化的村干部来说，考核影响绩效工资，是上级政府管理村干部管理的重要抓手。当前大量行政工作从条线部门下发到村庄，标准化的落实过程对应系统化的考核明细，对村干部工作的系统性和专业性要求提高。例如文明创建工作中"好人"材料上报考核项目共5分，其中格式规范1分，附证件照和生活照1分，附档案表1分，获得县级以上传媒宣传2分。在百分制考核中种类繁多，且每月排名与工资挂钩。

二 基层后备干部招考制度设置

在基层治理行政化的背景下，地方政府对村干部提出新的要求，与逐渐老化的村两委班子不相匹配。一方面传统时期成长起来的村干部以"60后"为主，大多文化水平不高，对电脑信息技术和手机APP了解不多，对将文字材料录入系统的工作不适应；另一方面因村干部职业化程度较高，要求60岁退休，而现在的主职干部年龄在50多岁，在流动时代年轻人外流严重，换届选举时村庄内部竞选人数不足导致村两委班子面临后继无人的可能性。因此，地方政府基于治理要求和客观现实的内在矛盾，具有较强的再造村治主体的行政动力，在选举制度之外设置一项更具有稳定性的制度选拔干部，特别是招考范围扩大到全镇或全县，选拔到合适人选的概率也大大增加。

2016年L县政府正式启动统一的村（社区）后备干部招考制度。由行政村根据村干部退休、辞职、空缺等原因上报岗位需求，达到一定人数后，县政府不定期统一安排考试，基本上每年考试一次，面向全县范围面向社会公开招考并统一安排岗位。对报考人员的基本要求为22—35周岁，大专及以上学历，退伍军人可放宽至高中学历或同等学力，要求报考人员具备一定的组织协调能力和写作、计算机操作能力，具有本地户籍或长期在地居住。招聘程序包括现场报名、资格审查、笔试、面试、体检、考察、公示等步骤。考试分为笔试和面试，分值各占50%。笔试考试范围包括政治理论、法律基础、管理知识以及农村工作相关知识，主要考查时事政治、"三农"政策和涉农相关知识。面试由县委组织部、党校和乡镇政府组织，共10名面试官，面试入围比例为1∶2，重点考查语言表达能力、综合分析能力、应变处理问题能力，以实务题为主。一般来说，以就近原则安排岗位，对后备干部的安排优先考虑本镇户籍和居住地点，尽量安排本村人。

基层后备干部制度还保留一定的制度灵活性与村庄自主性。根据县政府对后备干部招考的指导意见，后备干部招考人数中80%以统一招考形式录取，但是当全县未达到一定招考人数时，保留20%的比例由行政村灵活招聘。在逢进必考的要求下，乡镇把关，行政村面向村庄内部公开招聘、考试，报名人数达到1∶3才可开考。如果遇到有人辞职而工作任务紧急的情况，村两委通过村民组长、老干部推荐人选，通过村民代表大会决议后就职。后备干部有半年试用期，试用期工资约一般村干部的80%。经过试用期后后备干部成为一般干部，经过村两委换届选举后则成为正式干部，而未通过选举的则被淘汰。

三 青年后备干部的现状及特征

S镇共8个行政村，按人数各村配备5—7名干部，其中村干部分三类。第一类是传统时期通过选举产生的老村干部，第二类是2016年后通过后备干部招考制度选拔录取的青年干部，第三类是通过退役军人安置的军转干部，以青年人为主。S镇通过后备干部制度极大提高村干部年轻化和职业化程度，部分行政村的村干部中后备干部人数过半，"80后""90后"的村干部成为主要成员。2016—2020年，L县S镇共实施5次后备干部招考计划，共录取17名青年后备干部。表13-1为2016—2020年S镇后备干部报名和录取情况。

表13-1　　　　2016—2020年S镇后备干部报名和录取情况

年份	录取人数	报名人数
2016	2	8
2017	3	14
2018	2	13
2019	2	13
2020	8	95
总计	17	143

后备干部报考人数逐年增长，每一批录取的后备干部大约流出三分之二。留在工作岗位上的后备干部具有明显的群体性特征，以"80后""90后"的已婚年轻人为主。基本是大专学历，婚前在外地务工，婚后在县域生活，父母以"50后""60后"的中老人为主，有较强的劳动能力，青年后备干部的核心家庭负担不重，对这份工作的预期兼具稳定性与流动性。L县后备干部制度为青年嵌入村庄治理建立一套稳定运行机制，因此流出的青年后备干部

主要问题在于个人初始职业预期问题和家庭生命周期面临较大的经济压力，而非对村干部工作本身不满意。

第三节　县域青年参与乡村治理的实现机制

一　职业化培养机制

第一，地方财政资金保障。村干部和后备干部有相对稳定的工资待遇，2019年在五险基础上增发住房公积金。后备干部实习期6个月，工资收入约一般干部的80%，通过实习期转正的后备干部，会将实习期少发的工资补齐，每人4万—5万元/年。以S镇为例，按照每个村7个村干部的配置，8个行政村的所有村干部工资需要共计240万—280万元/年的财政支出。L县的地方财政收入排在全市第一名，有充足的财政资金负担职业化的村干部工资，能为青年后备干部制度运转和村干部职业化转型提供有力的财政保障。

第二，实习期师徒制培养。后备干部入职后有6个月的实习期，前两个月因为对工作内容、工作环境、工作流程不了解，一般会安排青年后备干部和老干部在一个办公室工作，主要是村党支部书记或副书记这类对情况熟悉、有工作经验的老干部带新干部。让青年后备干部跟在后面观摩他们如何开展工作、如何调解纠纷，两个月后对村庄情况和工作内容基本熟悉。之后村党支部书记根据工作需要有选择性地给青年后备干部安排专项工作，从简单的工作慢慢入手，大多数是辅助性的录入材料、整理资料等开始。通过老带新这种师徒制的培养，青年后备干部能够较快熟悉工作内容和工作流程，逐步接受工作强度，有利于其顺利转换角色。

第三，体制激励与晋升空间。后备干部经过实习期需要乡镇和村两委商议是否转正，转正后成为一般干部，如果通过换届选举当选为副书记或副主任成为副职干部，当选为村党支部书记成为主职干部。后备干部、一般干部、副职干部和主职干部的层级与工资待遇相对应，村级组织内部的层级体系为后备干部的流动和晋升创造空间。2016年录取的青年后备干部中晋升最快的任职村党总支副书记。此外，全县针对工作满5年且无重大错误的村干部每年设置5个专项事业编制招考名额，针对工作满3年的主职干部设置专项公务员招考计划。这些举措一定程度上对青年后备干部产生激励和吸纳作用。

二 本土化嵌入机制

第一，通过广泛接触群众与群众建立熟悉感。青年后备干部与群众接触分为两种，一种是在村级会议中，村党支部书记介绍青年后备干部，让青年后备干部被村民组长、村民代表、党员等村庄中的中坚分子认识。或者在下村开群众会或小型座谈会时老干部带着后备干部，也可以让他们自然地进入村庄中的中坚分子与积极分子构成的治理体系。另一种是青年后备干部通过完成一些需要与群众建立联系的简单工作快速与普通村民建立联系和熟悉感，例如通知农民交合作医疗费、发放土地租金等，需要挨家挨户打电话或上门通知农民。不论是本村还是外村的青年后备干部，因为学习和就业经历跃出村庄之外，嵌入村庄的程度不深，所以需要在认识和熟悉感基础上更进一步实现本土化嵌入。

第二，通过做群众工作与村民建立私人关系。青年后备干部除了要学习标准化的行政工作内容和流程，还需要学习做群众工作的方法，与农民建立私人关系有利于开展工作。特别是在全面实施乡村振兴战略的背景下，大量国家资源下乡，村干部在落实工作中存在许多需要面对群众的动员工作。如果和农民不熟悉甚至不认识，农民可能不会理睬村干部。特别是青年后备干部相对年轻，只有与村民建立相对友好的私人关系才"好说话"，"说的话有分量"，能够被村民接受和信任。例如在推动厕所革命时主要的困难是说服老年人改厕，平时生活工作中与老年人建立友好关系的青年后备干部比较容易说服老人，能让老人相信他们是站在"为我好"的立场而非完成任务的立场。

第三，通过责任制包片嵌入村庄社会。在S镇，村干部除了有分管的专项工作，还需要包片，负责联络某个片区的农民和协助中心工作落地。各项工作以条线部门分配到行政村，然后以分片的形式落地，完成工作的效率相对高。青年后备干部转正后就需要包片，每周需要下村入户熟悉该片区的村民和基本情况，到该片区人流密集的商店门口与村民坐着聊天，了解他们的想法，能够最快速地与片区内的农民建立关联。包片工作是青年后备干部嵌入村庄社会的主要形式和抓手，否则面对人口上千而分散的行政村，难以顺利与村民建立关系。

三 社会化衔接机制

第一,流动时代选举政治性弱化。L县位于中部地区,宗族势力和小亲族势力较弱,以杂姓村为主,血缘关系的动员能力不强。加之,农民大规模外出,平常不在村庄,主要利益溢出村庄,对村庄内的选举重视程度和参与程度均有下降。因此,基于血缘和地缘产生的先天的社会联结对村庄政治竞争的影响较小,可以说流动时代选举的政治性弱化。在此背景下,选举所需要动员的社会资源不再是必需品,而且在合村并组后行政村的范围扩大,农民对其他自然村的人并不了解,村民大多数依靠对现任村干部的熟悉感参与选举投票。青年后备干部通过一两年时间的工作,与部分村民建立熟悉感,只要工作不出错,基本能够通过选举。

第二,选拔与选举的社会化衔接。青年后备干部转正后需要参加村民委员会选举,选举失败的则被淘汰。地方政府通过在村民自治选举制度之外设置新的选拔制度,产生一批职业化、年轻化的后备干部,这些后备干部进入村干部岗位,但是在资源下乡背景下村干部需要与村民打交道,因此,他们能否被村民认可关乎他们能否顺利展开工作。只有通过选举实现与选拔的社会化衔接,能够让被群众认可的青年后备干部通过选举,逐渐替代以往内生型的选举干部,再造村治主体并实现稳定过渡。

第三,选举的社会化筛选与认可。虽然说通过与农民建立熟悉感就能够成为选举中可动员的弱资源,但是选举仍然具有一定的社会化筛选和社会认证功能,S镇参与2018年换届选举时青年后备干部中有1人未通过选举被淘汰。被淘汰可能有两种情况,一种情况是青年后备干部在工作中与群众面对面的联系太少,群众未对其产生熟悉感;另一种是青年后备干部在工作中展现的工作能力或工作态度存在问题,让群众不满意。正是因为选举所需要的只是熟悉感,所以说明未选上的青年后备干部不符合群众所期待的村干部要求,选举对选拔产生的后备干部进行灵活性纠偏。

第四节 县域青年参与乡村治理的社会基础

一 回流动力：家庭生活完整性预期

青年后备干部选择回流家乡的主要动力来源就在于有家庭生活的完整性预期，特别是核心家庭生活的完整性。县域交通方便，青年后备干部为保证家庭生活的完整性，形成了白天在村里上班，晚上回城居住的"走读干部"现象，其背后反映的是青年农民家庭观念和生活逻辑的变迁。

  案例1：李某，男，1992年生，2014年大专毕业后在天津和阜阳工作，2018年报考后备干部被录取。他说："小孩在家，没想过去外地的公司上班。而且小孩太小，老婆一个人忙不过来，她一个人带孩子有点可怜，自己也有点舍不得。"

案例中的李某为了兼顾家庭生活的完整性决定留在本地就业，而不是去外地找工资更高的工作。当前农民家庭发展目标向多元目标发展，在实现家庭再生产的基本目标之上还要求获得更温情的生活体验和情感体验，传统的过日子逻辑向生活逻辑转型——一家人要生活在一起。以往为获取更高经济收入的半工半耕家计模式让农民家庭饱受分离之苦，甚至一年才能见一面。而且在核心家庭的育儿过程中"80后""90后"的农民家庭更强调父职参与，特别是在教育小孩的问题上年轻女性会要求丈夫承担责任，包括管教小孩和辅导作业等。

二 职业偏好：县域类体制身份获得

L县以劳动密集型加工业和资源型产业为主导产业，工资水平约3000元/月，吸纳的劳动力主要是40岁以上的中年人。县域社会内能满足年轻人体面就业偏好的经济机会不多，相对来说后备干部的工作性质、工作时间、工资水平相对均衡，时间比在企业上班自由，不用上夜班，另外从2019年开始给村干部交住房公积金，后备干部是有五险一金保障性待遇的稳定就业。而且在县域社会内体面就业机会以体制内就业为主，对于学历竞争力不高的退伍军人和大专生来说，考取公务员和事业编难度大，稳定的村干部工作和类体制性身份是相对不错的选择，近几年报考后备干部的人数呈上涨趋势。

案例2：刘某，男，1992年生。大专毕业后在本市外县的公司上班，但是工资不高。2016年报考后备干部被录取，2018年通过村民选举成为村委委员。他说："考进来不容易，报名竞争大，虽然工资低一点，但是能够在家门口上班。"

青年后备干部通过竞争较大的笔试和面试，一般不愿意轻易换工作。后续通过"村委会"选举的后备干部只要不在工作中出现大错误，基本能实现稳定就业。此外，青年后备干部还能通过在村干部体系内向上流动获得政治晋升的机会，当前部分留在后备干部岗位上的青年希望工作五年后考事业编制或当主职干部后考公务员，实现从"类体制身份"向"体制身份"的转变。

三 家庭基础：父代家庭多元化支持

一般而言中西部农村的村干部工资不高，村干部的工资收入或误工补贴难以支持家庭再生产，村干部有兼业或者是负担不重的中年人，他们是有余力和能力参与村庄治理的群体。但是在基层治理行政化背景下，地方政府偏向于再造村治主体，选拔学历较高、学习能力较强、懂电脑的青年人。但是青年农民组建新的核心家庭后，家庭生命周期正处于成长期，面临买房买车、子女教育等大额支出，只有负担不重的年轻人才能在工资不高的村干部岗位上坚持下来。

案例3：于某，男，1991年生。2010年高中毕业后入伍，2015年退伍，2016年参加后备干部考试。2014年结婚，父母支持20万，加上退伍费20万全款买房，岳母出钱装修，2016年妻子出一部分钱加剩余退伍费买车。有2个女儿，平时家庭开支父母补贴一点。

在岗的青年后备干部大多已婚已育，父母已经帮其买房买车或者付房子的首付，青年后备干部所承担的主要是核心家庭的生活开支和子女的教育开支，相对来说经济负担不重。除了房、车、结婚等大额现金支持，父代还会在日常生活中为其提供劳务支持和物资支持，主要是帮忙做家务、接送小孩上学，在农村养鸡养鸭种菜降低生活成本等，极大缓解了青年后备干部的经济压力。S镇的青年后备干部中大多数的家庭为此类模式，如果父母劳动能力较强在外地务工，则会年终以红包形式给儿子经济支持以此弥补未帮忙带孙子的情况。父代的多元化支持分担了城镇生活的压力，是青年后备干部稳定在村干部工作岗位上的家庭基础。

小 结

在流动背景下，如何使县域青年回流参与乡村治理、促进乡村振兴是重要的时代命题。本章通过对青年后备干部群体的考察，分析了一个人口流出的乡镇如何通过选拔制度建立县域青年参与乡村治理的长效机制及其社会基础。农村人口外流导致村治主体老化，村庄内部产生年轻干部具有不稳定性和不确定性。而且在基层治理行政化的趋势下，村庄治理的标准化、信息化和考核系统化的要求提高，地方政府有动力在选举之外另辟一条更稳定、更契合治理目标的村干部选拔制度。通过后备干部制度的职业化培养机制、本土化嵌入机制和社会化衔接机制使得青年后备干部稳定嵌入村庄治理体系。具体而言，师徒制的培养模式促进青年后备干部的角色转换，与农民建立广泛的社会关联促进青年后备干部嵌入村庄社会，选拔与选举制度的衔接筛选出获得社会认可的青年后备干部，让青年后备干部能够在岗位上"做得下去"，逐渐更替传统型的老干部，再造村级组织治理队伍。对于学历为大专或高中的农村青年而言，为兼顾家庭完整性和体面就业的职业偏好，具有类体制身份的后备干部是相当不错的选择，在就业机会有限的县域社会里对农村青年有较强吸引力。但是只有已婚已育、负担不重的青年群体可以在后备干部的岗位上"定得下来"，他们的父代帮其分担城镇化和婚姻的成本，有较强的代际支持能力。这部分回流青年的家庭观念、职业偏好及其家庭支持构成县域社会内部供给内生型人才的社会基础。

后备干部培养制度与回流县域青年是行政再造村治主体及其稳定性实现

的制度基础与社会基础,通过本土化选拔机制使得入选者嵌入地方社会,以此解决人口外流背景下的村治主体不确定和不稳定问题。嵌入地方社会的制度设置与运转机制有利于建立县域青年参与村庄治理、乡村建设的长效机制,在实现组织振兴的基础上促进乡村振兴。但是在村干部职业化背景下还应当注意以下三个问题。第一,在城镇化背景下,外出务工的青年群体与回流青年群体的绝对规模存在极大差距,应当充分发挥县域青年中"中坚群体"的积极作用,通过人才振兴和组织振兴促进乡村振兴。第二,优化后备干部培养的本土化机制,加强青年后备干部嵌入村庄社会的程度,否则与村庄脱嵌的村干部难以应对当前乡村建设过程中大量组织群众的工作。第三,加强对青年后备干部的激励措施,通过赋予其归属感和工作价值感提高村干部工作的吸引力,促进青年反哺农村。

第十四章

青年走读干部：治理转型与
村干部年轻化[*]

  村庄治理是国家治理的基础，村干部队伍建设是村庄治理的保障。当前，在全面推进乡村振兴和基层治理现代化的双重背景下，乡村建设急需人才，作为乡村发展带头人的村干部极为重要。自上而下的人才筛选、责任压实不断强化村干部队伍建设，这一过程出现村干部职业化与村干部年轻化的双重趋势。在此背景下，越来越多年轻人进入乡村治理体系，随之而来对基层治理产生新的影响。其中最为典型的现象是，原本主要出现在县乡干部群体中的"走读现象"下沉到行政村一级，该变化与村干部年轻化趋势高度重合。近几年，笔者在全国多地调研的发现支持该判断，村干部居住在县城、工作在村庄的现象不是个例。青年村干部的涌现及其"走读现象"，背后成因较为复杂。村干部年轻化、知识化是大势所趋，既有政策偏好的影响，也与县域青年群体本身的主动作为相契合，是当前城镇化发展进程中城乡关系均衡发展与基层社会转型共同作用的结果。而且，在东部发达地区与中西部欠发达地区，青年走读干部的出现对基层治理的影响并不相同，既有经济发展水平差异导致不同类型的城乡关系的原因，也有经济发展模式差异带来的基层社会转型不同模式的原因。本章的讨论是基于中西部欠发达地区的经验。

---

[*] 本章以《村干部年轻化与基层治理变迁——基于"走读干部"现象的考察》为题，发表于《中国青年研究》2023年第4期。

第一节　村干部队伍建设相关研究回顾

党的二十大报告提出要全面推进乡村振兴，全面建设社会主义现代化国家，最艰巨最繁重的任务仍然在农村。乡村振兴的实现以人才振兴、组织振兴为基础，需要人才和组织保障，这一问题关乎谁来带动农村发展和农村基层组织建设，而农村发展与组织建设的关键交汇于村干部队伍建设问题。基于乡政村治的基层治理二元结构，村干部作为核心治村主体，具有国家性和社会性双重角色[①]，是承接自上而下的体制资源、对接自下而上农民需求的衔接点，他们的素质和能力直接影响乡村振兴的实践效果。在全面实施乡村振兴战略和基层治理现代化背景下，村干部队伍建设既是人才振兴与组织振兴的重要抓手，也是推动基层治理体系和治理能力现代化的重要内容。

2019年的中央一号文件提出实施村党组织带头人整体优化提升行动，落实村党组织5年任期规定。2020年10月，全国49.1万个行政村完成该项规定后首次换届，村干部队伍结构整体优化，村干部年轻化、知识化趋势明显[②]。近两年在湖北、湖南、福建、安徽、甘肃等地的调研发现与民政部数据大体相符，不论是发达地区还是欠发达地区，村干部队伍中的年轻人、大专及以上学历的比例大幅度提高。同时，调研发现在行政村一级出现"走读干部"现象，而且走读干部群体与青年干部高度重合。"走读干部"现象常见于县、乡两级政府[③]，但是在城镇化快速发展的宏观背景下，生于斯长于斯的村干部中也出现了"走读干部"。当村干部开始"走读"时，背后反映了基层社会发生何种深刻变迁，对基层治理会产生什么影响，都需要进一步研究。基于此，新的时代背景下，从学术角度探讨村干部队伍建设的实践机理与治理效果具有重要理论价值和现实意义。

在基层治理视域下，学界对村干部队伍建设的研究主要有几类，第一类

[①] 参见桂华《村干部职业化的动因与成效》，《人民论坛》2020年第23期。
[②] 参见刘维涛等《全国村"两委"集中换届完成　49.1万个村发力本面推进乡村振兴》，《人民日报》2022年5月23日第1版。
[③] 参见石凯《理性看待并规范干部"走读"》，《中国党政干部论坛》2014年第12期。

是对村干部角色演变的研究，通过分析村干部的角色，在理论层面探讨国家与社会的关系、基层治理的性质等。①②③ 第二类是村干部制度研究，着重从宏观层面分析村干部制度改革、激励机制与监督制度等，并且关注改革的治理效能。④⑤⑥ 第三类是从微观层面讨论村干部队伍建设的实践问题，当前对于村干部队伍建设的动力主要存在两种论述：第一种是"村治主体缺位说"，即乡村人才流失、老龄化问题严重，面临"村治主体缺位"⑦ 的危机。为了解决这一问题，学者从村干部职业化⑧、乡贤型顾问⑨、后备干部培养⑩等角度给出应对办法。第二种是"村庄发展需要说"，即传统村干部难以胜任村庄发展需要，通过注入新鲜血液带活村庄发展。⑪ 一方面，在村庄内部通过推举年轻能人担任干部，有学者发现村干部知识化促进农民增收，村干部年轻化对于降低贫困率具有显著效果。⑫ 另一方面，通过"大学生村官""驻村干部"等方式从外部引入干部。⑬ 始于社会主义新农村建设时期的"大学生村官"制度将年轻人引入村庄治理队伍，希望通过高学历的大学生推动新农村

---

① 参见景跃进《中国农村基层治理的逻辑转换——国家与乡村社会关系的再思考》，《治理研究》2018年第1期。
② 参见吴毅《双重边缘化：村干部角色与行为的类型学分析》，《管理世界》2002年第11期。
③ 参见孙秀林《村庄民主、村干部角色及其行为模式》，《社会》2009年第1期。
④ 参见叶敏、蔡晓婷《溶解与解构：村干部流动性任职的产生机理与治理效应——以东部T市P镇经验为例》，《公共管理评论》2021年第3期。
⑤ 参见王桂梅、方伟、王征兵《单一授权制度：村干部激励与制约的途径》，《西北农林科技大学学报》（社会科学版）2005年第3期。
⑥ 参见王丽敏《村干部公务员化的生成逻辑与制度设计》，《领导科学》2020年第18期。
⑦ 杜姣：《村治主体的缺位与再造——以湖北省秭归县村落理事会为例》，《中国农村观察》2017年第5期。
⑧ 参见王向阳《政治引领：中西部留守型村庄村干部职业化的动力机制探析——基于陕西扶风X村村干部职业化实践的考察》，《西南大学学报》（社会科学版）2019年第3期。
⑨ 参见高万芹《乡贤型顾问：新乡贤参与村干部队伍建设的功能与机制研究——以湖北省Z村为例》，《天津行政学院学报》2021年第4期。
⑩ 参见黄思《乡村振兴背景下县域青年参与乡村治理研究——以后备干部制度为例》，《中国青年研究》2021年第5期。
⑪ 参见崔盼盼《乡村振兴背景下中西部地区的能人治村》，《华南农业大学学报》（社会科学版）2021年第1期。
⑫ 参见高梦滔、毕岚岚《村干部知识化与年轻化对农户收入的影响：基于微观面板数据的实证分析》，《管理世界》2009年第7期。
⑬ 参见王建国、王付君《新时期农村基层干部代际更替与乡村治理的关联——问题与框架》，《社会主义研究》2011年第6期。

建设。① 然而，不论是推荐村庄内部的年轻能人还是从外部引入年轻干部，实际效果并不理想。有学者从村庄结构视角出发，发现村干部年轻化并未转化年轻人的人力资本优势，问题在于年轻人与村庄脱嵌，导致村庄治理与村民需求分离的内卷困境。② 在资源下乡背景下，有学者提出第三种村干部队伍建设动力的解释，跳出村庄结构视角，从国家治理能力视角提出"国家吸纳"③逻辑下的村干部年轻化，该学者认为国家在治理能力增强的背景下，自上而下地通过基层治理事务匹配机制和政策红利驱动机制推动村干部年轻化。

学界对村干部队伍建设的研究丰富，既有村庄层面的研究，聚焦于村庄社会基础整体性变迁背景下的村庄治理主体变迁问题，也有引入国家视角的研究，聚焦于国家为解决农村发展的创新的村干部选拔制度及其实际效用问题。但是，村干部队伍建设问题不仅需要分析村干部在治理体系中作为"治理人"所处的制度环境、社会基础，同时不能忽视村干部的主体性，剖析村干部作为"社会人"的行为逻辑，才能更全面把握当前基层治理变迁趋势及其治理后果。虽然已有学者关注村干部群体本身的行为逻辑，在当家人和代理人的二重角色之上提出"理性人"④的概念，但只是对灰色利益丰厚村庄的村干部"利益最大化"的自利行为的解释。这一概念是对特定条件下的村干部行为的解释，具有一定的局限性。为了揭示新时期村干部队伍建设的趋势及其背后反映的基层治理变迁，有必要对当前村干部年轻化以及青年干部的群体特征深入剖析。因此，基于当前村干部年轻化的典型趋势，本章考察青年村干部群体中出现的"走读现象"，从青年干部的主体—行动视角出发，分析走读干部出现的制度生成和形塑机制，进一步剖析青年村干部的发展策略与职业逻辑，并以此为基础探讨青年村干部群体的行动逻辑对基层治理的影响。

---

① 参见殷殷《大学生"村官"与农村基层组织建设——以苏北农村为例》，《中国青年研究》2008年第6期。

② 参见安永军《乡村振兴背景下村干部年轻化与村级治理悬浮化——以陕西西安G镇为例》，《北京工业大学学报》（社会科学版）2023年第1期。

③ 王向阳：《新时代农村基层干部年轻化趋势及其机制分析——基于"国家治理能力"的分析视角》，《中国青年研究》2022年第8期。

④ 付英：《村干部的三重角色及政策思考——基于征地补偿的考察》，《清华大学学报》（哲学社会科学版）2014年第3期。

第二节　村干部走读现象、类型与案例

2020—2022 年笔者在全国多省调研发现，村干部年轻化趋势明显，并且在湖北、湖南、安徽、甘肃等地调研发现村干部的走读现象，其中走读干部群体与青年干部群体高度重合。行政村一级的青年干部走读现象并非个例，而且不论是近郊还是远郊都出现了走读现象。从学术视角分析青年干部走读现象的内在机理，有助于把握当前村干部队伍建设的典型趋势，理解其背后基层治理变迁的基本逻辑。

一　青年村干部走读现象与类型

中西部农村地区的青年走读干部是工作在村、居住在城的群体，生活和工作的时间、空间有明确划分。处于县市的近郊农村可以每天通勤，如果在远郊农村只能每周通勤。在县域城镇化发展背景下，县域内交通设施建设逐渐完善，从农村到县城变得更为便利。而且农民普遍经济收入提升，小轿车在农村的普及率较高。但是，中西部地区县域城乡融合发展水平远低于东部发达地区，乡村与县城的公共服务仍然存在较大差距，所以出现村干部走读现象。不过，中西部农村地区的青年干部走读现象，在纵向上与县、乡领导干部走读存在本质差异，横向上也不同于东部发达地区的坐班的村干部。县乡干部是专职化干部，特别是税费改革后乡镇行政化水平提高，他们处于高度科层化的行政体制，而且机关化办公本身的流程性强，在固定的时间和地点集合办公，也就形成了所谓的"办公室干部"，具有明确的工作时间区分。另外，县乡干部具有体制内身份，在地方社会是经济收入中等偏上和社会地位较高的群体，特别是距离市区较近的县乡干部工居分隔现象比较普遍。比如安徽 J 镇，距离市中心 40 分钟车程，距离区中心 30 分钟车程，乡镇 80%的干部都住在市区，每天开车通勤。在东部发达地区，因经济发展起步较早，地方财政资金充足，村干部职业化水平较高，村干部被吸纳到规范治理的行

政体系①，平时村干部以坐班为主。而且农村产业结构、就业结构深刻转型，城乡一体化程度较高，村干部不需要通过走读兼顾工作和家庭。

在行政村一级出现的青年走读干部大体可以分为两种类型。第一种类型的走读干部是因返乡任职而走读。这类青年本身已经实现县域城镇化，他们受教育水平较高，有相对具体的职业规划，他们将村干部工作经历视为获得体制身份的跳板。特别是2019年中央一号文件提出健全从优秀村党组织书记中选拔乡镇领导干部、考录乡镇公务员、招聘乡镇事业编制人员的常态化机制，拓宽了县域青年获得体制性身份的新渠道。因此，有意进入体制的年轻人将竞选村干部或者参加地方政府统一招考村干部的考试作为职业规划的一部分。第二种类型的走读干部是因家庭城镇化而走读。此类青年干部本身学历水平有限，中专或高中、大专学历，他们选择留在家乡的县域社会生活。但是在工业不发达的县域社会就业机会相对较少，稳定而体面的公务员和事业编工作门槛又高。在村干部待遇提升的背景下，村干部作为一种类体制工作，对于此类在劳动力市场竞争力不高的年轻人具有较强吸引力。而且，有部分年轻人在外务工，但是受到学历限制并没有在外找到高收入的体面工作，在家人劝说下，也可能返乡就业，寻找进入体制工作的机会。对他们而言，在家乡工作生活比在外压力小，可以获得父母的帮助，特别是单身男青年在外漂泊具有不确定性，回乡父母找人介绍相亲，很快就进入相对稳定的生活轨道。

二　田野概况与青年村干部走读案例

本章的分析材料主要来源于2021—2022年在湖北、湖南、安徽、甘肃四省调研材料，为便于分析，本章以安徽L镇、甘肃G镇为主要研究对象。安徽L镇是近郊镇，农民城镇化水平较高，年轻人基本在县城买房，所辖村庄距离城区边缘20—40分钟车程，从村里到县城来往比较便利。从2016年开始，L镇统一招考行政村后备干部，经过试用期后后备干部成为一般干部，经过村两委换届选举后则成为正式干部，而未通过选举的则淘汰。统一招考制度吸引众多年轻人报名，2018年后，"80后"和"90后"成为该镇村干部

---

① 参见李永萍《村干部的职业化：原因、效果与限度——基于上海市远郊农村的调研》，《中共宁波市委党校学报》2017年第1期。

的主力。甘肃G镇是远郊镇,距离县城约2小时车程,该镇非正规经济就业机会较多,农民城镇化水平不高,但是近几年农民为了婚姻、教育进城比较普遍。以下是多个青年干部走读的案例:

案例1:ZM,男,1992年生,大专学历。2014年大专毕业后在外省工作,工地上做工程测量,2017—2018年回省内邻市工作,工资约4000元/月。2018年1月参加乡镇组织的村后备干部招考,半年后通过选举担任村会计。因发小在邻村村委会工作,建议其考村干部,加上家里人催其回家乡,当发小告知有招考机会就报名参加了。但只是抱着试试看的心态报名,打算没考上就继续回去工作。该镇招2名村干部有20个人报名,5个人进入面试。考上村干部后,父母觉得工作稳定需要考虑成家的事情,找人帮其介绍女朋友。2020年与相亲对象结婚,2021年小孩出生,婚后居住在县城。村里距县城车程20分钟,每天开车通勤。

案例2:YY,男,1992年生,高中学历。2010年高中毕业后入伍,2015年退伍后在县城交警队做辅警。村党支部书记当时需要人手,以村干部待遇提高劝说其回村工作。2016年参加乡镇组织的村后备干部招考,工作一年后通过选举担任村党总支委员和村副主任。2019年通过退伍军人免费读大专的政策报名本地学校学习工商企业管理专业。因工作出色,2021年调到邻村担任村党总支副书记。已婚,住在县城,村里距县城车程25分钟,每天开车通勤。

案例3:XQ,男,1991年生,大专学历。2012年毕业后入伍,2014退伍后在省内从事销售,年收入约10万元。想就近照顾家庭,2018年报名参加乡镇组织的村后备干部考试被录取,回村委会担任村会计。进入村委会后年收入大约6万元。婚前父母付首付在县城买房,自己付房贷1700元/月,妻子在当地3D打印企业做销售后勤,有双休,不加班,年收入4万元。儿子4岁,父母帮忙照看。村里距县城车程10分钟,每天开车通勤。

案例4:LQY,男,1992年生,大专学历。毕业后在本市工作,工资收入一般,村里的老干部希望其到村委会工作,通知其参与2016年乡镇组织的村后备干部招考被录取。2018年参与村委会选举成为村委委员。他认为考进来不容易,虽然工资不高但是离家近,愿意继续做下去。目前未婚，居住在县城，村里距县城约30分钟，每天开车通勤。

案例5：ZBQ，男，1982年生，高中肄业。2002年入伍，2004年退伍后在县城工厂工作，2008年村委会换届经老党员推荐进入村两委，担任村文书。2014年换届担任村民委员会主任，2021年因县委要求村主职干部年龄在45岁以下，并且要求"一肩挑"，原村党支部书记退选后当选村党支部书记。已婚已育，在县城买房，儿子在县城上初中，妻子陪读。村里距离县城车程2小时，每周开车通勤。

以上案例中，走读干部以男性为主，年龄集中在20—40岁，大多数已婚，少数年轻男性未婚。他们一般在县城有房有车，具备走读条件，可以在村庄和县城的居所来回通勤。

第三节 村干部走读的制度生成与形塑

村干部走读现象并非个例，是脱胎于一定结构的结果，既受到自上而下体制要求影响，也受到自下而上的治理基础变迁影响。而且，不能忽视青年群体本身的自主性，正是他们身体力行地抓住制度生成的体制性位置，才最终塑造出青年村干部走读现象。因此，只有分析青年干部走读现象出现的制度生成过程和个体形塑机制，才能从结构和个人两方面综合把握村干部走读现象出现的根源，从而进一步探析年轻村干部走读产生的治理后果。

一 制度吸纳：基层治理现代化导向与村干部年轻化

在基层治理变迁和快速城镇化的背景下，地方政府通过推动村干部年轻化与村干部职业化来提高基层治理现代化水平。村干部的"当家人"和"代理人"的二元角色弱化，村干部的治理任务发生转变，地方政府通过调整村干部队伍建设的微观制度环境，改变村庄治理的运作模式，传统的政治精英退出村干部队伍。[①] 村干部年轻化与村干部职业化是相辅相成的结果，村干部

---

① 参见望超凡《村治主体的"去精英化"：形成原因与治理后果——基于对皖南禾村的经验考察》，《北京工业大学学报》（社会科学版）2022年第3期。

职业化必然对任职条件提出更高要求，一般是以高学历、年轻化为导向，而且提高村干部待遇也会吸引到更有竞争力的年轻人进入村干部队伍。可以说，在基层治理现代化背景下，地方政府出台推动村干部年轻化与村干部职业化水平的政策，通过类体制身份与提高村干部待遇的举措形成对青年干部的制度吸纳。

以甘肃 H 镇为例，该镇共有 12 个行政村和 1 个社区。2021 年年底，H 镇村居两委换届，要求"一肩挑"，主职干部年龄应当在 45 岁以下。换届后该镇只有 6 个村的村党支部书记符合年龄要求继续当选，其他村和社区换届后由乡镇指派专职化书记到村里任职，他们由上级政府统一招考并分配，全镇村干部整体年轻化更替。为了应对办事留痕的要求和数字治理的趋势，地方政府也有动力推动村干部年轻化。2021 年以前，H 镇的村干部年纪偏大，精准扶贫过程中大量文字工作由乡镇包村专干完成，L 镇的年轻村干部表示："工作中太多表格了，年纪大的应付不来。"2021 年换届要求文书具备大专及以上学历，并且，针对 35 岁以下、大专学历以上，担任 1 年村干部经历的青年干部，可以参加全省统一招考的事业编考试。换届后，该镇的文书年龄最小的为 2000 年生人，年龄最大的为 1989 年生人。村干部年轻化和村干部职业化直接提高村庄治理行政化水平，改造村庄治理的基本形式，而且办事留痕的要求与越来越多的数字化办公要求让处理大量一线工作的村干部转向做文字材料工作。

二 治村基础：村庄发展去功能化与村庄公共性弱化

中国的村庄既是治理单元也是社会单元，农民的生产、生活高度一体化，围绕农民的生产、生活形成了诸多村庄规范，村庄具有较强的公共性。对农民而言，村庄是具有共同体性质的社会支持体系。虽然农民在日常生活中也会产生矛盾、相互竞争，但是为了生存必须达成一致。中华人民共和国成立后，国家权力不断深入农村，国家通过村庄代理人实现治理目标。在人民公社体制解体后，国家对农村主要的治理目标是收取农业税费和执行计划生育。因此在农业税费时期，收粮派款和计划生育成为村庄治理的主要内容，并且都是关乎农民切身利益的大事。乡、村两级基层干部承担大量一线工作，需要与农民面对面打交道，做"泥腿子"干部才能完成工作。彼时农民外出务工较少，农民需要合作完成农业生产、公共品建设等，对村级组织有公共诉求。

在后税费时代，基层干部不用从农民手中收取农业税费了，特别是2016年以后计划生育政策也取消对二胎的限制了，基层干部脱卸了与农民打交道最困难最麻烦的治理任务，但同时也卸下了治理责任。而且，改革开放后工农业的收入差距拉大，农民仅靠务农难以实现家庭再生产目标，中西部农村的农民到东部发达地区寻找经济机会，村庄内部农民分化，农民的公共治理需求弱化，而且村庄不再是能够满足农民实现家庭再生产目标的自治空间。对农民而言，村庄不再是关乎存亡问题的支持系统。农民的生活和生产分离，农民的分化程度拉大，越来越多的农民在城镇买房，村庄内生的公共治理需求减少。因此，出现村庄发展去功能化和村庄公共性弱化的现实趋势，村干部对农民的生产生活的影响作用下降，村民对谁来当干部越来越不在意。由此，农民与村干部的关系变得更为松散，村庄政治空间释放，在传统时期缺乏权威和经验的年轻人可以进入村干部队伍。

三　形塑机制：县域青年体制偏好与家庭城镇化目标

在县域社会，特别是中西部地区缺乏充足的就业机会，收入水平也有限，为了获得更高收入或者打开见识的年轻人往发达地区流动。但是也存在相当数量没有外出的县域青年，比如案例3中的XQ说他在小孩出生后没考虑过外出工作。案例1中的ZM是因为毕业后一直在外工作且单身，他个人与父母都觉得不太稳定，因此听到已经担任村干部的同学告知他招考信息后就决定回家考试，工作稳定后父母便找人介绍相亲对象。对于不想外出或不能外出的年轻人而言，稳定性高、收入有保障且社会地位较高的体制身份是县域社会的稀缺资源。当地方政府通过制度吸引年轻人进入基层治理体系时，县域青年具有较强的主观意愿来抓住获得类体制身份或进入体制内的机会。但是公务员和事业编的考试门槛较高，学历有限的年轻人通过考试的机会较少，大多数学历为高中或大专的年轻人更为关注村、居干部的招考。

另外，县域青年留在本地还需要面对父母和村庄竞争，他们需要成家立业、进城买房，特别是当前婚姻竞争和教育竞争压力增大，进城买房成为农民家庭完成婚姻和抚育子代的必要条件。对于已婚已育的年轻男性而言，已经在县城安家，如果回村担任干部必然就会出现工作在村、居住在城的状态。而对于未婚男性而言，回村担任村干部且长期居住在村庄，无法拓宽人际交往也无法满足消费娱乐需求，买车买房的群体也会选择"走读"状态。基于此，自上而下的治理任务转型和自下而上的社会基础变迁，共同为年轻人进入村干部队伍释放出制度空间和村庄的政治空间，构成青年干部走读的前置条件，进而，县域青年的体制偏好和家庭城镇化目标塑造出青年村干部走读的客观结果，而非少数个例。

第四节 村干部年轻化与基层治理悬浮

一 青年干部的发展策略与基层干部流失

在推动基层治理现代化的过程中，地方政府通过调整村干部队伍建设制度为年轻人进入村干部队伍释放体制机会。对于青年干部而言，体制内或类体制身份是在县域社会获得稳定且体面工作的稀缺机会，进入体制或获得类体制身份都有助于个人发展与家庭稳定。因此，县域青年有较高的积极性通过争取基层政府统一招考进入村干部队伍的机会，将进入村干部队伍纳入个人发展策略。虽然越来越多的年轻人进入村干部队伍，但是也要关注到村干部队伍中的青年干部并不稳定。与县域青年进入村干部队伍积极性高同时存在的现象是青年干部流动性大，不仅村干部队伍稳定性下降，影响基层治理效能，而且是对青年干部培养资源的浪费，导致基层干部流失。

青年干部在进入村干部队伍后两年内流动性较大，根据其个人和家庭的发展主要形成两种流动方向。第一种流动方向是流出，大部分青年干部在村两委工作一两年后因不适应或觉得工资太低而选择退出。一方面是工作压力较大，不仅是政府对村干部的考核任务增加，考核标准越来越高，而且青年干部因走读对村庄了解有限，与村民打交道较少，缺乏做群众工作的经验，在村干部岗位上心理压力较大。另一方面是觉得村干部工作的"性价比"低，他们觉得付出和回报不成比例。尤其是走读干部工作在村、居住在城，他们主要的消费在城市，但是村干部的收入水平难以满足家庭再生产的日常开支需求。而且村干部的收入构成是基本工资和年底绩效，平时的基本工资满足不了年轻人的即时性开支，特别是固定刚性支出，比如房贷等。安徽L镇村干部由地方财政拨款，青年干部以副职居多，待遇为4.5万元/年，每月公积金266元/月。其中每月发放基础工资2210元，其余为年度绩效和单项工作绩效。在当地，村干部收入低于工厂普工，加班多的普工收入高一点但是更辛苦，也不符合年轻人对体面工作的期待。

> XQ说："做村干部不后悔，后悔的是工资，只有原来一半，加班也没有加班费。房子首付是父母给的，工资交了1700元/月的房贷就不剩什么了。平时到村里上班回父母家吃饭，父母承担伙食费。如果没有父母支持就做不了村干部，如果考虑去外面找高工资的工作，就得让老婆全职在家带孩子。"

第二种流动方向是向上流动，其中一部分在村庄治理体系中向上流动，适应村干部工作的青年干部在短时期内较为稳定，他们在学习过程中产生较强的工作成就感。工作能力突出的青年干部会继续向上晋升，担任副职干部甚至主职干部。一位村党支部书记说青年干部经过培养后也能做好工作，他赞扬升任村党支部副书记的YY"包片工作做得好，用心干事，善于思考，深入基层，不怕困难"。还有小部分是在基层治理体系中跨层级流动，从类体制身份转换到体制内，他们将村干部工作作为职业跳板，在满足基本条件后通过制度化的村干部晋升渠道进入乡镇工作。从个人发展的角度来看，此类青年干部的行为选择无可厚非，当村干部既可以作为向上晋升的必备条件，还可以提升个人社交能力、拓展本地的人脉关系，那么将进入门槛不高的村干部工作作为职业生涯的一块优质跳板就不难理解。然而，村干部的流动性增强，基层成为锻炼和培养干部的基地，却留不住服务基层的干部。村干部作为一份工作成为年轻人劳动力流动体系中的站点，背后折射的是村治主体与村庄脱嵌的结构性结果，当村干部中出现越来越多的走读干部，也反映出基层治理行政化水平提高的现实情境。

二 青年干部的职业逻辑与基层治理悬浮

在基层治理变迁背景下，村庄发展去功能化和村庄公共性弱化为青年干部治村奠定了较为宽松的社会基础，青年干部作为具有独立行动逻辑的"职业人"被制度吸纳到基层治理体系，他们的行为逻辑与具有"当家人"和"代理人"双重角色的传统干部形成鲜明对比。传统干部是在村庄中的政治精英，他们既要协助政府解决政策落地的"最后一公里"问题，还要回应农民的公共需求，维持村庄社会秩序基本稳定，他们是村治主体，通过一线治理协调国家与农民的关系。然而，在村庄治理行政化水平提高的过程中，农民的公共需求减少，通过自上而下的资源输入与规则输入将村干部吸纳到国家治理体系，国家对村干部的依赖程度减弱，村干部越来越成为办事员、信息员这类具有专业化、事务化特征的角色，越来越多符合这一身份特征的青年干部被纳入基层治理体系。青年干部作为村庄中的"政治素人"影响力有限，他们对工作的认知与其职业逻辑紧密相关：村干部只是一份可以选择的工作。

青年干部被制度吸纳到村干部队伍中，他们缺乏群众基础和社会权威。对青年干部而言，村干部虽然是一份具有稀缺性的工作，但只是获得经济收入的手段之一，他们作为"职业人"的主体意识贯彻在参与村庄治理的过程中。青年干部在村庄治理过程中遵循基本职业逻辑，考虑"性价比"，考虑职业前景和晋升发展问题。例如，ZM 在村委会担任报账员兼治保主任，管理村级账务、统计信息，负责矛盾协调。他说："一个人无法丈量全村土地，田亩数只能听组长报。"然而确切的田亩数是地方政府发放秸秆禁烧补贴的主要依据。2019 年后，上级考核要求的文字材料较多，包括扫黑除恶材料、七五普法材料等，他称占近 70% 的工作量。面对大量文字工作，ZM 表示："有时候特别烦，做材料就要做事情，做事情又是虚的，闹得没多少时间闲下来整理材料。"长期在办公室做材料，平时不在村里居住，他对村民也不太熟悉，做矛盾调解工作有一定困难。他说："做矛盾调解工作主要是看调解人，但是只有下村才有机会接触群众，坐着聊聊，平时时间太少。"

ZM 未来的计划是留意本地公务员、事业编的招考机会，同时考建造师的证书，以后把证挂在公司可以增加收入。他说："不可能在村委会干到头，打算先考证，在村里的时间太长人就废了，事情干不完，人又疲惫，这个要材料那个要材料，容易暴躁，肯定特别烦。而且大学学的要都忘记了就白学了。"

青年干部虽然比传统干部具备更高的学历和信息技术能力，能够较好地适应电子化办公。但是他们较少在村庄生活，嵌入村庄程度较低，做好工作需要更长的时间了解村庄和积累社会资源，这一点又与他们的走读现状、文字材料工作为主、"拿多少钱办多少事的"职业逻辑产生冲突。村干部从"代理人"和"当家人"转变为"办事员",从形式上提高村干部的职业化水平,而且机关化办公强化村庄治理行政化的面向,行政村被吸纳进入科层体系最末端,成为承接行政任务的组织机构,改变农村以村民自治为主体的治理形态。同时职业化的村干部习惯机关化办公,特别是走读干部与群众打交道的机会较少,他们缺乏基层治理经验,做群众工作的能力不足,使得村级组织的群众动员能力弱化,最终可能导致基层治理悬浮。另外,还应当注意的是当前农村的分化程度较大,虽然村庄公共性弱化是普遍趋势,但是仍然有部分村庄具有较多内生治理需求,自上而下推动村干部职业化与村干部年轻化对此类村庄而言是一种过早行政化,导致更严重的基层治理悬浮问题。

小　结

在实践中,地方政府通过推动村干部年轻化与村干部职业化来提高基层治理现代化水平,其结果往往是提高村庄治理行政化水平。从全国多地的换届选举结果来看,村干部年轻化趋势明显,地方政府通过制度化的方式吸纳年轻人进入村干部队伍的结果,这些政策为县域青年提供进入村治体系的制度渠道。然而,在基层治理现代化导向下,地方政府对村干部的要求过于强调学历、资源。但是基层治理现代化不等于基层治理国家化与体制化,更不是"一刀切"地将村庄治理行政化。在东部发达地区,村庄治理行政化比较好地契合了当地经济基础较好、社会转型较快的现实条件,能够完成自上而下的行政任务。相比之下,中西部农村人口外流严重,村庄空心化程度较高,村庄治理行政化的成本极高,治理效能较低,而且村干部年轻化的要求不适应当地实际状况,未能充分因地制宜地动员既有资源。我国幅员辽阔,东西经济差距较大,南北文化差异较大,在面向不同社会基础的村庄时,以村干部年轻化推动村庄治理行政化会呈现出截然相反的效果,既可能适应村庄治理需求提高治理效能,也可能与村庄社会基础不匹配导致基层治理悬浮。面对当前农村分化程度较大的现实,只有探索出一条契合地方实际的村干部队伍建设路径,建立青年干部培养机制,提升基层治理能力,完善基层治理体系,才能让村干部深入群众为群众服务,满足在村群体的实际需求,真正提高基层治理效能,推动基层治理现代化。尤其是对于地方财政能力有限,村庄行政事务较少的中西部农村而言,相较于通过制度手段吸纳职业化程度高的青年干部,此类村庄有较多出不去的中坚农民,他们的生产、消费都在村,核心利益和社会关系都深度嵌入村庄社会。充分利用村庄内生治理资源,激发中农干部的积极性,才能真正实现人才振兴与组织振兴。

第十五章

基层青年干部培养：路径、差异及其影响

当前，基层干部年轻化、知识化趋势明显，越来越多的"80后""90后"甚至"00后"进入基层治理队伍，成为乡镇干部或村干部。在数字治理下乡、基层治理现代化建设过程中，自上而下的行政任务和治理目标对基层干部的信息能力、文字能力提出了更高要求，这些与受教育水平较高的年轻人技能更为契合。但是，基层治理的整体性、复杂性、琐碎性使其具有典型的一线治理特征，基层青年干部不仅需要掌握业务工作能力，还应当融入基层治理情境、提高基层治理能力。作为基层发展的"领头雁"，基层干部的治理能力直接影响乡村全面振兴。可以说，基层青年干部培养关乎乡村人才振兴，关乎基层治理现代化的干部储备。笔者在晋西南Y镇调研时发现，当地的基层青年干部培养路径发生了变化，不同的培养路径对基层干部的能力培养、工作样态有直接影响。在当前基层治理中仍然存在大量一线治理工作，需要跟群众面对面，因而"群众工作"是基层干部需要掌握的基本能力。那么，这一能力是否可以通过培养获得呢？本章对比了两种基层干部培养路径的差异，根据当前青年干部的困境反思了培养青年干部的关键所在。

第一节 大学生村官制度与基层干部培养

乡村振兴，关键在人。2023年的中央一号文件指出，全面建设社会主义现代化国家，最艰巨最繁重的任务仍然在农村，要举全党全社会之力全面推进乡村振兴，要健全党组织领导的乡村治理体系，提升乡村治理效能。基层

青年干部是乡村振兴建设的引领者和生力军，他们的工作能力深刻影响乡村治理效能与乡村振兴的实现。2021年，《中共中央 国务院关于加强基层治理体系和治理能力现代化建设的意见》指出，要加强基层治理队伍建设，推进编制资源向乡镇（街道）倾斜，加强城乡社区服务人才队伍建设，引导高校毕业生等从事社区工作。同年，中共中央办公厅、国务院办公厅印发《关于加快推进乡村人才振兴的意见》，指出要加快培养乡村治理人才，加强乡镇党政人才队伍建设，实施"一村一名大学生"培育计划。在政策层面，党和政府高度重视乡村振兴与乡村治理现代化的人才工作；在实践层面，地方政府实施"乡村振兴万人计划"，力图为基层引入高素质人才，为乡村注入青年动力。在全面推进乡村振兴和新时代基层治理现代化的双重背景下，基层干部队伍建设与基层青年干部培养关涉乡村人才振兴问题，是提升基层治理效能的人才保证。基于此，探索一条适应基层治理现状的青年干部培养路径，为乡村可持续发展储备基层青年干部，具有重大战略意义。

在城镇化快速推进过程中，经济发展的区域差异造成人口的"虹吸效应"，这种大规模的人口流动引起基层社会转型与基层治理变迁，尤其是中西部地区青年人口外流现象突出弱化基层治理能力。因此，在乡村建设过程中，需要为基层输入新的治理人才，这也是国家治理能力增强为青年群体释放的政策红利空间[1]，其中，大学生村官是国家向乡村供给高素质人才比较成熟的制度化渠道。目前，学界对大学生村官的研究主要有以下两类。第一类是政策研究，以大学生村官政策为研究对象，重点关注在新农村建设背景下，当时的大学生村官政策的发展与完善[2]，此类研究以2009年为节点分为两个阶段，2009年之前属于早期研究阶段，主要梳理了大学生村官政策的发展阶段、实践成效与存在问题[3][4]，2009年之后的研究侧重关注大学生村官这一政策的

---

[1] 参见王向阳《新时代农村基层干部年轻化趋势及其机制分析——基于"国家治理能力"的分析视角》，《中国青年研究》2022年第8期。

[2] 参见万银锋《"大学生村官"：一种值得推广的制度安排——对河南省实施"大学生村官"计划的调查与思考》，《中州学刊》2007年第4期。

[3] 参见李华忠、杨桓《当前"大学生村官"的实践成效及政策建议》，《社会主义研究》2009年第5期。

[4] 参见吕洪良、吕书良《新农村建设与大学生村官政策》，《中州学刊》2009年第1期。

可持续性问题[1][2]。第二类是群体研究，以大学生村官群体作为研究对象，重点关注他们参与基层治理的实践问题，比如职能发挥[3]、身份认同[4]、角色转化[5]、留任意愿[6]等，以及大学生村官作为外部输入人力资源影响村庄发展[7]与村集体经济[8]的作用机制。除此之外，还有部分研究大学生村官相关问题，比如有学者从农村基层组织建设视角审视大学生村官制度[9]，有学者测评大学生村官胜任力与基层岗位的匹配度[10]，有学者认为大学生村官是现代国家整合农村社会的路径转变[11]，还有学者关注大学生村官制度与中国政治生态的互动关系，提出大学生村官制度应当向"开放性与专业性结合的规范性基层官员选拔制度"[12]转换。以上研究对大学生村官政策、大学生村官群体展开充分研究，侧重从静态视角对大学生村官制度及其功能与优化诸问题展开分析，较少从动态视角考察大学生村官治理能力的培养问题。而且，只有将大学生村官作为基层治理人才补充力量，将其放置于基层治理体系中考察，分析基层治理的结构与需求，明确大学生村官制度的目标定位，才能更好发挥大学生村官的治理效能，反思基层治理青年干部的培养问题。

---

[1] 参见江苏省委组织部等《大学生"村官"工作长效机制探究——以江苏省为例》，《南京大学学报》（哲学·人文科学·社会科学版）2010年第3期。

[2] 参见王志刚、于永梅《大学生村官的择业动机、满意度评价及长效发展机制研究》，《中国软科学》2010年第6期。

[3] 参见周成军《大学生村官的职能研究》，《苏州大学学报》（哲学社会科学版）2009年第4期。

[4] 参见郑庆杰《飘移之间：大学生村官的身份建构与认同》，《青年研究》2010年第5期。

[5] 参见郑明怀《大学生村官角色研究》，《内蒙古社会科学》（汉文版）2010年第5期。

[6] 参见韩锦、王征兵、彭洁《大学生村官留任意愿及影响因素分析》，《西北农林科技大学学报》（社会科学版）2016年第1期。

[7] 参见任天驰、杨晓慧、康丕菊《"大学生村官"如何服务乡村振兴？——基于第三次农业普查10700个村级数据的实证研究》，《中国青年研究》2020年第11期。

[8] 参见张洪振、任天驰、杨汭华《大学生村官推动了村级集体经济发展吗？——基于中国第三次农业普查数据》，《中国农村观察》2020年第6期。

[9] 参见殷殷《大学生"村官"与农村基层组织建设——以苏北农村为例》，《中国青年研究》2008年第6期。

[10] 参见申晓梅、蔡秋瑾、李伟《大学生村官胜任力测评指标开发及应用》，《理论与改革》2012年第1期。

[11] 参见付建军《精英下乡：现代国家整合农村社会的路径回归——以大学生村官为例》，《青年研究》2010年第3期。

[12] 陈忠：《大学生村官与中国政治生态：意义、问题与趋势——大学生村官的一种政治学分析》，《苏州大学学报》（哲学社会科学版）2009年第4期。

在基层治理面临制度环境和社会基础双重转型的背景下，对基层青年干部培养问题的现实关切，需要认识两个层面的问题：其一，当前基层治理需要什么样的人才？其二，当前基层青年干部要如何培养？对于前一个问题，不仅要认识基层治理面临的制度环境与任务目标是什么，还要认识现实中基层群众对基层治理的需求是什么，以及厘清两者是否具有一致性。当基层治理的制度目标与治理需求存在错位时，制度供给的基层青年干部培养路径就会面临现实困境。在山西等地的调研发现，乡、村干部与基层群众对青年干部的评价两极分化，做文字材料的能力很强，但是做群众工作能力欠缺，这样的工作特点固化了青年干部"机关化办公"的能力，也加深了干部、群众对青年干部不会做工作的"刻板印象"，对青年干部后续展开工作造成一定困扰。为了进一步思考大学生村官能力的不均衡状态是如何产生的，本章考察了2007—2022年晋西南Y镇招聘的两批大学生村官，从制度视角比较了大学生村官面临的基层治理任务目标与培养路径的历时性变化，重点考察两代大学生村官的工作动力与工作样态差异，探讨当前基层青年干部培养困境的制度成因，反思基层青年干部培养的关键所在。

第二节　两代大学生村官培养路径：
"先进后考"与"带编进村"

一　两代大学生村官培养的制度路径

本章基于2023年7月笔者在晋西南X县Y镇调研的分析，围绕乡村振兴、基层治理现代化、青年干部培养等问题深度访谈乡镇干部、村干部、大学生村官、村民等群体。Y镇距县北11公里，人口1.8万，是以大棚蔬菜为主导产业的农业型乡镇。2021年，该镇由17个行政村合并为10个行政村。乡镇机构设置为"五办一站两中心"，其中，"五办"指党政综合办、社会事务办、规划建设办、综合执法办、经济发展办，"一站"指退役军人服务站，"两中心"指党群服务中心和便民服务中心。全镇共有在编在职人员52人，其中行政编24人，事业编28人。2018年后，该镇累计招聘35岁以下青年干部25人，其中大部分为大学生村官。2007年至今，在中央政策引导和地方政府组织下，该镇招聘过两代大学生村官，都是户籍为本县市的年轻人，第一批大学生村官是"80后"，第二批是"95后"和"00后"。

第一批是2007年依托"大学生村官计划"招聘的大学生村官，他们的培养成长路径是"先进后考"，即先分配到村工作、后考编进入体制。2005年后，为推进社会主义新农村建设，各地启动"大学生村官计划"，在政策支持下，2007年，X县招聘两批共200名大学生村官。他们被录用后与乡镇签订3年期的劳务合同，党员身份担任村党支部书记助理，非党员身份担任村委会主任助理。服务3年后，他们可以参与村党支部换届选举，报考由县委、县政府统一组织的公务员、事业编考试。这批大学生村官目前有2人留在该镇工作，成为乡镇班子成员或乡镇中层干部，其他人考入本县乡镇或县委、县政府、县事业单位工作。其中一位驻村两年后，在2009年考上公务员，目前是乡镇领导班子成员，担任专职副书记。另一位驻村工作9年，2007—2008年担任村委会主任助理，2009—2011年担任村委会副主任、2012—2015年担任村委会支部副书记，2016年考上事业编后进入县事业单位工作，2019年因县事业单位机构改革调回该乡镇担任卫生监督站站长。

第二批是2021—2022年依托山西省"乡村振兴万人计划"招聘的大学生村官，他们的培养成长路径是"带编进村"，即先考上事业编、后被分配到村工作。2021年，山西省启动实施"乡村振兴万人计划"，两年时间为全省1.9万个村每村至少招聘一名本科及以上学历大学毕业生。2021年与2022年，山西省X县分别公开招聘58名与117名大学毕业生到村（社区）工作。两批到村（社区）工作的大学生均为乡镇（社区服务中心）全额事业编制，要求年龄在30周岁以下，具有硕士研究生及以上学历者年龄可放宽至35周岁，招聘程序包括报名、资格审查、笔试、资格复审、面试、体检、考察、公示和聘用。聘用人员先在乡镇（社区服务中心）培养锻炼半年到一年，培养锻炼期满后安排到村（社区）工作。大学生在村（社区）服务期限不低于5年（含在乡镇、社区服务中心培养锻炼时间），服务期限内不得通过调动、借调等方式离开村（社区）工作岗位。2021—2022年，Y镇招聘全额编制到村工作大学生共10人，以大学生村官的名义分配到乡镇各村，担任村党支部书记助理。其中，因2个行政村换届选举"一肩挑"失败，村党支部书记人选与村委会主任人选不一致，最终由乡镇党委选派大学生村官担任专职村党支部书记，其他8个村的大学生村官担任村党支部书记助理。

二 制度转型与基层青年干部的注意力分配

"先进后考"到"带编进村"是大学生村官成为基层干部的制度路径转型,也是基层治理体系中基层青年干部培养路径的转型,这种制度转型直接影响大学生村官在工作中的注意力分配,引起他们的工作重心、工作关系与干群关系的变化,最终影响基层治理的实际效能。

从工作重心来看,"先进后考"的大学生村官以村务为主,平时在村工作,同时也协助乡镇推进重点工作。大学生村官跟着村干部边干边学,平时有大量时间走访入户,在村里"混个脸熟",两年时间下来对村庄基本情况非常熟悉。访谈对象 Z 在任村委会主任助理期间做大量学习、总结笔记,将各家各户的基本情况记录下来。"带编进村"的大学生村官以政务为主,平时在乡镇工作,主要做台账资料、统计信息和宣传政策,协助村干部完成自上而下的行政任务在村一级顺利落地。具体包括党建工作台账、五面红旗创建台账、新时代文明实践站台账、清廉村居台账,协助村干部入户催缴医保和社保并统计缴纳数据,统计农业保险赔偿信息,整理三务公开信息,入户宣传禁三烧、环境卫生整治、脱贫攻坚与乡村振兴衔接等国家政策,入户宣传推广反电诈 APP 等,除此之外,大学生村官要上传下达乡镇每周布置的工作,参与完成乡镇重点推进工作,为所在村撰写村史,县委组织要求大学生村官每月提交工作日志。

从工作关系来看,"先进后考"的大学生村官定位是村里的后备干部,是村委会主任助理或村党支部书记助理,他们还没有进入村两委班子。因为是外村人,既要跟老党员和村干部学习工作方法,也要通过他们在村庄中建构社会关系网络。访谈对象 A 在当村党支部书记助理时,跟着书记入户,每次村里开会时跟村干部一起到老党员家里请他们开会,帮忙搀扶腿脚不便的老党员,很快就跟党员、组长和村民代表熟悉起来。他们与乡镇签订劳务合同,协助乡镇工作,与乡镇干部是上下级关系,听从乡镇的工作安排。"带编在村"大学生村官虽然职务是村党支部书记助理,但因为乡镇事业编制他们拥有乡镇干部这一体制身份,村干部对他们的评价只是工作考核的一部分,他们认为与村干部、乡镇干部都是同事关系,只是分工不同。

从干群关系来看,"先进后考"的大学生村官天天"泡在村里"。访谈对象 Z 在下村入户过程中对村庄逐渐熟悉,全村 140 多户基本每家都入户了解,她讲道："到别人家说说话，开开玩笑，聊聊家常，该干活时帮忙干活，慢慢就熟悉了"，"全村就四条街，不用村干部带着，中午吃饭想到哪家去就到哪家，谁家的地在哪儿、谁家种的桃好吃都知道"。平时帮助有困难或有需求的农户申请相应的补贴，帮村里腿脚不便的老年人到集镇上买东西。"带编进村"的大学生村官平时在乡镇工作，只有工作需要才有时间入户，平时跟大多数群众接触较少，群众对他们也不了解不熟悉。所以为了方便工作开展，每次下村入户时都要村组干部领着上门。加之，现在智能手机普及，群众通过手机可以获得丰富的资讯，对于大学生村官入户宣传政策的态度并不积极。

对比两代大学生村官的培养路径，我们发现过去的大学生村官是在村工作的"村官"，现在的大学生村官是在乡镇办公的干部，这一制度转型引起基层青年干部的注意力分配模式变化。注意力分配模式变化的原因是制度转型引起的工作动力差异，并且直接反映在他们工作中的工作样态上。

第三节　两代基层青年干部的工作动力与工作样态差异

一　基层青年干部的工作动力差异

"先进后考"与"带编进村"是两代大学生村官培养的制度路径，它们最核心的差异在于在村工作期间是否有编制，而有编制身份给予的体制保障影响驱动基层青年干部日常工作的动力来源。

对于"先进后考"的大学生村官而言，他们需要驻村工作服务三年才可以参与编制考试，驻村期间工作考核更看重村干部和群众对他们的评价。作为村庄的外来者和年轻人，他们缺少社会关系和工作经验，想顺利开展工作需要在村庄中进行主体性建构。这种主体性建构不仅是搭建属于个人的人际关系网络，还包括基于工作表现得到村干部和群众的认可，是他们为了在村庄治理中被看见、被接纳、被认可的积极行动过程。就工作内容而言，第一批大学生村官以村务为主，可以说他们是专职化的"村官"，他们被分配到村里后要求驻村工作，主要任务是协助村干部处理村务，面对的治理对象是群众和村庄社会，他们要找到工作抓手、生产治理资源。村庄治理具有整体性、复杂性的特征，重点是做人的工作，要求对人和事都充分熟悉才能理顺关系、解决问题。而且，在驻村工作期间他们有较为充分的时间下村入户，得以在频繁走访入户的过程中全面融入村民的日常生活和村庄情境中，通过在村庄场域的主体性建构实现"村官化"和"村民化"的身份转型。[1]

对于"带编进村"的大学生村官而言，他们是考上乡镇事业编的乡镇干部，他们只是在招聘时定位为"到村工作大学生"，要求下村做村党支部书记助理。他们在进村工作时已经具有正式编制，但是乡镇工作晋升空间有限，也主要是公务员晋升机会相对较大，所以对这些事业编的大学生村官而言，他们并不热衷制造工作亮点。在日常工作中，制度性要求是他们主要的工作动力来源。而且，在基层治理规范化、专业化的转型过程中，基层的行政工作任务量剧增，这些大学生村官要承担乡镇站办的业务工作，完成村级组织面临的行政任务。他们不得不兼顾村务和政务，可以说是兼职化的"村官"，从工作内容的时间分配来看，实际上时间更多是用于完成乡镇布置的行政任务、完成村庄需要落实的上传下达任务，其中文牍工作占据大量时间、精力。在这样的工作安排下，大学生村官没有时间经常性走访入户，与群众打交道时间比较少，只能将入户走访与乡镇每周落实工作必须常规性入户的制度性要求结合起来。每次下村入户都是时间匆忙、工作紧张，在入户时需要村组干部带着他们入户以快速获得群众的信任。

二 基层青年干部的工作样态对比

基层干部的工作动力差异影响了他们的工作样态，大学生村官工作逻辑的变化一定程度上展现了当前基层治理面临的困境。"先进后考"的大学生村官在主体性建构的过程中嵌入村庄社会与治理体系，相比之下，"带编进村"的大学生村官在制度性要求下将工作重心放在乡镇行政事务上，缺少时间和精力熟悉村庄和群众，悬浮于村庄之上，不擅于做群众工作。

在主体性建构的积极行动中，"先进后考"的大学生村官深入群众之中，熟悉村庄情况，在开展工作时可以利用与村民建立的熟人感情和信任关系进行嵌入性动员。他们在入户时认识群众、了解群众，学习到宣传政策要讲究方式方法，直接用群众不熟悉的政策话语宣讲的接受度不高，要

---

[1] 参见张龙、苏世天《身份的自我审视与主动嵌入——以大学生村官的乡村社会融入为例》，《湖北民族大学学报》（哲学社会科学版）2023年第1期。

在平时聊天的过程中了解每个家庭，知道对方想了解什么、需要什么，"聊高兴了人家心甘情愿就配合你的工作"。而且，村庄内的事务有整体性和关联性，需要上门做工作之前，要了解他们的实际需求，对于合理的事情帮忙解决，如果对方不信任，还可以找他们熟悉的人帮忙做工作。在关心群众和帮助群众办实事的过程中与群众建立情感关联，在村庄中建立关系网络，可以动员个人关系介入村庄矛盾纠纷调解与拆迁工作。经过几年在村工作锻炼，这些"先进后考"的大学生村官对村庄治理有了切身认识，掌握了做群众工作的方式方法，积累了丰富的群众工作经验。他们考编进入体制后，对基层现实情况非常了解，他们的基层工作能力与文字工作能力相结合，有助于他们执行政策时结合实际判断、进行适合地方的政策转化，很快成长为县乡干部的中流砥柱。

在制度性要求下，"带编进村"的大学生村官的注意力分配被自上而下的行政任务所占据，更多是在纸面上与群众打交道，在村庄治理中呈现出悬浮型参与的工作样态。而且，基层青年干部基本都是住在县城或市区的"走读干部"[①]，工作与生活均脱嵌于村庄，在工作时间内没有精力全面、深入了解村庄，只有在工作需要时才下村入户。在时间精力分配上，他们是"机关化办公"的坐班干部，在基层治理任务分工中被安排乡镇业务工作和村级事务中文字性和信息化工作，在实践中做群众工作的能力不足。比如群众拨打"12345 市长热线"后，系统平台分单到乡镇办公室后告知各村村官，大学生村官通知村干部到现场处理，处理完之后大学生村官负责做材料反馈到系统平台。在工作方式上，大学生村官建微信群上传下达、宣传政策，希望提高信息传达效率。但在微信上落实工作对村干部动员的实际效果有限，在村群众大多数为老年人，看不到群消息，在入户催缴社保和医保时被群众说"只会就政策讲政策，还是乡镇干部呢，年轻人啥都不懂"，最后还需要依靠村组干部做工作。

[①] 黄思：《村干部年轻化与基层治理变迁——基于"走读干部"现象的考察》，《中国青年研究》2023 年第 4 期。

第四节　基层青年干部的培养困境与培养要旨

一　培养困境：基层治理悬浮化与工作价值消解

基层治理是国家治理的基石，在国家治理体系和治理能力现代化背景下，基层治理体系和治理能力现代化是高度重视的基础性工程。在实践中发现，国家作为主体推动基层治理体系与治理能力现代化，产生"基层治理国家化转型"[①]的结果，地方政府形成与此配套的多中心工作模式、村级组织行政化与基层治理技术化治理体制与机制变革，导致基层自主治理权压缩、基层治理悬浮化困境。与基层治理国家化转型相伴的是基层治理任务转型，基层干部面临自上而下的任务增多，尤其是行政村也要应对繁重的行政任务，地方政府推动村干部职业化、年轻化，或者通过干部下乡、大学生村官等方式应对行政任务，提高了基层治理成本。对财政资源相对匮乏的中西部地区而言，人力和财力资源有限，在任务加重、考核压力增强的情况下只能形式化应付，导致"忙而低效"的体制空转，引起基层干部的工作倦怠感。

基层治理悬浮化系统性地改变了基层干部面临的任务环境。当前，为了完成各类项目申报、评优评先申报、补充完善档案资料等，基层青年干部以文字材料为主要工作内容，注意力分配空间被高度压缩与单一化。繁杂的文字工作消解了为人民服务的工作价值感，降低了青年干部的职业理想价值取向，已有研究表明基层面临自上而下的各项任务指标过多、过泛、过重，造成职业倦怠[②]，还有研究发现青年公务员是公务员离职队伍中的主力[③]。有访谈对象说"乡镇熬人"，"在乡镇工作好像被框在这里，工作做完后没有其他事情，所以为了明天有事做也会把事情拖一拖"。基层青年干部觉得工作复

[①] 杜姣：《基层治理国家化：新时代背景下基层治理转型及其困境》，《内蒙古社会科学》2023年第5期。

[②] 参见韩鹏云《农村基层党组织带头人队伍建设转型与路径优化》，《湖湘论坛》2023年第5期。

[③] 参见徐辉《青年公务员职业价值取向对离职倾向影响研究——基于不同工龄群体的回归方程解析》，《中国行政管理》2017年第1期。

杂、内容琐碎，导致心理压力大，但同时觉得工作量并不饱和，在做工作的过程中并不充实，获得感比较弱。

二 培养要旨：一线治理关键在于群众工作能力

基层治理的主要内容是乡、村治理，基层干部的工作是处于国家与农民对接的一线，基层治理具有"一线治理"①的典型特征，面对的治理对象是整体性、琐碎化和复杂化的。乡镇是政府体制最末端的一级政权，乡镇要面临大量琐碎、繁杂的事务，面对不规则的基层社会，成为治理体制内部压力聚焦的焦点，然而在人事、财政和事权等治理资源配置不足的情况下乡镇工作最终落地的重点在于治人而非治事。治人是指通过处理与人的关系达到治理效果，在基层治理场域中强调与群众打交道、与群众打成一片，让群众对基层干部产生熟悉感和信任感，在工作落实中形成对群众的关系动员能力。基层治理的一线特征要求基层干部坚持走群众路线，掌握做群众工作的能力，能够通过理解群众的核心需求进行沟通互动达到引导教育的目的。群众工作能力是经验丰富的老乡镇和村干部所具备的独特经验，他们与基层社会打交道时间长，对群众熟悉，对村情了解，在地方社会人脉关系网广泛，治理资源比较丰富，所以在维稳、动员时往往需要被群众认可的老干部出面才能解决问题。

那么，群众工作能力可以培养吗？群众工作能力是基层治理中最重要、最基本的工作方法，是对群众的说服、教育和关系动员。但是群众工作能力并不是先赋性的个人能力，可以在工作中培养、学习、掌握。对基层青年干部而言，做群众工作的能力是培养的关键所在，这才是基层工作经验的核心。比如大学生村官的学历比传统基层干部高，做行政工作和文字材料的学习能力比较强，但是往往在下村入户时遇到困难，需要动员群众时显得乏力，他们缺少时间、空间学习做群众工作。更重要的是，对于体制内的干部而言，日常工作的价值感与群众的尊重感就是他们工作意义的主要产生渠道。而且，基层干部面临科级天花板，体制内晋升空间相对有限，在这样的制度环境中，工作本身的意义感和价值感应该成为基层干部精神激励的重要来源。在基层干部年轻化的趋势下，基层青年干部的培养问题应当被重视，要激发年轻人

---

① 杜鹏：《一线治理：乡村治理现代化的机制调整与实践基础》，《政治学研究》2020年第4期。

在基层干事创业的热情，但是激发他们工作积极性不仅是制度激励问题，前提是要明确方向，认识到基层青年干部培养的重心所在。

小 结

本章关注大学生村官的培养制度，将大学生村官这一群体放在基层治理体系中考察，从制度视角反思当前基层青年干部的培养困境，结合基层治理性质进一步讨论基层青年干部培养要旨。本章通过对比"先进后考"到"带编进村"两批大学生村官培养的制度路径，分析在不同制度安排下大学生村官的注意力分配，及其对他们的工作动力与工作样态的影响，并且探讨当前基层青年干部普遍不会做群众工作的培养困境背后的制度成因，进一步明确基层青年干部培养的关键所在。基层治理面向基层群众，基层治理情境具有复杂性、整体性和琐碎性，基层青年干部的培养应当适应基层治理特征、回应基层群众需求，其关键在于培养他们做群众工作的能力。当前，基层青年干部的文化素质提高，基层业务工作相对简单，他们熟悉业务内容和工作流程后基本可以胜任此类文牍工作。但是，对于基层干部而言，他们是在复杂的基层治理情境中开展工作，自上而下的行政任务要在基层落地，免不了与群众面对面打交道，如果不熟悉基层情况、不会做群众工作，极大增加了工作难度和时间成本。

基层治理现代化不仅仅是基层治理技术化、信息化、数字化，核心在于要切实提高基层治理能力，重要载体是培养有基层工作经验的青年干部。要让他们在实践中与群众建立广泛联系，在干实事中增强做群众工作的能力，促进他们在基层工作中获得为人民服务的价值感和获得感，有助于加强他们的工作意义感。否则，在工作中应对大量与群众脱节的任务会消磨他们的工作积极性，更有甚者，工作中的无意义感可能转变为完成任务的应付心态，消解基层干部干事创业的积极性。要用发展的眼光看待大学生村官和其他基层青年干部的培养、成长，他们是推动基层治理体系和治理能力现代化的储备力量，他们的基层工作经历要转化为真正的基层工作经验。此外，还需要注意两方面的问题，一方面，大学生村官都有服务期限要求，流动本身就是这一制度安排的既定结果，他们何去何从要考虑制度衔接问题与晋升激励问题；另一方面，还应该以提高基层治理效能为导向完善基层干部培养机制，把青年干部培养成熟悉基层情况、会做群众工作的中坚干部，这些对基层熟悉了解的干部进入体制才能结合实际，以群众需求为导向，真正做到"为人民服务"。

参考文献

《习近平谈治国理政》（第四卷），外文出版社2022年版。

中共中央党史和文献研究院编：《习近平关于"三农"工作论述摘编》，中央文献出版社2019年版。

费孝通：《江村经济：中国农民的生活》，商务印书馆2001年版。

付伟：《城乡融合进程中的乡村产业：历史、实践与思考》，社会科学文献出版社2021年版。

黄宗智：《华北的小农经济与社会变迁》，中华书局2000年版。

黄宗智：《中国的隐性农业革命》，法律出版社2010年版。

项飙：《跨越边界的社区：北京"浙江村"的生活史》，生活·读书·新知三联书店、生活书店出版有限公司2018年版。

［德］斐迪南·滕尼斯：《共同体与社会》，张巍卓译，商务印书馆2019年版。

［德］马克斯·韦伯：《经济与社会（上卷）》，林荣远译，商务印书馆1997年版。

安永军：《乡村振兴背景下村干部年轻化与村级治理悬浮化——以陕西西安G镇为例》，《北京工业大学学报》（社会科学版）2023年第1期。

陈锋：《分利秩序与基层治理内卷化　资源输入背景下的乡村治理逻辑》，《社会》2015年第3期。

陈靖、冯小：《农业转型的社区动力及村社治理机制——基于陕西D县河滩村冬枣产业规模化的考察》，《中国农村观察》2019年第1期。

陈锡文：《实施乡村振兴战略，推进农业农村现代化》，《中国农业大学学报》（社会科学版）2018年第1期。

邓燕华、阮横俯：《农村银色力量何以可能？——以浙江老年协会为例》，《社会学研究》2008年第6期。

杜姣:《村治主体的缺位与再造——以湖北省秭归县村落理事会为例》,《中国农村观察》2017年第5期。

杜鹏:《村民自治的转型动力与治理机制——以成都"村民议事会"为例》,《中州学刊》2016年第2期。

杜鹏:《社会性小农:小农经济发展的社会基础——基于江汉平原农业发展的启示》,《农业经济问题》2017年第1期。

费孝通:《我看到的农村工业化和城市化道路》,《春秋》1998年第4期。

符平:《"嵌入性":两种取向及其分歧》,《社会学研究》2009年第5期。

付伟:《城镇化进程中的乡村产业与家庭经营——以S市域调研为例》,《社会发展研究》2018年第5期。

付伟:《农业转型的社会基础 一项对茶叶经营细节的社会学研究》,《社会》2020年第4期。

桂华:《项目制与农村公共品供给体制分析——以农地整治为例》,《政治学研究》2014年第4期。

郭晓鸣、廖祖君、付娆:《龙头企业带动型、中介组织联动型和合作社一体化三种农业产业化模式的比较——基于制度经济学视角的分析》,《中国农村经济》2007年第4期。

韩鹏云:《乡村治理现代化的实践检视与理论反思》,《西北农林科技大学学报》(社会科学版)2020年第1期。

韩庆龄:《村社统筹:小农户与现代农业有机衔接的组织机制》,《南京农业大学学报》(社会科学版)2020年第3期。

贺雪峰、仝志辉:《论村庄社会关联——兼论村庄秩序的社会基础》,《中国社会科学》2002年第3期。

贺雪峰:《关于实施乡村振兴战略的几个问题》,《南京农业大学学报》(社会科学版)2018年第3期。

贺雪峰:《论中国农村的区域差异——村庄社会结构的视角》,《开放时代》2012年第10期。

贺雪峰:《如何再造村社集体》,《南京农业大学学报》(社会科学版)2019年第3期。

胡凌啸:《中国农业规模经营的现实图谱:"土地+服务"的二元规模化》,

《农业经济问题》2018年第11期。

黄宗智、彭玉生：《三大历史性变迁的交汇与中国小规模农业的前景》，《中国社会科学》2007年第4期。

黄宗智：《"家庭农场"是中国农业的发展出路吗？》，《开放时代》2014年第2期。

黄宗智：《中国的隐性农业革命（1980—2010）——一个历史和比较的视野》，《开放时代》2016年第2期。

黄祖辉：《准确把握中国乡村振兴战略》，《中国农村经济》2018年第4期。

蒋辉、刘兆阳：《乡村产业振兴的理论逻辑与现实困境——以湖南千村调研为例》，《求索》2020年第2期。

焦长权、周飞舟《"资本下乡"与村庄的再造》，《中国社会科学》2016年第1期。

景跃进：《中国农村基层治理的逻辑转换——国家与乡村社会关系的再思考》，《治理研究》2018年第1期。

康晓光、韩恒：《分类控制：当前中国大陆国家与社会关系研究》，《社会学研究》2005年第6期。

李祖佩：《"资源消解自治"——项目下乡背景下的村治困境及其逻辑》，《学习与实践》2012年第11期。

梁栋、吴存玉：《乡村振兴与青年农民返乡创业的现实基础、内在逻辑及其省思》，《现代经济探讨》2019年第5期。

刘海洋：《乡村产业振兴路径：优化升级与三产融合》，《经济纵横》2018年第11期。

刘合光：《乡村振兴战略的关键点、发展路径与风险规避》，《新疆师范大学学报》（哲学社会科学版）2018年第3期。

刘景琦：《论"有为集体"与"经营村庄"——乡村振兴下的村治主体角色及其实践机制》，《农业经济问题》2019年第2期。

刘军强、鲁宇、李振：《积极的惰性——基层政府产业结构调整的运作机制分析》，《社会学研究》2017年第5期。

罗必良：《基要性变革：理解农业现代化的中国道路》，《华中农业大学学报》（社会科学版）2022年第4期。

罗必良：《小农经营、功能转换与策略选择——兼论小农户与现代农业融合发展的"第三条道路"》,《农业经济问题》2020年第1期。

马荟、庞欣、奚云霄等:《熟人社会、村庄动员与内源式发展——以陕西省袁家村为例》,《中国农村观察》2020年第3期。

牛若峰:《中国农业现代化走什么道路》,《中国农村经济》2001年第1期。

渠敬东:《项目制:一种新的国家治理体制》,《中国社会科学》2012年第5期。

渠鲲飞、左停:《乡村振兴的内源式建设路径研究——基于村社理性的视角》,《西南大学学报》(社会科学版)2019年第1期。

孙新华:《村社主导、农民组织化与农业服务规模化——基于土地托管和联耕联种实践的分析》,《南京农业大学学报》(社会科学版)2017年第6期。

汪锦军:《纵向政府权力结构与社会治理:中国"政府与社会"关系的一个分析路径》,《浙江社会科学》2014年第9期。

王海娟:《项目制与农村公共品供给"最后一公里"难题》,《华中农业大学学报》(社会科学版)2015年第4期。

王建国、王付君:《新时期农村基层干部代际更替与乡村治理的关联——问题与框架》,《社会主义研究》2011年第6期。

王亚华、苏毅清:《乡村振兴——中国农村发展新战略》,《中央社会主义学院学报》2017年第6期。

吴重庆、张慧鹏:《小农与乡村振兴——现代农业产业分工体系中小农户的结构性困境与出路》,《南京农业大学学报》(社会科学版)2019年第1期。

吴毅:《"诱民致富"与"政府致负"》,《读书》2005年第1期。

夏柱智、贺雪峰:《半工半耕与中国渐进城镇化模式》,《中国社会科学》2017年第12期。

夏柱智:《"中坚青年"和乡村振兴的路径选择——兼论青年研究视角的优势》,《中国青年研究》2019年第8期。

夏柱智:《中国特色农业产业化的村庄基础分析——以专业村为研究对象》,《贵州社会科学》2020年第10期。

咸春龙:《论农业产业化经营与农民组织化问题》,《农业经济问题》2002年第2期。

徐勇、朱国云:《农村社区治理主体及其权力关系分析》,《理论月刊》2013年第1期。

徐勇：《挣脱土地束缚之后的乡村困境及应对——农村人口流动与乡村治理的一项相关性分析》，《华中师范大学学报》（人文社会科学版）2000年第2期。

叶兴庆：《新时代中国乡村振兴战略论纲》，《改革》2018年第1期。

郁建兴：《社会治理共同体及其建设路径》，《公共管理评论》2019年第3期。

张登国：《基层治理与乡村振兴：青年第一书记的行动范式》，《中国青年研究》2019年第9期。

张厚安：《乡政村治——中国特色的农村政治模式》，《政策》1996年第8期。

张军：《乡村价值定位与乡村振兴》，《中国农村经济》2018年第1期。

张兴、刘畅、傅萍婷：《乡村振兴项目"去科层化"改革的实践逻辑与影响机制——以H省农业产业园项目为例》，《中国行政管理》2023年第7期。

张玉强、张雷：《乡村振兴内源式发展的动力机制研究——基于上海市Y村的案例考察》，《东北大学学报》（社会科学版）2019第5期。

赵晓峰、王习明：《国家治理体制转型与农民致富实践的绩效评析——基于豫中C乡与川西Y乡农民致富实践的实地考察》，《古今农业》2010年第1期。

赵晓峰、孙新华、张建雷：《家庭经营的弹性结构与渐进的中国农业现代化实践》，《西北农林科技大学学报》（社会科学版）2019年第6期。

折晓叶、陈婴婴：《项目制的分级运作机制和治理逻辑——对"项目进村"案例的社会学分析》，《中国社会科学》2011年第4期。

钟真：《社会化服务：新时代中国特色农业现代化的关键——基于理论与政策的梳理》，《政治经济学评论》2019年第2期。

周飞舟、王绍琛：《农民上楼与资本下乡：城镇化的社会学研究》，《中国社会科学》2015年第1期。

周飞舟：《从汲取型政权到"悬浮型"政权——税费改革对国家与农民关系之影响》，《社会学研究》2006年第3期。

周娟：《农村集体经济组织在乡村产业振兴中的作用机制研究——以"企业＋农村集体经济组织＋农户"模式为例》，《农业经济问题》2020年第11期。

朱启臻：《乡村振兴背景下的乡村产业——产业兴旺的一种社会学解释》，《中国农业大学学报》（社会科学版）2018年第3期。

后　记

　　本书是对我博士期间撰写论文的梳理和小结。论文的分析资料来源于集体调研时获得的一手材料，调研时间横跨2018—2022年，论文写作时间横跨2019—2023年，恰好是乡村振兴战略开始实施后的几年，一定程度上能够真实反映乡村振兴实践的基层样态。部分论文近几年已经陆续在期刊上发表，包括CSSCI来源期刊、CSSCI扩展版来源期刊等。大部分论文是对地方经验探索的案例剖析，以个案为分析对象，对于学术新人而言是较容易把握的切入对象。诚然，在学习如何做研究的过程中产出的论文只是当时学习成效的展现，在学术能力不够成熟时，论文思想略显粗糙、行文风格稍显稚嫩，但全部论文都是在扎实的田野经验训练基础上形成的思考与表述，自觉粗浅却宝贵。因此，借华中师范大学政治学部个人出版资助计划的机会将其结集成册。作为学术新人，出版第一本书实感诚惶诚恐，可以想见本书仍然存在许多不足之处。但希望此书能够深化读者在政策层面对乡村振兴战略的定位认知，扩展读者在实践层面对乡村振兴实践的经验认识，如果在阅读过程中还能够激发读者的些许思考，就在更高目标上达到了本书出版的价值。

　　最后，感谢父母对我的养育之恩，亲人朋友的支持和鼓励；感谢将我引入学术道路、为我解惑指路、鞭策我不断前进的所有老师，感谢一同调研讨论、帮助我成长的所有师友；感谢华中师范大学政治与国际关系学院给我提供平台，感谢学院领导、博士后合作导师和其他老师的关心与支持；感谢华中师范大学政治学部的个人出版资助计划和政治学部负责出版统筹工作的所有老师。感谢所有刊发论文的期刊和编辑老师的专业、认真的编辑工作，感谢为本书编辑出版工作辛苦付出的李立老师。感谢在田野调研过程中，善意接纳我们的基层干部、群众，是他们慷慨分享经验才让我得以增进对现实的了解。需要感谢的人还有很多，抱歉无法在此一一具名。未来我将继续努力，在学术道路上持续耕耘，不辜负老师们的教导，学部和学院的信任与这个伟大的时代。

黄思于武汉桂子山
2024 年 5 月